索飒 著

荒野的喊声

BARTOLOMÉ
DE LAS CASAS

Historia de las Indias

北京联合出版公司
Beijing United Publishing Co.,Ltd.

巴托洛梅·德·拉斯卡萨斯
Bartolomé de Las Casas
1484—1566

目 录

自序 1

1. "成为真相之捍卫者"
    ——历史学的目的 1
2. "对教徒与非教徒难道不应一视同仁吗?"
    ——站在他者的角度 15
3. "吾乃此岛屿上荒野基督之呼喊"
    ——蒙特西诺斯的呼声 29
4. "审视上述《归顺令》之实质"
    ——解析《归顺令》 53
5. "吾等却使这些从不是奴隶的人沦落为囚徒"
    ——委托监护制 79
6. "细致地介绍古巴岛之情形"
    ——全面介绍一个岛屿 97
7. "这事就发生于即将烧死酋长之前"
    ——阿图埃伊酋长 125

1

8. "奥维多乃印第安人之首要敌人"
　　——殖民主义者文人 139

9. "运来黑人以使印第安人获得自由之当初建议,绝非谨慎之举"
　　——黑奴问题及甘蔗种植 159

10. "其欲统治之对象处于分裂状态时,暴君方更易于制服一方,及另一方"
　　——分而治之 179

11. "小恩里克及其人马所进行之反对西班牙人的战争何等正义!"
　　——反叛者 193

说明与致谢 215
附录:良心的谴责 217
参考书目 255
人名翻译对照表 261
地名翻译对照表 267

自　序

人生到了这个时段，时而想起的，竟是一位拉丁美洲外籍老师提及的口头语："要出门，就走远点。"（Cuando viaja, viaja lejos.）这是她听说我面临去西班牙还是去美洲留学选择后的建议。

半生下来，我并不喜欢以"专业"为话题，但是与"拉美研究"这个领域所依托的大陆和人，确实有了些缘分。有时忽然又觉得，我并没有走很远，遥远的异乡大陆，与我身边的故土，与我们寄寓的世界，其实都相关如近邻——只要你看见的不是一堆物，而是一个一个的人。

那么，回到这片既远又近的拉丁美洲大陆吧，而且要把时光拉回五百年前。

1492年之前，"美洲"是一片人口众多、与外界交流很少的大陆。它独立生成的文化多样且丰富，种种自然发展的可能性已经处于蓄势待发的前夜，尤其在中部和南部美洲几个主要文明区。随着哥伦布的跨洋登陆，随着围绕这一"伟业"整理而成的历史叙事，被命名为"美洲"的大陆如撞入黑暗海沟的倾斜板块，瞬间与世界接轨，如今，"现代"创口的印痕散落于大陆各个角落。

1492年这个象征性的年份，既有偶然性，更有必然性。

作为正在人类社会孕育的一种资本主义经济形态，它需要廉价劳动力和不竭的自然资源积蓄原始资本,需要贵重金属作为其世界性贸易的运转手段,不断扩张的民族国家需要资金战胜武力对弈的敌手,需要转移多余的境内人口以减少压力……而作为这种经济体系赖以立足的意识形态,它需要一群活生生的"野蛮人"来衬托其"文明"的中心地位,使由此肇始的、绵绵不尽的现代"正义战争"师出有名。

地球是世界历史发展的空间,空间的彻底"发现"带来的是"历史的终结",是自我中心的确立。在航海家、探险家、宫廷钦差、金融家、武士、殖民者铺设一部全新历史的同时,学者文人也毫不懈怠地开始了对理论的构建。墨西哥籍阿根廷历史学家恩里克·杜塞尔在《论对"他人"的遮盖——寻找现代性神话的源头》里指出:

> 1492年发生的历史不是偶然事件,也不是简单的历史进程,它还是"现代主观意识"形成的开端。[1]

在这个历史节点上,出现过一个不应该被忘记的人物。他就是《荒野的喊声》中《西印度史》[2]的作者,以"印第安人保护

---

[1] 恩里克·杜塞尔,墨西哥籍阿根廷裔哲学家、历史学家、神学家,1934—2023,著述丰富,但大量研究迟迟没有西班牙语以外的译本。《荒野的喊声》多处引用他的著作:Enrique Domingo Dussel, *El encubrimiento del otro, hacia el origen del mito de la modernidad*(《论对"他人"的遮盖——寻找现代性神话的源头》),1°Edición: Ed. Nueva Utopía, Madrid, 1993; 2°Edición: Ed. Cambio XXI, México, 1994; 3°Edición: ABYA YALA, Quito, 1994. p.18。

[2] Bartolomé de Las Casas: *Historia de las Indias*(巴托洛梅·德·拉斯卡萨斯:《西印度史》), Ed. Fundación Biblioteca Ayacucho, Caracas, Venezuela,1986。

者"[1]之名传世的、16世纪西班牙多明我会修士、五百年前的墨西哥恰帕斯主教——巴托洛梅·德·拉斯卡萨斯，Bartolomé de Las Casas。[2]

《荒野的喊声》之末有一篇附录，是我于二十五年前写作的《丰饶的苦难》第一章的第二节"良心的谴责"。文字的风格带着二十多年前的特点，但史料没有大的出入，读者可以先行浏览一遍，借以大致了解拉斯卡萨斯的生平。

1492年，克里斯托弗·哥伦布[3]踏上了浩瀚两洋间、有近亿人生活了许多世纪的未名大陆。十年之后，如同众多心怀憧憬与传教热忱的西班牙青年，巴托洛梅·德·拉斯卡萨斯登上了"闯美洲"的船。四十年后，目睹了如《创世记》与《启示录》般人间场景、经历了数次心灵洗涤的拉斯卡萨斯，在那本警醒世界的《西印度毁灭述略》中写下了如下一段话：

直至1541年的现今，被发现之（西印度）所有土地之上，人群密集似聚居于一蜂巢，犹如上帝曾向其地猛击一掌，亦如上帝

---

[1] 有资料指出，1516年，拉斯卡萨斯被王室正式任命为"印第安人代诉人"（Procurador de los indígenas），但也有研究者，如日本学者染田秀藤（Hidefuji Someta，1944— ）认为，"印第安人保护者"的提法来源不清楚。后世行文中常将他称为"印第安人保护者"（defensor de los indios, protector de los indios）。请看269页的"作者补遗"。

[2] Bartolomé de Las Casas，1484年生于西班牙塞维利亚（另一说法为1474年，本书采用阿亚库乔文库版《西印度史》编注者所编辑之拉斯卡萨斯生平年表），1502年随第二任西印度总督尼古拉斯·德·奥万多（Nicolás de Ovando，1451—1511）舰队抵达伊斯帕尼奥拉岛（La Española，今海地岛）1514年宣布放弃分得的印第安人与土地，1516年被王室指派为"印第安人代诉人"，1522年和平传教失败后加入多明我会，1527年开始写作《西印度史》，1544年接受新西班牙总督区恰帕斯主教任职，1547年最终返回西班牙，1552年在西班牙接续写作《西印度史》，1566年卒于马德里阿托查（Atocha）的一座多明我会修道院。

[3] 哥伦布的名字按照意大利（其出生地）语翻译应该是克里斯托弗·哥伦布（Cristoforo Colombo），拉斯卡萨斯在文中一般用的是西班牙语的Cristóbal Colón，《荒野的喊声》按汉通译习惯译为克里斯托弗·哥伦布。

3

曾将人类之最大一部倾置于斯土。[1]

面对这样一块陌生大陆的陌生人群，站在历史变迁关头的这位西班牙修士，他的心中经历了怎样的波澜呢？正如选译评注本所依据的这一版《西印度史》编注者安德烈‐圣-卢[2]在其涵盖丰富的前言里所准确挑选引述的拉斯卡萨斯于五百年前写下的文字：

世界上所有之民族均由人组成，且每一个人之定义皆为人。

（Todas las naciones del mundo son hombres, y de cada uno dellos es una no más definición.）[3]

三百多年之后，古巴独立运动志士何塞·马蒂告诫一个人种复杂的新古巴民族："只要说人，就等于说出了他所有的权利"[4]。这上下的承接，让人感到人文意义上"新大陆"的魅力。

拉斯卡萨斯生活在中世纪神秘主义的光影下，但是，被他描述为神启的顿悟，更是时代的造就。[5]

抵达美洲后的前十年，他也许只是众多殖民者中较温和的一

---

[1] 此段引文出自 Bartolomé de Las Casas, *Brevísima relación de la destrucción de las Indias*（巴托洛梅·德·拉斯卡萨斯：《西印度毁灭述略》），primera edición crítica por Isacio Pérez Fernández. Estudios monográficos, vol. III. Puerto Rico: Bayamon. 此处译文与1988年商务印书馆中文版《西印度毁灭述略》译文有出入，所根据之西班牙原文选择于日本学者染田秀藤西班牙文著作：Hidefuji Someta, *Apología e historia:estudios sobre fray Bartolomé de Las Casas*（《辩护与历史：关于巴托洛梅·德·拉斯卡萨斯修士的研究》），Pontificia Universidad Católica del Perú,Fondo Editorial, 2005，p.44。

[2] André Saint-Lu, 1916—2009，生前为巴黎新索邦大学荣誉教授，美洲史及拉斯卡萨斯重要研究者之一。

[3] Bartolomé de Las Casas: *Historia de las Indias*,II,P.58. 拉斯卡萨斯在其他著述中曾反复引用过这句源自古罗马政治家西塞罗的语句。（本注释参阅《西印度史》编注者前言第45页）。

[4] José Julián Martí Pérez, 1853—1895；引文出自何塞·马蒂杂文《我的种族》(*Mi raza*)，西班牙文原文为："……dígase hombre, y ya se dicen todos los derechos."。

[5] 参阅《西印度史》编注者安德烈·圣-卢撰写的前言第42页，Bartolomé de Las Casas: *Historia de las Indias* I, p.XLII。

个。大时代酝酿大事件、大命题:"蒙特西诺斯的呼声"、古巴岛原住民的人种灭绝、印第安人起义、和平传教试验、"印第安人代诉人"身份、巴利亚多利德大辩论、印第安人有无人格、征服战争有无根据、教皇权限、国王权限、主权、领土、天赋人权、信仰自由、文明与野蛮……诸多重大与原初的命题,把拉斯卡萨斯的人生和思想托至骇浪的顶尖。在俗界,他最终被视为人权与国际法先驱;在圣界,他应是一名凭心灵发言的先知。

拉斯卡萨斯首先是一名行动者,著述只是行动的副产品。

1514年,即抵达美洲的十年之后,拉斯卡萨斯宣布与殖民主义式的"分配制""委托监护制"决裂,放弃自己分得的土地和印第安奴仆,从此他的人生旨在拯救生命,拯救正义,拯救信仰的纯洁,拯救西班牙的荣誉。在他八十二年的一生中,近半个世纪以美洲为家,献身保护并非同国同族同血缘的美洲原住民事业,他在美洲获得的荣誉和爱戴远远甚于母国西班牙。在这个意义上,他更是一个美洲人。有研究者提出他的"新基督徒"出身、法国血统可能性,但是,高于家世、宗教信仰、血统的,是立场的选择、视角的转变和思想的本质。[1]

墨西哥城的市中心有一处林木参天的查普尔特佩克公园,20世纪80年代留学期间的某天,我独自走上它幽静的石阶坡道,进入

---

[1] 安德烈·圣-卢在《西印度史》编注者前言第30页提请读者注意:拉斯卡萨斯本人在三卷《西印度史》总前言结束部分特意写明,本书的作者是"修士巴托洛梅·德·拉斯卡萨斯,或拉斯卡萨乌斯先生"(Don Fray Bartolomé de las Casas o Casaus);同样的说明也出现在《辩护史概要》,1552年在拉斯卡萨斯撰写的、塞维利亚印刷出版的一系列备忘录、专论,特别是世人皆知的《西印度毁灭述略》中。许多研究者认为,Las Casas 是 16 世纪塞维利亚显赫的"新基督徒"商人世家的姓氏,拉斯卡萨斯对这一家族历史的回避之意是明显的。然而,我们亦可从中大胆猜测"集体无意识"通过血缘基因潜传的可能。关于"新基督徒"的复杂历史背景,可参阅索飒论文《在堂吉诃德的甲胄之后》,《读书》杂志,2005年第5、6期。

一座修筑在山坡上的墨西哥历史陈列馆,不经心地浏览着。一幅修士模样的图像和关于这位"印第安人保护人"的文字介绍让我留步——那时我第一次认真记住了巴托洛梅·德·拉斯卡萨斯这个名字。

21 世纪初在拉斯卡萨斯曾担任过主教的恰帕斯地区,我特意在它的历史名城圣克里斯托瓦尔 – 德 – 拉斯卡萨斯市[1]那座始建于 16 世纪的主教堂前留影。我曾与在这座教堂里践行"解放神学"的萨穆埃尔·鲁伊斯主教[2]失之交臂,在他与 20 世纪末诞生的"萨帕塔民族解放军"的交往中,我似乎看到了拉斯卡萨斯五百年前与起义者"小恩里克"[3]的友谊。

在拉斯卡萨斯出生与辞世的西班牙,我也曾努力追寻过他孤单的踪迹。建立在一座高坡上的马德里"美洲历史博物馆"里,夺人眼目的,是一面当年埃尔南·科尔特斯[4]用过的"征服战争"大旗。美洲珍宝目不暇接,历史人物介绍列队闪过,每人一个小方块:为印第安人厉声呼吁的拉斯卡萨斯,与屠杀者、御用文人无差别排列,仿佛都是历史的"马赛克"。我也曾在道路密如网织的塞维利亚城内,找到那座马格达莱娜教堂(Iglesia de la Magdalena),它曾是多明我会的修道院,1544 年,拉斯卡萨斯在这里临危受命,承领贫穷边远之地恰帕斯教区的主教职务。落叶秋风中,身着美洲人常穿的"蓬乔",我给自己留下了一张"拉美研究"纪念。

几经周折进入的,是位于塞维利亚的西印度总档案馆(Archivo

---

[1] Chiapas,墨西哥南部的一个州,其首府是 San Cristóbal de Las Casas。
[2] Samuel Ruiz García,1924—2011,关于这位主教,参阅索飒:《把我的心染棕》,文汇出版社,2022 年,第 287 页。
[3] 参阅《荒野的喊声》第 11 节。
[4] Hernán Cortés,1485—1547,西班牙著名殖民主义者,占领古代墨西哥的主要殖民军首领。

General de las Indias）。亲手抚摸五百年前的泛黄纸张，悉心辨认拉斯卡萨斯鹅毛笔下的花体文字，有一种奇怪的时空感觉。

凡有幸查阅西印度史料者，无不惊叹于殖民时期的西班牙国家对历史档案的保存，更感慨在世界殖民史的初期，竟有过那样一段据理上书的历史记载。拉斯卡萨斯之所以成为良知之辈中的佼佼者，除了他的激烈观点和行动精神，或许也因为他留下了大量著述。

并未跳出中世纪的拉斯卡萨斯曾寄大期望于说服国王颁布新政，因此在他留下的大量文字中，有许多呈交国王的信札、报告、备忘录、建议，也有一些篇幅不大，但内容密集、涉及重大法理的策论，如《论使万国之人趋向真正宗教之唯一方法》《三十条法律建议》《忏悔手册》《关于王权》《秘鲁珍宝》《论十二条疑问》[1]等。其中，《西印度毁灭述略》是拉斯卡萨斯生前出版和广为散布的一本书（也有人怀疑此书并非出于他的笔下），无论外界出于善意抑或出于恶意，该书对殖民主义行径的猛烈披露以及作者慷慨激昂的言辞，使拉斯卡萨斯在庸碌的世间被定格为一种单薄的斗士形象。

---

[1]《论使万国之人趋向真正宗教之唯一方法》，拉丁文为 De único vocationis modo，西班牙文为 Del único modo de atraer a todos los pueblos a la verdadera religión；《三十条法律建议》, Treinta proposiciones muy jurídicas；《忏悔手册》, Confesionario；《关于王权》, De regia potestate；《秘鲁珍宝》, De thesauris；《论十二条疑问》, Tratado de doce dudas。

7

《西印度史》与《辩护史概要》(简称《辩护史》)[1]是两部巨著,其题材和体裁与拉斯卡萨斯的其他著述很不相同。本书选译的章节即取自《西印度史》。这两部巨著原本为一部,至1552年,作者才将其分为两部书,或许因为渐渐发现实为两个题材和体裁,而且均涉猎重大,于是前者形成一部涵盖探险、"征服"、殖民、美洲自然、人文的编年史,其中有很多珍贵的第一手资料。后者则是被今人比作文化人类学的、对印第安文明的专门描述,即针对殖民主义的污蔑而为印第安文明进行的辩护。在中世纪众多的"辩护论""护教史"中,这一册为"野蛮人"所作的热情洋溢的辩护史,犹如痴人呓语。

　　假如当年能努力获得《辩护史》的版本,也许现在涉及的这本书就将是《辩护史》选译评注本,它是我想象中更适合介绍给读者的拉斯卡萨斯著述。当然,即便采取了编年史的体例,《西印度史》也处处溢出对印第安人的爱护、对殖民主义者的鞭挞,并时时引导读者参阅《辩护史》中的详细描述。

　　《西印度史》的集中写作时间具有提示性:

　　1522年,拉斯卡萨斯在今委内瑞拉境内库马纳河(Cumaná)流域进行的和平传教试验遭到惨重失败,此后,心情沉痛的拉斯卡萨斯加入多明我会,数年蛰居伊斯帕尼奥拉岛(今海地岛)圣多明各的一座修道院,潜心研究神学、法学、历史学。1526年,西

---

[1] *Historia apologética sumaria*,1986年阿亚库乔文库版为 *Historia apologética de las Indias*,即《西印度辩护史》。《辩护史》有拉丁文和西班牙文两种版本,哪种是母本一直有争议。最早被发现的《辩护史》,是1879年在巴黎国立图书馆发现的拉丁文手稿。Apología辞源上来自希腊语,指对宗教信仰、正义等庄严事物的辩护。参阅Gustavo Gutiérrez: *En busca de los pobres de Jesuscristo: El pensamiento de Bartolomé de Las Casas*(古斯塔沃·古铁雷斯:《追寻耶稣基督的穷人们:论巴托洛梅·德·拉斯卡萨斯的思想》), Ed. Istituto Bartolomé de las Casas-CEP, Lima, 1992. p.228。

班牙殖民地官员贡萨洛·费尔南德斯·德·奥维多的《西印度通史与自然史》[1]问世，并急速在世界流传。这部满是歪曲与谎言的史书促使拉斯卡萨斯1527年下决心写作《西印度史》。写作在时代的剧烈动荡中时断时续。1550年，拉斯卡萨斯在西班牙巴利亚多利德（Valladolid）参加了关于征服战争及奴役印第安人是否合法的历史性大论战，与坚持认为人类天生不平等、殖民战争有理的宫廷神父兼国王史官胡安·希内斯·德·塞普尔韦达[2]辩论。论战结束后，拉斯卡萨斯于1552年再度大规模续写《西印度史》。自1527年动笔后的20余年间，拉斯卡萨斯多次穿越大西洋，奔走于美洲大陆，常于身边携带着厚厚的文稿。

《西印度史》是拉斯卡萨斯篇幅最大、花费时间最长的未竟之作。《荒野的喊声》所利用的版本是1986年委内瑞拉阿亚库乔文库版本。厚厚3卷，417章，1600多页，全书译文合中文近150万字。根据拉斯卡萨斯本人所述，原书计划为6卷，每卷约涵盖十年历史，但实际上，现有的3卷仅记叙了自哥伦布抵达美洲后三十年的历史（个别事件超出此时间范围），但是许多篇幅系晚年写就，表现了作者晚年成熟的思想。《西印度史》字里行间常常流露出"如承蒙天意得以延长寿命"的字句，据此判断，时间和年事终使夙愿难成。另外，《辩护史》一书日益使拉斯卡萨斯自觉为使命之作，自1552年后他全力以赴，可能占据了很多时光。

至1562年止笔，拉斯卡萨斯最后的大部分写作完成于西班牙巴利亚多利德的圣格雷戈里奥（San Gregorio）修道院。1559年，拉斯卡萨斯决定将全部手稿存放在该修道院的学院内，并给修道

---

[1] 详见《荒野的喊声》第6节、第8节。
[2] Juan Ginés de Sepúlveda，1490—1573，西班牙哲学家、神学家。

院院长留下一封作为遗言的信件（在 1564 年的正式临终遗嘱中再次肯定了信中的愿望）：

  我，巴托洛梅·德·拉斯卡萨斯修士，前任恰帕斯主教，将此《历史》信托予此圣格雷戈里奥学院，并以仁慈之心请求以至要求院长与该院议事成员：自即将来临之 1560 年起之四十年期限内，无论何时均不得允许院内，更不允许院外任何世俗人士阅读此《历史》，对此我将良心托付于诸君。四十年后，若视时机于印第安人及西班牙有益，方可付梓，以彰显上帝之荣耀，并使真相告白于世间。除极谨慎人士外，不宜将此《历史》给学院人士广泛阅读，以免它在不适宜的时刻提前问世，遭人利用。

  不幸的是，由于西班牙体制派的阻挠和在今天被叫作话语权的世俗偏见，拉斯卡萨斯的这部《西印度史》迟至三个世纪后的 1875 年才于马德里出版。更具讽刺意味的是，虽然拉斯卡萨斯和他的《西印度史》一直受到各种贬抑和封锁，甚至其史学家地位也遭质疑，但这部手稿自 1571 年即被西班牙皇家最高西印度事务院[1]违背拉斯卡萨斯的遗愿从修道院取出，辗转易手，最后交给西班牙国王费利佩二世的首席史官安东尼奥·德·埃雷拉[2]。这位并不完全赞同拉斯卡萨斯批判观点的宫廷史官却在撰写使其享誉世界的巨作《卡斯蒂利亚人在大洋海各岛屿及大陆地区的活动通史》（17 世纪初出版于马德里）中的前三十年"征服"史时，利用并

---

[1] 西班牙皇家最高西印度事务院，El Real y Supremo Consejo de las Indias, 1524—1834，西班牙王室管理美洲殖民地的最高权力与议事机构，简称"西印度事务院"。
[2] Antonio de Herrera y Tordesillas，1549—1625 或 1627，主要著作为：*Histria general de los hechos de los castellanos en las islas y tierra firme del mar océano*（《卡斯蒂利亚人在大洋海各岛屿及大陆地区的活动通史》），17 世纪初出版于马德里。

很可能抄袭了拉斯卡萨斯手稿中的宝贵内容[1]。

关于四十年的期限,有很多揣测和判断。16世纪中期的历史形势十分险恶:面孔仁慈的伊莎贝尔女王、标榜道德治世的卡洛斯一世均已去世;近代官僚式的费利佩二世面对内外经济、军事压力;拉斯卡萨斯的挚友卡兰萨·德·米兰达大主教[2]被宗教裁判所以路德派之名拘捕而身陷囹圄;大洋彼岸墨西哥拉坎敦[3]地区造反的印第安人遭到镇压……

拉斯卡萨斯著作的法国研究者安德烈·圣–卢敏感地注意到,即使本人身在西班牙,拉斯卡萨斯在《西印度史》大部分篇幅惯用"这片西印度大地"(estas Indias)的表达方式;安德烈·圣–卢认为,"这片"一词的使用不仅流露出思念之情,也包含着对改变它的现状和开辟新前景怀有信心。但是,《西印度史》的最后几章里,"这片……"被改为"那片不幸的西印度大地"(aquellas infelices Indias);安德烈·圣–卢认为,这一指示形容词的改变抑或是下意识的。[4]

1547年后,拉斯卡萨斯再也没有回到他的"这片西印度大地",词语置换的背后,透露出一种伤感。

还有一件重大的具体事宜使拉斯卡萨斯彻底落入悲观的神秘主义心境。他晚年为之奋斗的一件大事,是反对1545年在秘鲁发生的将"委托监护制"私有化、永久化的举措。简单地说,即国王将"委托"给殖民者的土地和印第安奴仆永久出卖给殖民者和

---

[1] 参阅 Hidefuji Someta, *Apología e historia:estudios sobre fray Bartolomé de Las Casas*, p.90,其中提到,甚至有研究者将抄袭部分与原手稿字句章节逐一对照。
[2] Bartolomé Carranza de Miranda,1503—1576,西班牙著名大主教、神学家。
[3] Lacandón,美洲原住民玛雅人居住地区,也是20世纪末墨西哥萨帕塔民族解放军活跃之地。
[4] 参阅《西印度史》编注者前言第20页。

他们的后代。当费利佩二世终因国库匮乏决定出卖时,拉斯卡萨斯明白印第安大地的劫难已不可挽回。

严谨的,但更是将心比心地研究拉斯卡萨斯的著名美国学者刘易斯·汉克这样写道:

《西印度史》的目的并不是为了在西印度产生近期效果,也不是为了激励君主颁布有利于土著居民的法律,而是为了给后人留下一个关于西班牙对美洲土著人所犯下的非正义行为的永久证明。[1]

据此,我们也可以理解《西印度史》中一些超乎寻常的大胆思想和尖锐表达。对现实的洞彻,浸染着神秘主义,生成拉斯卡萨斯潜藏于文脉之中的对祖国西班牙必遭天谴的预言:

皆因我辈所行之暴力与暴政,上帝必降怒火于我辈之顶,遣他国对吾国行吾国曾于西印度所行之事,终使吾国为他国所灭,一如吾国曾灭西印度。审判之日,位于上帝右手一侧者[2],或更为我辈百般蔑视之彼等,而非我等。此一想法应使我辈日夜惊惶不已。[3]

拉斯卡萨斯以修士身份终结一生,但对拉斯卡萨斯的评述已经超出了基督教的范畴。如果说他继承了早期基督教中某些优秀因素,那就是作为世界原初动力的对他人的爱,尤其是对被非人化的、污名化的卑贱者的爱。这种爱超越了人种、民族、国家。

研究者刘易斯·汉克曾不无幽默地写道,有人说拉斯卡萨斯的文章过于冗长,前后不乏重复,可能也因为缺少一位女性成为

---

[1] Lewis Hanke,1905—1993,拉丁美洲殖民史研究领域的美国著名学者。引文参阅 *Bartolomé de Las Casas, letrado y propagandista*《作为学者与宣传者的巴托洛梅·德·拉斯卡萨斯》),Ed. Tercer Mundo, Bogotá,1965,p.162.
[2] 根据《圣经》,末日审判时,处在上帝右手一侧的是正义者,左手一侧相反。
[3] Bartolomé de Las Casas, *Historia de las Indias*, III, p.535.

他的第一读者，为其润色，允其题献。

爱可以有各种形式，爱主，爱邻人，爱异性，爱自然，但真爱必然是一种关系中之爱，因为只有在这种爱中，作为个体的人才有可能超越孤独。自恋是一种猥琐之爱，是与他者没有关联的唯我主义。唯我主义在当下的表现是资本主义意识形态和存在模式，以及它的光怪陆离的变种；貌似强大的它，由于内在的荒谬，并不可能永存。五百年前荒野上的那一缕喊声，并没有随风逝去。

《西印度史》直到1875—1876年才有了第一个印刷版本[1]，此前有过几种手抄本，拉斯卡萨斯在世时亲自核对了最早的一部手抄本中的前几册。[2]1875年印刷版本在富恩桑塔·德尔·巴列侯爵与何塞·桑乔·拉永先生[3]的资助下出版于马德里，依据的是晚期的手抄本，出于谨慎，编辑时与拉斯卡萨斯本人校对过一部分的最早手抄本进行了比对。根据这第一个《西印度史》印刷版本，后来又陆续有了1877年的墨西哥版，以及1927年的马德里版。直至20世纪初，马德里国立图书馆获得了《西印度史》的拉斯卡萨斯原始手稿，此后，依据手稿出版的印刷版本先后为1951年墨西哥版、1957年马德里版，以及1986年的委内瑞拉"阿亚库乔文库"版，即《荒野的喊声》所依据的版本。[4]

阿亚库乔文库版《西印度史》主要依据存于马德里国立图书

---

[1] 以下关于《西印度史》版本的介绍，参阅《荒野的喊声》所依据的阿亚库乔文库版《西印度史》编注者前言第46页。
[2] 关于《西印度史》现存手抄本及其存放处，参阅 Lewis Hanke, *Las Casas historiador*, (prólogo de la edicón de *Historia de las Indias*)，México,1951，p.31。
[3] Fuensanta del Valle，1826—1896，西班牙法官、政治家、历史学者；José Sancho Rayón，1840—1900，西班牙图书馆员、藏书家。
[4] 即：Bartolomé de Las Casas, *Historia de las Indias*, (巴托洛梅·德·拉斯卡萨斯：《西印度史》) Ed. Fundación Biblioteca Ayacucho, Caracas, Venezuela,1986。阿亚库乔文库版后再出现的版本，不在《荒野的喊声》罗列范围之内。

馆的《西印度史》原始手稿以及1875—1876年第一个印刷版本进行了校订，修正了明显的错误，并依据阿亚库乔文库方便读者阅读的原则，进行了适当的换行、书写规则等技术性编辑处理，因而是一个相对正确、易读的版本。作为拉斯卡萨斯重要研究者之一的法国新索邦大学教授安德烈·圣－卢为这一版《西印度史》做了详尽的注释，并撰写了内容丰富、严谨的前言。前言分为以下几个部分，从中足见其全面的导读功能：

1.《西印度史》的结构和内容；

2. 在拉斯卡萨斯的实践与其他著述框架之中的《西印度史》；

3. 拉斯卡萨斯关于著史与己之作品写作目的的观点；

4.《西印度史》里的真相与客观性；

5.《西印度史》的价值与意义；

6.《西印度史》的命运与地位。

三大部《西印度史》确实"卷帙浩繁"，兼有保存下来的五百年前的原始手稿——如果静心细细阅读，获得真伪之辨是可能的，判断作者的原初心思，也是可能的。

在三大卷《西印度史》中，《荒野的喊声》挑选了一些有代表性的章节、段落，考虑了内容的平衡，但没有顾及各卷的均匀。仅希望以此薄薄一本成为引发年轻人后继的管锥，因为《西印度史》涵盖的，不仅是昨天，是历史，它也指涉着今天，影响着未来——看来我们这一代的使命只能是为引玉而抛砖，偿还闭关锁国的代价，用有限的精力铺出一条条供参考与选择的小径。

《荒野的喊声》共分11节，每节标题分两部分，引号中的文字引自该节译文，破折号后的文字系作者所注明的内容提示：

1. "成为真相之捍卫者"——历史学的目的；

2. "对教徒与非教徒难道不应一视同仁吗？"——站在他者的

角度；

3."吾乃此岛屿上荒野基督之呼喊"——蒙特西诺斯的呼声；

4."审视上述《归顺令》之实质"——解析《归顺令》；

5."吾等却使这些从不是奴隶的人沦落为囚徒"——委托监护制；

6."细致地介绍古巴岛之情形"——全面介绍一个岛屿；

7."这事就发生于即将烧死酋长之前"——阿图埃伊酋长；

8."奥维多乃印第安人之首要敌人"——殖民主义者文人；

9."运来黑人以使印第安人获得自由之当初建议，绝非谨慎之举"——黑奴问题与甘蔗种植；

10."其欲统治之对象处于分裂状态时，暴君方更易于制服一方，及另一方"——分而治之；

11."小恩里克及其人马所进行之反对西班牙人的战争何等正义！"——反叛者。

中世纪西班牙语特点，是译者无意、无暇亦无力涉及的研究领域，不敢妄作评论。一路读来，除了少数古典词语以及极少数书写方式，我感觉其与现代西班牙语差别不大，阅读不甚困难。但就文风来说，拉斯卡萨斯（抑或同时代书写者）惯用夹带很多修饰性、限定性副句的、语义重复的长句；若想顺利读懂一段内容，译者除需熟悉语法结构外，似还需凝神屏气，借助语感对所述内容全面贯通——这也许纯属译者的一种个人体验。

然而，面对拉斯卡萨斯这种喜于形容和修饰，且句式过长的修辞特点，我决定在翻译时采用一种半文半白的行文，目的在于使读者有阅读古人的隔世感。由于希望尽量贴近原文的句式和所包含的内容，更因为译者本人的功力不足，半文半白的译文部分读起来可能有生、涩、冗长的感觉，事先请读者原谅，并等待更理想的译本出现。

  译者长期坚持：翻译是不同文化系统间的有机转换，是某种意义上的再创造，直译并不能实现"信、达、雅"的基本原则。因此，有条件对照原文的读者，可能还会发现原文中有些多个并列的形容词在译文中被合并和简约化了。这一类译者有意为之的翻译尝试，是否准确、贴切地反映了原文的意思，请感兴趣的、有条件的读者自行斟酌。此外，为方便阅读之故，在《西印度史》阿亚库乔文库版的基础上，本书译文又增加了一些有限的断行，按照现代汉语习惯稍微调整了一些标点符号。

  《荒野的喊声》所涉及的，是对普通读者来说时空遥远的一段往事，需注释的条目比比皆是。我仅对影响阅读理解的一些既定术语、对内涵丰富须作解析的词语及内容进行了适当注解，其余，读者尽可凭借现代手段索骥查明。

  评述应该是最具挑战性的部分。拉斯卡萨斯的时代不仅是历史的重要分野，也是思想意识从古代到现代的转换时刻，每一个问题的提出，其实都牵动古今。它们所涉及的一些专业领域，已非作者的精力和功力所能企及。加之，《荒野的喊声》确系如大海一滴的精微选译，这一点，会影响评述内容的准确。因此，评述部分只是笔者依心思和眼界而实施的发挥，希望它们唤来见仁见智的后续批评和拓展。

  译、注、评，均会存在谬误和缺失；唯一希望的，是让不合理地处于边缘的典籍进入当下视域，以实现历史上的瑰宝不被掩没的拳拳初衷。

索飒

2010 年初稿完成

2023 年酷暑修定

2023 年底终稿完成

1
"成为真相之捍卫者"
——历史学的目的

《西印度史》第一卷 历史前言

"毋庸置喙，我撰写本书之唯一动机来自一种重大紧迫的内心驱动，即向整个西班牙传达多年来其所不知、吾所目睹之苦难西印度世界各个层面之真实消息及真相之光。"

——《西印度史》

译文

著者于本节广泛论述了史书撰述者通常持有之各种动机与目的；论及对于旧事之了解的巨大益处，引述众多古代作者与作家；长篇论述著者撰写这部西印度编年史之最终动因与意图；指明众多涉及这些西印度国度之论述者所犯之巨大错误及其错误所由来之原因；也指出了这项事业中出现谬误之其他常见原因，表面原因、具体原因及真实原因[1]。[2]

约瑟夫[3]系犹太人学识渊博之神职人员中一位著名历史学家与智者，在其二十卷《希伯来古史》[4]前言里，他提及学者撰述历史有四种不同动机：一些自信善于复制精致语汇、模仿婉约修辞之辈，渴望以雄辩之才获得声誉，彼等选择著史为途径；余者，旨在效力、取悦王公贵戚，决意评述其丰功伟绩，苦心研究，殚精竭虑，废寝忘食，不惜倾注终生或大半精力于此；然另一些人，受内心感觉之必要性驱动，深知其目睹、亲历之事未能被如实宣

---

[1] 原文：las otras causas, formal y material y eficiente。
[2]《西印度史》有些章的最前面有著者本人撰写的内容概要，但也有许多章没有。
[3] 原文 Flavio Josefo, 弗拉维奥·约瑟夫，亦为 Flavius Josephus, 弗拉维乌斯·约瑟夫斯，约生于公元 37 或 38 年，卒于公元 101 年，著名犹太历史学家，一生经历复杂，曾系犹太人反对罗马帝国大起义领导人之一，被俘后送至罗马，以希腊文留下重要史籍，作品由罗马人和基督徒保存下来。弗拉维奥·约瑟夫系拉斯卡萨斯在著作中大量引用的古代著名学者之一。
[4] 原文 Hebraicas Antigüedades，一些百科词典上写为 Antigüedades judías，因而被译为汉语时通常显示为《犹太古史》。

告或触及人心，他们切望真相不被湮没，以为凡受命于自然法[1]之**人均应成为真相之捍卫者**[2]，为宣扬与捍卫真相，彼等置自身安宁与休息于后，更感到以此一己热忱能够阻止对众人造成更大危害；仍尚有许多人，生于诸多可歌可泣之伟大事业与事件降生的时代，却发现其为遗忘之阴云遮盖，彼等出于尊重公众利益，希冀此类伟绩与史实不断被如实揭示，公布于世，此即唤起与引发彼等写作之原因。[3]

…………

毋庸置喙，我撰写本书之唯一动机来自一种重大紧迫的内心驱动[4]，即向整个西班牙传达多年来其所不知、吾所目睹之苦难西印度世界（Indiano Orbe）[5]各个层面之真实消息及真相之光。因对此真相了解之缺失，于彼西印度土地之上，已造成何许破坏、灾难和毁灭[6]，几多王国人去城空，失去此世与彼世生命之人何其多矣，何许不公正得以产生，犯下了几多无法补救之罪行，良心被何等阴霾遮蔽与堵塞[7]，我笔下叙述之一切事实于卡斯蒂利亚各王国已造成并日益制造之遗憾终生的危害何其多哉！我坚信，此等危害罄竹难书、无法估量，追悔莫及，事实已然，惟等公正至大、毫不留情之末日审判那最后恐怖之日来临。

---

[1] 原文：ley natural。自然法、人法、神法等概念是一组源自古希腊、古罗马，并被中世纪经院哲学继承的伦理、法理概念和哲学思维，自然法的基础是人所普遍具有的理性，《荒野的喊声》第4节将就此继续阐述。
[2] 凡标黑体字的句子是本节的题目，以下几节类推。
[3] 上文引自：Bartolomé de Las Casas: *Historia de las Indias*, I, p.3。
[4] 原文：necesidad。该词在这里非指客观的必然，而是指主观的需要，即前述第三种写作动机。
[5] 《荒野的喊声》行文中括号里的外文词语，除专门说明外，皆系译者为方便读者而根据原文抄写；如果内容多，则做成脚注加以说明。
[6] 原文 jacturas，原版注释：quiebra, pérdida（latinismo）。
[7] 原文 tupimiento，原版注释：cerrazón, obcecación。

我察觉，某些人所写之涉猎西印度的文字，非源于目睹之事实，而仅取自朦胧道听途说（尽管彼等并不公开宣扬这一点），此等写作使真相深受损伤、滞留于干瘪表象而不切入能滋养、强健人之理性的深层，须知，世间万物均应据理性安排。彼等尽力讲述之事情，仅为掩人耳目、占领舆论，然而，彼等之讲述愈少，于听者之精神损害愈小。……

造成上述之弊端，乃因有人无视：发现这些人群与这片土地之天意[1]，主要在于为人之尘世肉身穿上衣物，亦即让这些灵魂获得皈依与健康，吾等务须据此精神目的，推后、安排并指导其他一切俗世任务；人们亦无视世间有理性之被造物所拥有的尊严从未如此被剥夺了神圣之关怀，这片土地上的人群甚至未被给予普天之下其他更低等之被造物所被给予的尊严。出于上述分析，可以认定，天地间如此辽阔的土地上、如此数量庞大抑或数之不尽之人群，不可能容忍自身出落成一怪物般种类，即：缺少理解力，没有能力适应人类生活之管理，因为在所有其他更低等被造物中，也有或基本有造化之印记，通常，造化均留下完美结果，从未或很少失误；愈通观历史，愈会发现，一些被许多自负民族所蔑视的非基督教人群，虽理解力颇低，反而更支撑着优良的文明品行与管理制度。此事实显而易见。[2]

…………

人们之所以陷入前述误区，亦因缺少对古代历史之了解，不仅包括圣域与教会之历史，亦包括俗界之丰富历史，如若人们曾阅读历史，本应懂得，无论于洪荒之前抑或之后的历史上，从

---

[1] 原文：providencia。
[2] 此段文字引自：Bartolomé de Las Casas: *Historia de las Indias*, I, pp.11-12.

未有过一代人或一群人——无论彼等今日如何品行文明、谨守规矩——不曾经历充满野兽般谬误及非理性之初,那时他们生活于不文明之中,初离原初时代,浸泡于深重、阴暗之罪孽中,追随偶像崇拜;还有许多人群,今日生活于基督教文明国度,然于接纳信仰传播之前,他们住无居所,如野兽般游移于寂无城市之土地上。恰如不长果实、满目荆棘之蛮荒土地,一经耕耘便能有驯化、有益、适合之果实油然而生,同样,世上所有人群,无论如何野蛮粗鲁,(只要其为人类[1])必然获得理性,拥有人所拥有之能力,具备接受训育与教理之能力,因而,世上所有人群、所有民族,无论如何野蛮蒙昧,只需以人性方式对之进行教化,更毋需说导之以信仰教理,均能结出繁茂人类理性果实。[2]

…………

约自1500年以来,吾行走于西印度土地之上,所见所闻记录在案,均为谙熟之事;笔至之处,涉及吾所经历之时代间发生于圣俗两界之诸种事物,间或穿插若干道德随感,亦综合描述那些地区、王国、土地之性质、自然、特点及拥有之事物,以及本土居民之习俗、宗教、礼仪、特性,将之与其他众多民族相比较,间或亦涉及相关宇宙地理内容,根据古代圣贤之警言,这些知识有益于众人,更有益于王公贵族。如此,这部历史纪事将减少读者之疲惫,而增加其阅读兴趣。书中拉丁文语词与警句之前、后,附有用吾国语言所做内容提要,以便节省阅读时间并避免译文过于冗长。

以上所述即本书之终极与具体目的,本书形式上分作六部,

---

[1] 括号里的文字为原版所有:(si hombres son)。
[2] 此段文字引自:Bartolomé de Las Casas: *Historia de las Indias*, I,p.13。

或曰六册，涵盖了六十年历史，每册叙述十年，第一册仅涉及八年而非十年，因为我们直到1492年才获悉西印度之存在。

如承蒙天意得以延长寿命，并有值得记录在册之新历史事件发生，吾仍将撰写新章。上帝之后，这部历史之作者以及使它完成之人，乃堂巴托洛梅·德·拉斯卡萨斯或卡萨乌斯修士[1]，多明我会修士与雷亚尔城[2]主教，雷亚尔城，人们称之为恰帕（Chiapa）平原之雷亚尔城，印第安语称之为萨卡特兰（Zacatlán），系今日被命名为新西班牙[3]总督区内之一行省或众多王国之一。

缘于上天之慈悯，吾乃新西班牙迄今存活之人中年纪最老、生活时间或许最长、付出时间最多以获得体验之人——在整个西印度，如我之人，抑或亦仅余一二。感谢上帝。[4]

正文开始。[5]

---

[1] 原文 Don Fray Bartolomé de las Casas o Casaus，参阅《荒野的喊声》前言第5页注释[1]。
[2] 原文：Ciudad Real。
[3] 原文 Nueva España，今墨西哥一带，殖民时期总督区之一。
[4] 原文为拉丁语 Deo gratias。
[5] 此段文字引自：Bartolomé de Las Casas: *Historia de las Indias*, I,p.19。

评述

本节选自《西印度史》全书开篇《历史前言》[1],它落笔于拉斯卡萨斯开始大规模接续写作这部巨著的1552年。此时距他彻底离开美洲已有5年,如果采用他生于1484年而不是1474年的说法,他已是68岁高龄的老人,离去世只有14年。这一时期的文字一般被看作拉斯卡萨斯思想成熟阶段的表述。

在未译部分,拉斯卡萨斯展示出丰富的神学及历史知识,以衬托作为本篇以及全书之中枢神经的——"观点",也即研究者刘易斯·汉克所说的"体现作者信念的金线"。[2]

《历史前言》伊始,拉斯卡萨斯开宗明义,借中世纪被广为阅读的犹太史家弗拉维奥·约瑟夫之口,阐释著史的不同"动机",从而明确提出了史学的——"目的论"。

拉斯卡萨斯引述,约瑟夫指出四种史家,亦即撰史之四种目的。其一为炫耀文采窃取"声誉"者,其二为"取媚"权势者,其三为"受内心责任驱动"者,其四为"为公众利益"而彰显"伟大业绩"者。拉斯卡萨斯本人则毫不含糊地自白:

> 毋庸置喙,我撰写本书之唯一动机来自一种重大紧迫的内心驱动,即向整个西班牙传达多年来其所不知、吾所目睹之苦难西印度世界各个层面之真实消息及真相之光。

明确提出史学的"目的论",意义重大。

---

[1] Prólogo de la historia, Bartolomé de Las Casas: *Historia de las Indias*,I,p.3.
[2] Lewis Hanke, *Bartolomé de Las Casas, letrado y propagandista*,p.70.

每一种学问,每一位著者,无一不是时代、文化、社会的产物,纯客观的学问和学者只是一种神话。历史上居于统治地位的强权,在各个层面取得全胜并占领话语权后,竭力将隐藏着集团私利的历史记录、哲学、文化表述,转码为正史、终极真理、普世价值。这是一种辅佐强权的学"术"。这种"术"常常隐身在客观性、科学性、娱乐性的皇帝新衣之后,借芸芸大众的无知、昏聩和媚俗心理,欺世盗名,贻误后世。

拉斯卡萨斯的史学著述被批评为"目的性太强",史料后附加的大段议论,被贬抑为"离题太远"。然而这也许就是拉斯卡萨斯修士较之同时代史家的过人之处——史学不能没有灵魂。

刘易斯·汉克在《作为学者与宣传者的巴托洛梅·德·拉斯卡萨斯》一书中这样发问:

学者应当是一种"客观者"吗?就是说,一种不易激动的、对善与恶不作判断的没有信念的人吗?如是,拉斯卡萨斯一定会愤怒地拒绝这种"博学"的称谓。[1]

1492年以降,由于闻所未闻的新鲜事物不断由"新大陆"传出,那是一个写家迭出的时代,且多洋洋万言,但很少显露如拉斯卡萨斯那样鲜明的倾向和激越感情;自诩以奇(extreñezas)制胜者有,标榜欲使君主和读者赏心悦目者(deleitar)有,搜集描写印第安风俗以利传教者有,更不用说直接为侵略战争辩护和不惜编造谎言以贬低、污蔑印第安文化的种族主义者。

拉斯卡萨斯的笔走着一条不弃不悔的直线。本土居民的生命和命运始终是他关注的中心。反对掠夺性战争、尊重本土居民的

---

[1] Lewis Hanke, *Bartolomé de Las Casas, letrado y propagandista*, p.74.

主权意识、支持正义性反抗，是他在传播基督教的中世纪思想框架内始终护卫的原则。

拉斯卡萨斯弃绝了虚伪文人的闲情逸致，远离了端庄儒士的温敦中庸，披露写史之际的"重大紧迫"之感。为强调这种感觉，拉斯卡萨斯用了"无法补救"（之罪行）、"遗憾终生"（之危害）、"追悔莫及"等一系列最高级形容词。原因就在于他目睹了生命的澌灭、种族的消失、文明的断绝。他急迫地希望拯救生命，他悲观地察觉拯救生命希望渺茫。

拉斯卡萨斯"紧迫"的文词，追随着紧迫的脚步。在几十年义无反顾的行动中，他多次穿越大洋，几近罹难；在恶劣的生存环境和原始的装备条件下，携带厚厚手稿，完成持续三十多年之写作。人们甚至在历史档案里，读到了他于辞世当年向新当选的教皇皮奥五世递交的为本土居民请命的呈文，希望教皇要求身处美洲大陆的主教们，"即使抛洒鲜血"也要保护"本土居民的正义事业"（justa causa de los naturales）。[1]

虽然没有以理论术语总结并提出自己的方法论，但是拉斯卡萨斯在《历史前言》并不太长的篇幅里，于字里行间的着力表达处，让人感悟到一种"知行合一"的古典方法论。"目睹"（por sus propios ojos）、"行走"（ando）、"体验"（experiencia）等一再闪现的词，不仅强调着亲历的分量，也包含着与主要关注对象本土居民融合的心境和路径。拉斯卡萨斯引证西班牙公元6世纪神学家圣依西多禄（San Isidoro）在类百科全书《辞源》（Etimologias）里的说明："历史"，在古希腊语中的原意为"看见"或"认识"，即

---

[1] Bartolomé de Las Casas: *Historia de las Indias*, III, p.626.

古人对于书写"历史",十分重视"在场"和"眼见"。[1]

拉斯卡萨斯在《历史前言》中提出了一些将在长长三卷本中反复阐述的重大理论和观念。

首先是带有原初基督教色彩的人道主义观念。在拉斯卡萨斯看来,"造化"之伟大决定了"世上所有人群,所有民族""只要其为人类"(si hombres son)就应享有"尊严"(dignidad)。

上帝之造化是伟大的、普世的,上帝不会让一个庞大的人群出落成一族魔鬼。以这样的普世人道主义看待另一个族群,拉斯卡萨斯接近了一种多元文化观念:

通常,造化均留下完美结果,从未或很少失误;愈通观历史,愈会发现,一些被许多自负民族所蔑视的非基督教人群,虽理解力颇低,反而更支撑着优良的文明品行与管理制度。此事实显而易见。

拉斯卡萨斯在《西印度史》,尤其在《辩护史》等著述中以迥异于时代流俗的"观点"(观察事物之出发点),站在被蔑视者的角度,理解、阐释他者的文明,而这样的思想直到五百年之后才得以萌发。这是一位中古时代的先知所发出的尊重他者的非欧洲中心论初声。

这种非欧洲中心论观念的另一个重要基础是学识。对历史的引述、阐释和思考贯穿《西印度史》全书。在反对没有灵魂的"博学"的同时,拉斯卡萨斯高度重视历史的教益和知识的积累(包括对本土居民文化的尽力了解)。1522年和平传教的尝试失败后,他三年蛰居多明我会修道院潜心学习,并很快付诸《西印

---

[1] Bartolomé de Las Casas: *Historia de las Indias*, I, p.5.

度史》的写作，笔端流泻而出的多元文化观并非只凭善良的心灵，而是旁征博引、剥茧抽丝的分析说理：

人们之所以陷入前述误区，亦因缺少对古代历史之了解，不仅包括圣域与教会之历史，亦包括俗界之丰富历史。

1550年，准近代首次关于"正义战争"的巴利亚多利德大论战上，拉斯卡萨斯与号称"博学"的宫廷学者塞普尔韦达唇枪舌剑，灵感和知识泉涌而至，给得道者以天助。

原初基督教人道主义观念、（古典）"理性"和古今知识，再加上丰富的阅历，构成了拉斯卡萨斯赖以判断和行动的三大板块。

而所有这一切的原点，是一种捍卫正义、保护生命的激情。也许，具有永恒价值的建树正是以此为原动力，而非超然物外的客观、冷静。即便凭借超群的智慧、缜密的思维构造出理论的大厦，提示出超前的预见，智者与伟人间，隔着有若鸿沟的一步。这一步是什么呢？或许就是受到造化恩宠的、超越凡俗的人格。

《历史前言》的结尾部分有这样一段耐人寻味的话：

上帝之后，这部历史之作者以及使它完成之人，乃堂巴托洛梅·德·拉斯卡萨斯修士。

或许可以推断，拉斯卡萨斯认为自己的"印第安人代诉人"身份受命于天，其呕心沥血的文字亦系承领天命、感受神启而成[1]。正如那位与其命运不同却很可能灵犀相通的伟大的人道主义者塞万提斯，后者曾在光怪陆离的《堂吉诃德》中留下了"我知

---

[1] Bartolomé de Las Casas: *Historia de las Indias*,《西印度史》编注者前言，p.XLIII.

道我是谁""你生就是为了睡觉的，而我生就是为了守夜的"[1] 一类让后人猜想不已的语句。

抑或这一束光乃是读破拉斯卡萨斯和塞万提斯的指导。

宇宙孕化出珍珠般的生命种子[2]，沧桑的时代，罹难的西班牙，将他们造就成两个永远"使人类生辉"的儿子。[3] 如果西班牙曾有一个文学的"黄金世纪"（Edad de Oro），那么，是他们这一类属，而不是那些媚俗的御用文人，使"文学"二字熠熠生辉。

---

[1] Miguel de Cervantes Saavedra，*El Ingenioso Hidalgo Don Quijote de la Mancha*（米格尔·德·塞万提斯：《拉曼恰的堂吉诃德》），edición crítica y comentario de Vicente Gaos, Ed. Gredos, Madrid, 1987. I, cap.5, p.122；II, cap.68, p.965. 对这些语句的解析，可参阅索飒论文《在堂吉诃德的甲胄之后》，《读书》杂志，2005年第5、6期。
[2] 《西印度史》中有一段关于珍珠诞生的"离题太远"的优美文字："……在珍珠诞生的过程中，天空比海水起着更大的作用。越是在黎明和清晨接受露水的母贝，孕育的珍珠越是洁净，越是在午后或夜间受孕的母贝，生成的珍珠越是黯淡……"（Bartolomé de Las Casas: *Historia de las Indias*, I, p.541）。
[3] 套用智利女诗人加夫列尔·米斯特拉尔（Gabriel Mistral, 1889—1957）赞美拉斯卡萨斯之语："honra a la humanidad"，见 Lewis Hanke, *Bartolomé de Las Casas, letrado y propagandista*, p.155。

2

"对教徒与非教徒难道不应一视同仁吗?"
——站在他者的角度

《西印度史》第一卷 第四十六章

"远征军统帅为如此恶劣行径找到了优雅托词。人们不禁会问,夺走、偷走,或者说强行掠走有夫之妇,此乃何等严重罪孽?婚姻属自然法之范畴,此婚姻虽不完善但却是合法的,凡涉及自然法范畴内之一切事务,对教徒与非教徒难道不应一视同仁吗?"

——《西印度史》

译文

　　本章讲述深入内陆之两名基督徒如何返回；印第安人如何像对待天上来客般敬待彼等；关于印第安人之柔和、善良天性及单纯；被称为烟草之鼻吸香草烟；远征军统帅赞扬印第安人，说让彼等改宗系极容易之事；他决定将数名印第安人从彼地带往卡斯蒂利亚，以及他如何抓住彼等；远征军统帅此举系一有重大罪责之事件；此事使其蒙受巨大污点，任其如何辩解也无法解脱，唯此一事他便理应承受上帝之惩罚并将为未来之重重挫折做好准备，哪怕其怀有良好本意；本章亦反复大量论及印第安人之忠厚温顺天性。

　　星期一晚间，向12里[1]远之内陆深入的两个基督徒返回，同回的还有跟随其前往的两个印第安人。于彼地他们发现了一处有五十家之众的村落；据彼等言，该村落应该有千人居住，因为他们发现，仅一间屋子，即有多人居住。这俨然证明，村民系谦卑、温顺、平和之人群。二基督徒讲述自己在那村落里受到了盛大热情接待。村民将彼等安置于村中显赫屋宅，男女众人纷纷心怀巨大惊喜之情前去观望；村民以手触摸二基督徒，亲吻其手脚，以为彼等来自天上，村民的举止给人如此感觉；人们倾其所有，尽

---

[1] 原文legua，系西班牙古代里程单位，1（西班牙）里相当于5572.7米。后面"译文"中提及的里程单位"里"均是如此。

17

力款待俩人吃喝。[1]

　　此二人如此这般抵达该村，村民中看似贵人者挽其臂膀，将其带至堂屋，搬来两把椅子请其就坐，屋内余人全数围拢近前，蹲其周围。被从瓜纳哈尼岛[2]带来的一个印第安人依据自己以往经验向众人讲述了基督徒之生活方式，说基督徒不伤害任何人，不取他人之物，相反，他们将自己带来之物给予他人。稍许，所有男人离去，随即进屋的盖为妇女，她们像男人之前那样围坐在基督徒周围，尽量伸手触摸二人，观其是否与己同为血肉之躯[3]，她们还亲吻彼等手脚，对其唯余崇敬之情。村民再三强调、执意请求彼等留居该村与众人共同生活。两人拿出远征军统帅[4]先前交与的桂皮与胡椒，询问村民当地是否有此等物品；虽然得到否定回答，但被告知距此地不远之东南方向确有许多所问之物。[5]

　　…………

　　两位基督徒路遇人群穿梭往来于各个村落，男男女女，尤其男人，总手执一根未燃尽之木棍（tizón）与草叶，抽吸着草叶燃烧

---

[1] 关于相遇之初本土居民善待外来者的例子，在《西印度史》里有多处记载，拉斯卡萨斯也记下了讲述亲历者的姓名。北美"感恩节"传统的来历是一则外来者角度的旁证。日本学者染田秀藤（日本大阪大学教授，墨西哥巴托洛梅·德·拉斯卡萨斯理事会学术委员）在其研究专著 Hidefuji Someta, *Apología e historia: estudios sobre fray Bartolomé de Las Casas*（《辩护与历史：关于巴托洛梅·德·拉斯卡萨斯修士的研究》），p.65里提到，《西印度史》在描写美洲的历史著述中，是最早提到美洲本土居民最初很欢迎西班牙人到来的文本。

[2] Guanahaní，瓜纳哈尼岛，现称圣萨尔瓦多岛，位于巴哈马群岛东部，是哥伦布在美洲最早登陆的地方。

[3] 拉斯卡萨斯从一开始就本能地将本土居民与外来者放在平等的地位，因而他本能地记录了有意味的听闻细节：欧洲人为考察印第安人是否有灵魂讨论数年之久，印第安人也同样有权利"观其是否与己同样为血肉之躯"。

[4] 原文 Almirante，词源为阿拉伯语，amir-al-bahr，أمير البحر 意为海上指挥官。哥伦布的船队西行被称为 expedición（远征）此处 Almirante 指哥伦布，故将 Almirante 译为"远征军统帅"，以下译文和注释照例。

[5] 此段文字引自：Bartolomé de Las Casas: *Historia de las Indias*, I,pp.235-236。

后冒出的芳香气味，这些干燥草叶被卷进一片同样干燥之叶，方式如同圣灵降临节[1]里年轻人使用的一杆纸制火绳枪[2]；人们将其一头点燃，由另一头咂吮从中冒出的烟气，将其吸入体内；于是乎肉体麻痹，人入醉醺，据说此法可缓解疲劳。这些烟枪被当地人称为——或如之后我们所称——烟草。在伊斯帕尼奥拉岛[3]上，我认识一些西班牙人，他们抽此种烟草习惯成瘾，有人告诫他们说此乃恶习，然他们却回答说已经无法自拔；我不知此物究竟何种滋味或者有何裨益。[4]

…………

远征军统帅在此说了下述话："彼等均很善良，毫无敌意；无论男女，众人皆赤裸身体，如同初离母腹一般；事实上，妇女们仅以一片棉质之物用以遮住其生殖器而已，她们非常规矩，长相不算太黑，不如加那利群岛[5]妇女肤色黑。胸有成竹的君主们啊，我相信，一旦听闻如二位君王这般虔诚的宗教信仰者的智慧话语后，众人均将转变为基督徒，我寄希望于吾辈之主，相信二位君王[6]定能迅速决断，将如此人数众多之聚落收归教会治下，让彼等

---

[1] 原文 Pascua del Espíritu Santo，即圣灵降临节，又称五旬节，为纪念耶稣复活后差遣圣灵降临而庆祝的节日。
[2] 原文 mosquete，估计是指16世纪初西班牙军队使用的火枪，一头点火，中间有支架；这里可能用它来形容印第安女人吸烟草方式。
[3] 原文 La Española，指今日容纳海地与多米尼加两个共和国的海上岛，当年被殖民者命名为 La Española，有几种译法，西班牙岛、埃斯帕尼奥拉岛，或伊斯帕尼奥拉岛，本译文采用第三种。岛上今之多米尼加共和国首都圣多明各当年为西班牙在美洲建立的第一个正式殖民据点。
[4] 此段文字引自：Bartolomé de Las Casas: *Historia de las Indias*, I, p.236。
[5] 原文：ni muy negras salvo menos que canarias。加那利群岛位于非洲西北角，1497年沦为西班牙殖民地，原住民为非洲柏柏人，故拉斯卡萨斯引述哥伦布在此以加那利妇女的肤色来比对海地岛原住民肤色。
[6] 原文：Vuestras Altezas。联系上下文，这番话应系哥伦布对西班牙双王伊莎贝尔一世（Isabel la Católica, 1451—1504）和费尔南多二世（Fernando de Aragón, 1452—1516）所说。

皈依，一如此前消灭了那些不愿承认圣父、圣子和圣灵之辈；如是，在二位君王身后（尘世之人终有竟时），天下王土将处于祥和之中，免于异教、邪恶之扰，二位君王将受到永恒造物主之善待，我祈求造物主护佑二位君王长命百岁，疆域日日扩展，治权绵绵延伸，臣愿二位君王拥有强大意志并才干以传播神圣之基督教信仰，如二位君王时至今日所为。阿门。"以上便是远征军统帅克里斯托弗·哥伦布先生一番庄重的言论。[1]

人们将大船由丛林中拖出，哥伦布原本计划于星期四出发，朝着东南方向，去寻找他认为存在于彼地的黄金和香料，并发现些新土地。由于刮起了逆风，他只得等到下一个周一，即11月12日才得以启程。身处马雷斯（Mares）河港口，远征军统帅觉得应该按其设想，从古巴岛或大陆地区[2]带若干印第安人同回卡斯蒂利亚，让这些印第安人学习西班牙语，以便从他们身上了解这片土地的秘密，并教化他们信仰基督教。为此，驶来一条独木舟或如哥伦布所称之木筏。哥伦布对印第安人均认为基督徒是正义、可信、仁慈之辈这一点信心满满。印第安人靠近了大船船舷，或想赎回自己的棉花[3]及其他小物件，或想见识一下大帆船及基督徒，或想给这些基督徒带来些东西——如以往他们所做那样。独木舟

---

[1] 哥伦布说这些话只是为了取悦国王以使其支持其西航事业，实际上，他"从未把印第安人看在眼里"（Colón siempre tuvo una pobre opinión de los indiios），正如秘鲁神学家、《解放神学》的作者古斯塔沃·古铁雷斯在他研究拉斯卡萨斯的著作里所言，此言引自 Gustavo Gutiérrez: *En busca de los pobres de Jesuscristo: El pensamiento de Bartolomé de Las Casas*（古斯塔沃·古铁雷斯：《追寻耶稣基督的穷人们：论巴托洛梅·德·拉斯卡萨斯的思想》），Ed. Istituto Bartolomé de las Casas-CEP, Lima, 1992. p.48。

[2] 原文 tierra firme，即"大陆地区"，历史地理名词，当年西班牙殖民者主要指称南美大陆，此名称应该是相对于加勒比"群岛"而言。

[3] 棉花系多源头起源，美洲的棉花最早可以溯源至八千年以前，主要在墨西哥、秘鲁、加勒比一带。

上共有六名青年，哥伦布强行扣押了其中五名登上大船之人（另外一人留在了独木舟上），等待他日随己带回卡斯蒂利亚。

诚然，哥伦布本应宁愿吃苦冒险，也不应做出此等事情，因为实际上这就等于或明或暗践踏了天启的自然法及人法准则——人与他人应于相互信任间直接签立这些法则[1]，更何况双方已然相互信任、友好相处，那么就须保证其人身和财产免受伤害，就须放他们自由无碍地回家。使此事更加严重化之处在于，印第安人在彼之土地、一己家中给予基督徒以盛情款待，将后者视为彼等心目中从天而降之神来膜拜。倘若曾被派遣进入陆地纵深之两名基督徒被强行逮捕，那么远征军统帅会作何感想？他会认为印第安人犯了何等罪行？他定会理直气壮地以救回二基督徒为由，对印第安人发动所谓正义战争[2]。各种法律、自然法及人法适用于世界各民族，不论基督徒抑或不信教者，不分派属、宗教信仰、领属、肤色及品性，应一视同仁，那么该岛居民也拥有正当权利去对远征军统帅及其手下基督徒发动正义战争，以便救回彼之邻居与同胞。此事之丑恶不止于此，它会因此破坏印第安人对西班牙人业已生成的仁慈、正直和温良印象，以及巨大信任；即便远征军统帅怀有良好初衷，无论他如何期盼后日会有善果，也不足以为己开脱。因为即使未来收益非凡，我们也不应以恶小而为之。正如圣保禄在《罗马人书》中所言："为什么我们不去作恶，为

---

[1] 原文：derecho natural, derecho de las gentes。这些概念将在《荒野的喊声》第4节更多地涉及。
[2] 原文：justa guerra。"正义战争"的概念可以溯源到古罗马时代，即战争的合法性取决于道德观念。这个概念到中世纪被基督教神学家充分讨论和阐释，关于它的释义的辨析一直延续到今天。

得到善果呢？"[1] 通常人们不会只犯一次错误，罪恶也从未一次止步，正相反，罪恶接踵而至，且往往恶于前次，远征队司令便是如此。他变本加厉，遣派几名水手驾船向西来到河岸边一所房屋，掳走老少总共七名妇女，外加三个孩童。据他所言，若有女性同胞偕行，印第安男人在西班牙品行将会更加端正；固为此前多次，曾有人被从几内亚带至葡萄牙，后又返回故土，几内亚人"在本土为葡萄牙人的小恩小惠所利诱，被带至陌生土地。若有妇女陪伴前往，男人便更易商讨指派给彼之活计。此外，彼之女人亦可教吾辈妇女印第安语言，盖因在西印度群岛只讲同一种语言，人们能够相互沟通，划着木筏往来于各岛，而不像几内亚那样有上千种语言，互相无法交流理解。"以上皆为远征军统帅亲口所言。

远征军统帅为如此恶劣行径找到了优雅托词。人们不禁会问，夺走、偷走，或者说强行掳走有夫之妇，此乃何等严重罪孽？婚姻属自然法之范畴，此婚姻虽不完善但却是合法的[2]，凡涉及自然法范畴内之一切事务，**对教徒与非教徒难道不应一视同仁吗？**

…………

无须考虑远征军统帅所犯下之其他罪行，仅凭此无理而有罪之举，他已足够遭受此后余生上帝给予其之苦难与烦扰，甚至死有余辜；盖因，对于罪过轻重与性质之判断、估量，吾辈凡人之

---

[1] 原文：*Ad Romanos, 2: Non sunt facienda mala ut bona eveniant*。引自《新约圣经》卷一《罗马人书》第3章第8节，传说该篇为使徒保禄（即基督新教所称的"保罗"）所作。因为拉斯卡萨斯是天主教徒，《荒野的喊声》的《圣经》译文选自天主教徒使用的《圣经》汉译思高版，以下类同。关于"目的"和"手段"的议论也经常出现在《西印度史》中。
[2] 原文：y es rato。此处著者使用的 rato 是这个形容词的古老用法，指"并不完善但却合法的"婚姻。

见与上帝之法有着天壤之别,后者当极其严格。[1]

....

之后,从马雷斯港启程离开之当晚,有一条独木舟划向远征军统帅的船,来者系一约四十五岁模样男子,即那些被抓走之妇女中一人的丈夫,也系一男两女那三个小儿的父亲。他恳求说既然他们带走了其妻与其子,希望亦将他一并带走。哥伦布说他将为此祈祷。我相信他(哥伦布:译注)之所言,然我也确信,那印第安人一定更希望哥伦布将其妻与子归还与他,阖家留居故土,而非流放异国、葬身他乡。[2]

---

[1] 此段文字引自:Bartolomé de Las Casas: *Historia de las Indias*, I,pp.237-239。
[2] 此段文字引自:Bartolomé de Las Casas: *Historia de las Indias*, I,p.239。

评述

本节选自《西印度史》第一卷。第一卷涵盖的时间范围大致为 1492 年至 1500 年，主要涉及西班牙殖民者早期活动，包括大量哥伦布本人的踪迹。

尽管拉斯卡萨斯本人从未与哥伦布面晤（拉斯卡萨斯的父亲和叔伯参加了哥伦布第二次赴美洲的航行），但史学界公认他掌握了大量有关哥伦布的资料，其中包括哥伦布与西班牙国王及重臣的大量通信和那个时代的重要文书。拉斯卡萨斯有"搜索家"的名声，他不仅搜集、存放、抄写书面资料，还抓住一切机会采访早期"征服者"，包括哥伦布的儿子迭戈·哥伦布。他从哥伦布的弟弟埃尔南多·哥伦布所写之《历史》中也获得信息。1534 年后，超过 15000 册的哥伦布文库存放于西班牙塞维利亚圣保禄修道院，拉斯卡萨斯为招募赴美洲传教士和刊行自己的 8 册书，于 1551 年至 1552 年滞留塞维利亚，其间利用了这些书。文库中包括哥伦布第一次航海日记的抄本，拉斯卡萨斯边抄录边做批注。今天，哥伦布第一次航海日记已失传，拉斯卡萨斯基于此抄本抄写的概要是现存唯一的有关哥伦布第一次西航的史料，而边注也留下了宝贵的拉斯卡萨斯思想记录。[1]

即便作为传统意义上的史家，拉斯卡萨斯也具有重要的地位。

---

[1] 参阅《西印度史》编注者前言，尤其是 47 页，Bartolomé de Las Casas: *Historia de las Indias*, p. XLVII，亦可参阅日本学者染田秀藤专著 Hidefuji Someta, *Apología e historia:estudios sobre fray Bartolomé de Las Casas*（《辩护与历史：关于巴托洛梅·德·拉斯卡萨斯修士的研究》），p.93。

选译文字描写的是哥伦布首航美洲的一些情景。前一章叙述了他曾派遣两个基督徒和两个印第安人向某一岛屿纵深探寻。此章接续两人返回后对见闻的介绍。文中提及了美洲的重要物产烟草和棉花，记录了西班牙人亲口描述的友善、礼貌的印第安人，加入了哥伦布给西班牙国王信件的原文抄录，信里有许多对印第安人的溢美之词。

　　在我们所选译的 11 篇文字中，这一篇有哥伦布的直接出场。

　　拉斯卡萨斯生存的欧洲处在一个中世纪向近代转换的复杂时代，西班牙更具保守性。西班牙刚刚完成驱赶穆斯林和犹太人或强迫他们改宗的"收复失地"[1]战争，天主教重新一统天下，宗教气氛浓烈，以托马斯·阿奎那为主的经院神学是主要意识形态，"天意"（providencia）和"预定"（predestinación）观念流行。拉斯卡萨斯的思想也浸染着这种色彩，他几乎坚信哥伦布的西航来自天意，甚至哥伦布的名字（Cristóbal，带来基督者）、姓氏（Colón，垦殖者）也不可思议地符合天意。[2] 西班牙王国在拉斯卡萨斯眼里负有向世界传播基督教、给万民带去福音的神圣使命。

　　也正是出于这种虔信的基督教使命感，拉斯卡萨斯和一部分修士、传教士坚决把"圣"置于"俗"之上，不能容忍对物质的贪婪阻碍对灵魂的"拯救"，更不能容忍对灵魂载体之生命的杀戮。

　　尽管拉斯卡萨斯深受时代的"天意""预定"思想裹挟，但他认为预定是天意的一部分，而天意是尊重人的自由的。他的思想

---

[1] la Reconquista, 中世纪西班牙、葡萄牙与持续八年之久的"安达卢斯"（al-Andalus）伊斯兰王国间的战争，最后以前者的"收复失地"（reconquista）结束，大量未改宗、已改宗的穆斯林、犹太人被驱逐出境。
[2] Bartolomé de Las Casas: *Historia de las Indias*，I, p.26.

与正在兴起的新教改革思潮中的(如约翰·卡尔文的)思想有很大区别,后者认为,有些人注定下地狱。拉斯卡萨斯认为救赎是广泛的,每个人都有可能被拯救,至于谁能获得恩典,只有上帝至知。这一思想也表现在《西印度史》前言里。[1]

当然,除了神学思辨层次的认识,拉斯卡萨斯无疑具有一种本能的人道主义恻隐之心。秘鲁神学家、《解放神学》的作者古斯塔沃·古铁雷斯在他关于拉斯卡萨斯的研究著作中写下了这样一个细节:9岁的拉斯卡萨斯清楚地记得,他于哥伦布第一次返航的1493年,在自己的家乡塞维利亚平生第一次亲眼看见了哥伦布从美洲带回的7个印第安人。[2]这个强烈的记忆不是没有意味的。

在本节选译的文字中,我们读到,当写至哥伦布强行扣留了5个前来换取东西的印第安人以便带他们至西班牙展示时,拉斯卡萨斯以坚定的笔触留下了断语:

无须考虑远征军统帅所犯下之其他罪行,仅凭此无理而有罪之举,他已足够遭受此后余生上帝给予其之苦难与烦扰,甚至死有余辜;盖因,对于罪过轻重与性质之判断、估量,吾辈凡人之见与上帝之法有着天壤之别,后者当极其严格。

这样突如其来的严厉批判紧跟着哥伦布触犯本土居民权益的步伐,散落于《西印度史》第一卷。[3]拉斯卡萨斯坚定地认为,哥伦布及其家族日后遭受的磨难,系其在西印度侵犯印第安人权利

---

[1] 参阅:Gustavo Gutiérrez: *En busca de los pobres de Jesuscristo: El pensamiento de Bartolomé de Las Casas*,p.358。
[2] Gustavo Gutiérrez: *En busca de los pobres de Jesuscristo: El pensamiento de Bartolomé de Las Casas*, P.132.
[3] Bartolomé de Las Casas: *Historia de las Indias*,《西印度史》编注者前言,p.XXXVIII。

之行为的天罚之果。[1]

更重要的是，这一节选译让我们读到了一种明确的视角转换：

> 倘若曾被派遣进入陆地纵深之两名基督徒被强行逮捕，那么远征军统帅会作何感想？他会认为印第安人犯了何等罪行？他定会理直气壮地以救回二基督徒为由，对印第安人发动所谓正义战争。各种法律、自然法及人法适用于世界各民族，不论基督徒抑或不信教者，不分派属、宗教信仰、领属、肤色及品性，应一视同仁，那么该岛居民也拥有正当权利去对远征军统帅及其手下基督徒发动正义战争，以便救回彼之邻居与同胞……

文字的开始语句使用了典型的西班牙语虚拟式，而这种"假如我们是印第安人"（si fuésemos indios）[2] 的表达，在拉斯卡萨斯的著述中有很多处。这是一种了不起的表达，它意味着一种平等意识，一种不羞于站在卑贱者一边的觉悟。

描述在继续，在妻子的丈夫、孩子的父亲苦苦哀求哥伦布未果后，拉斯卡萨斯写道：

> 然我也确信，那印第安人一定更希望哥伦布将其妻与子归还与他，阖家留居故土，而非流放异国、葬身他乡。

一度为古巴岛西班牙侵略军随军神父的修士，将心比心，从被欺辱者的内心体会着人的普遍感情，将基督教原初人道主义的普世意识表现得清澈透明。

---

[1] 参阅：Gustavo Gutiérrez: *En busca de los pobres de Jesuscristo: El pensamiento de Bartolomé de Las Casas*, p.49。

[2] 参阅：Gustavo Gutiérrez: *En busca de los pobres de Jesuscristo: El pensamiento de Bartolomé de Las Casas*, p.302。

3

"吾乃此岛屿上荒野基督之呼喊"
——蒙特西诺斯的呼声

《西印度史》第三卷 第三章、第四章、第五章

"在海地岛上,多米尼加共和国首都圣多明各城的港口边矗立着一座蒙特西诺斯的高大塑像,他站在巨石雕成的布道台前,目光严厉,左手高举至嘴边成话筒状,那声音从四野死寂的荒漠传出,至我落笔之日已经整整划过了半个千年。"

——《荒野的喊声》评述

译文

第三章
关于西班牙人如何虐待印第安人

此时多明我会修士已开始关注该岛[1]本土居民[2]所承受之悲惨生活与野蛮囚禁，注意到他们如何日益衰微，而占有他们的西班牙人对此毫不理会，权当他们乃无用牲口。若一些印第安人死去，西班牙人仅为将失去下矿挖金与其他农场上使役之劳力而担忧；对剩余之印第安人，他们并未施与更多同情与温柔，依旧严厉、粗暴地压榨他们，使彼等于劳累中消耗殆尽。西班牙人之施虐程度有轻有重，一些人残酷至极，毫无慈悯之心，只顾以可怜印第安人之血汗为代价致富；另一些人，略微收敛。还有一些人，印第安人之苦难及悲伤确实令他们难过。但上述种种人，均以隐秘或公开方式，将自身的、个人的、尘世的利益，置于彼等苦命人之健康、生命与灵魂拯救之上。在我的记忆中，没有任何人对印第安人表示过些微仁慈，他们只知道利用印第安人，仅有一位叫佩德罗·德拉·伦特里亚[3]者乃是例外，如上帝允许，我将在下文仔细言及他。……[4]

---

[1] 指伊斯帕尼奥拉岛。
[2] 原文：la gente natural。
[3] Pedro de la Rentería，与拉斯卡萨斯共同拥有一批印第安人，后又与拉斯卡萨斯共同决定放弃对印第安人的拥有。
[4] 此段文字引自：Bartolomé de Las Casas: *Historia de las Indias*, III, p.10。

修士中一切有学问者，在上帝谦谨之至的仆人、修会代理主事佩德罗·德·科尔多瓦[1]修士授意下，共同决定就此命题[2]宣讲第一次布道词。众人逐一签名，如此，这一布道词即为所有修士共同商讨、达成一致并最终通过之结果，而非登台布道者一人所为。代理主事指示位处于其后之主要布道者、一名叫安东·蒙特西诺斯[3]的修士担任宣讲。如本书（《西印度史》：译注）上述第二卷第五十四章[4]所述，在多明我会派遣至当地的三名成员中，该修士之地位排于第二。该修士颇具布道口才，在斥责恶习时言辞激烈，尤其于布道时使用之文本或言语充满义愤，铿锵有力，因而其布道很有效果，或被认为很有效果。第一次如此内容之布道任务委托给这位跃跃欲试的修士，对岛上西班牙人而言，此乃一次全新之布道，其新颖即在于它断言，杀害印第安人绝不止于杀死臭虫之罪行。

因正值基督降临节[5]，修士们决定将布道定于第四个星期日[6]，那日正该念诵《福音书》有关福音传播者圣若望的一段经文："于是他们问他说：'你究竟是谁？好叫我们给那派遣我们来的人一个答复。关于你自己，你说什么呢？'他说：'我是在旷野里呼喊者的声音。'"[7]为使圣多明各全城无一人缺席，至少让重要人物悉数

---

[1] Pedro de Córdoba，1482—1521。
[2] 即西班牙人如何虐待印第安人的命题。
[3] Antón Montesinos
[4] 《西印度史》第二卷第五十四章提及1510年9月多明我会首批修士来到伊斯帕尼奥拉岛后的一些情形。
[5] 即Adviento，来自拉丁语，意为"到来"，指圣诞节四周前的一段仪式准备时间。
[6] 即1511年12月21日。
[7] 《西印度史》里"我是在旷野里呼喊者的声音"这一句原文为拉丁语：*Ego vox clamantis in deserto*。译文参阅思高版《圣经》《若望福音》（"若望"在基督新教译本中译作"约翰"）第1章第22、23节。

到场，修士们逐一登门，邀请彼时管理该岛之远征军副统帅[1]、国王之所有官员、所有司法文秘，及其家中所有成员，通知彼等星期日于大教堂将有多明我会布道，意在向其传达与其密切相关之事，请求诸君到场聆听。

众人均欣悦接受邀请，一来因着修士们用自身美德、清贫生活及严格宗教操守所赢得的崇高敬意，二来则因每人都亟盼知道，何为修士们所言之与己密切相关之事。然而，如若他们事先知晓内容，无疑绝不希望这般布道发生，因为人们既不愿意听到如此布道之辞，亦不会允许修士们如此登台布道。[2]

第四章
修士们关于如何善待印第安人之题所做之布道

星期日布道开始之际，上述安东·蒙特西诺斯修士登上布道台，开始阐述已撰写完成并已由众修士共同签字的布道词命题与主旨：我是在旷野里呼喊者的声音。[3]

在开场白及略述关乎基督降临节之内容后，蒙特西诺斯便开始强调岛上西班牙人犹如生活于心灵荒野之贫瘠中，两眼漆黑；告诫其正行走于何等危险之天谴路上，毫不察觉自己一直麻木沉浸其中之严重罪孽，并将于此罪孽中缓缓死去。然后修士转入正题，说道：

"我登上布道台正为告诫尔等，**吾乃此岛屿上荒野基督之呼喊**，固尔等最好认真聆听，且非一般认真，而是全心全意聆听，

---

[1] 指哥伦布的儿子迭戈·哥伦布（Diego Colón）。
[2] 此段文字引自：Bartolomé de Las Casas: *Historia de las Indias*, III, pp.11-12.
[3] 原文依旧为拉丁文。

请听吧；此乃一声尔等闻所未闻、从未料到之最新、最粗粝、最严峻、最令人恐怖、使人备感危险之呼喊。"

随着如刀剜心、森严可怖之言辞，那声呼喊久久轰鸣，座席上之西班牙人毛骨悚然，恰如身处末日审判。修士向其郑重宣告那呼喊之意思与含义：

"此呼喊意味尔等全体已犯死罪。尔等生于此罪中，死于此罪中，因着尔等对这些无辜人所施行之残酷暴政。请回答，尔等有何权力，有何道理对这些印第安人实行如此残酷、可怖之奴役？尔等有何权力对生活于己之宁静、和平土地上之人发动灾难性的战争，致使如此多之印第安人死亡、遭受从未听说过之毁灭？尔等怎样压迫与使役他们，不予他们吃饭，不给他们治病，使其陷入不堪重负之劳作，直至死去？毋宁说，为了挖出并取得金子，你们每天都在杀死他们。你们关心让谁去向其宣教、让其认识上帝与造物主、接受洗礼、望弥撒、过节日与主日吗？""他们不是人吗？他们是缺失理性之灵魂吗？你们无有义务如爱尔等自己一样爱彼等吗？对此尔等不理解吗？对此尔等毫无感觉吗？尔等陷入了怎样之长眠不醒？尔等须知，在此种状态下，尔等将像不信基督教或不愿信仰基督教之摩尔人与土耳其人一样，得不到拯救。"[1]

修士以如此方式解释了先前强调过的那荒野里的呼喊，最后，一些人呆若木鸡，许多人六神无主，另一些人愈加顽固，当然亦

---

[1] 关于"安达卢斯"（al-Andalus）文明时代和天主教发起的"收复失地"（reconquista）战争的时代背景，以及拉斯卡萨斯对它的复杂态度，《荒野的喊声》不准备给予篇幅评述。拉斯卡萨斯所处时代的西班牙天主教势力，以延续了八个世纪的伊斯兰文明为劲敌，将新崛起的奥斯曼帝国看作巨大威胁。拉斯卡萨斯本人因袭时代观点，但反对强迫和奴役尚"不认识"基督教的印第安人。

有一些人稍感难过,然而,根据我日后了解,无一人悔过。

布道结束后,修士走下布道台,并无垂头丧气之状,因他并非那种将怯意外露之辈,且内心并不胆怯,也并不在意得罪听众,他只做了并说出了自认符合上帝意愿之事。修士与同伴们走回草屋,屋里或许只有无油之卷心菜汤充饥,彼等有时确实只有这类食物。当修士离去,教堂里一片唏嘘声,据我猜测,听者勉强容忍弥撒结束。可以确信,那天并未对众人念诵"蔑视尘世"这一段经文。[1]

全城人匆匆吃罢那顿估计难以下咽的饭食,便聚集于担任皇家要职的远征军副统帅、那位发现西印度群岛的远征军正统帅之子迭戈·哥伦布家中,来人中主要为王室官员、司库、统计员、税务员、监察员,众人一致决定前去训斥、恐吓布道者及其他修士,否则就将以蛊惑人心、散布前所未闻之新教义之名,惩治布道者。盖因布道者谴责了所有人,其言辞反对国王与国王对西印度所拥有之权力,反对西班牙人拥有印第安人并将他们献给国王,固其行为乃不可饶恕之大罪。

一行人叫来门房,门房打开门,遵嘱传唤修会代理主事与那宣讲了如此荒谬言论的修士上前,而到来者唯有那位代理主事、令人尊敬的佩德罗·德·科尔多瓦修士。于是大人们以傲慢而非谦恭之口吻,让他传唤那布道修士。备加谨慎之代理主事答曰无此必要,若阁下与诸位想吩咐何事,作为教士们之代理主事,他本人即可作答。要员们执意让他传唤布道之修士,而代理主事以素有之平静威严,以彬彬有礼而斩钉截铁之言辞,左右回避。最终,这位承蒙天意而拥有种种天生与后天美德之修士,这位受人尊敬、

---

[1] 原文:lección de Menosprecio del mundo。

极其虔诚之修士，以赢得之敬意取胜；远征军统帅与其他人看到以各种理由和命令言辞均未能说服代理主事退让，转而以卑微之好言好语请求其传唤修士，因为他们欲当面询问布道者，据何理由决定进行这般标新立异、危害有加之布道，从而损害国王利益，危及全城[1]与全岛居民之利益。

此时仁慈代理主事发现，大人们采取了别样方式并怒气渐消，便派人唤那位安东·蒙特西诺斯修士前来，后者毫无畏惧应声赶到。众人坐定，首先远征军副统帅代表自己与众人发难，责问蒙特西诺斯修士怎敢做出对国王如此不利、对全岛如此有害之布道，竟然断言西班牙人不能拥有印第安人并把他们献给作为全西印度群岛之主人的国王，尤其于西班牙人以巨大努力赢得了那些岛屿、征服了那些本土原有之异教徒[2]之后；远征军副统帅说，因其布道词骇人听闻，严重损害了国王与全岛居民之利益，因而众人决定，要那修士对其布道表示反悔；凡大人们认为不妥之处，修士理应做出恰当补救。

代理主事答曰，修士之布道内容，系代理主事本人及全体修士一致看法、意愿与决定，众人认真考虑了人选，将任务郑重委托于他，又再三叮嘱、反复讨论，最后方决定以这一福音之真理进行布道，并视之为拯救岛上全体西班牙人与印第安人之必要一步。印第安人每日死亡，如旷野之上牲畜一般，得不到西班牙人任何关照。修士们首次作为基督教徒接受过洗礼，再次作为传布真理之修士履行过纯洁的仪式，因而天命在身[3]，必须做出上述举动。他们不认为此事违背了国王之利益；正乃国王派遣他们，来

---

[1] 指伊斯帕尼奥拉岛上的圣多明各城。
[2] 原文：infieles。
[3] 原文：eran obligados de precepto divino。

此地传播他们认为要紧之道理,以拯救灵魂。他们如此行动,正乃出于对国王的忠诚,修士们确信,国王陛下在得到关于此地状况之真实禀报以及修士们因此所做布道之内容后,定认为修士们之作为乃效力于他,并因此而致以感谢。

仁慈的代理主事坚持为布道词所做之辩护及说理未能使大人们满意,也未能使他们摆脱因听说不能以过去那种暴君方式拥有印第安人而陷入的惶恐不安;原因在于,修士们指出的道路,并非能使大人们满足贪欲之道路,一旦失去印第安人,其种种欲望与期待均将落空。由是在场的每一人,尤其那些显赫人物,就此各抒己见。众人一致商定,让那布道修士于下一个星期日对其布道表示反悔,并愚蠢地对修士们说,若他们不照此办理,则请收拾行装,登船返回西班牙。代理主事答曰:"先生们,就此事而言,吾等确不费吹灰之力。"而事实亦如此,因为他们的珍贵物品,无非是一袭日间披戴之粗布袍服、一条夜晚裹身之粗布被子,栖息之榻,亦不过是在一些树杈[1]上平铺枝条,再覆盖以几把干草而就;至于收拾起做弥撒之用品及一些书籍,两只小船容量足以装运。

眼见这些上帝仆人毫不在意种种威胁,大人们转而施以软计,央求修士们再次斟酌考虑,以便就先前布道再做一次缓和之布道,以满足一直惊恐不已的岛上居民之愿望。大人们喋喋不休反复要求,为摆脱纠缠,就此结束彼等之无聊打搅,修士们做出让步,应允下一个星期日让那位前次布道之安东·蒙特西诺斯修士就此题目再做一次他认为最好的布道,在力所能及的范围内努力使众人满意。修士们如是宣告,协议达成,大人们心怀希望,欣悦返回。

---

[1] 原文:unas horquetas que llaman cadalechos。

第五章
关于同一事件

而后，大人们或部分人对外宣称，已与代理主事及其余修士议妥，那修士将于下一个星期日对所宣讲之辞做完全反悔。此时已无须对人们发出邀请去听这第二次布道，全城人自己相互邀请，无一人遗漏走进教堂，前去听那修士如何对前一个星期日之布道做反悔之阐述。

值布道之时[1]，修士登上布道台，他为抵消和反悔前次布道而找到根据之主题，是圣约伯在第36章开端的一句警言[2]，修士就此说道："我将从头开始再次讲述上一个星期日我所宣讲之道理与真理，我将证明那些使你们如此痛苦之话语符合真理。"听闻此一主题，那些聪明人已经明白修士的布道将会如何发展，让其接着讲下去将使听者痛苦不堪。修士开始为布道提出论据，将上一次布道之全部内容娓娓道来，并以更充足之理由与更果断之态度强烈谴责以不公正与暴虐方式压迫印第安人、使彼等精疲力竭；修士重复讲述己之道理并告诫听者：照此下去他们将得不到救赎；修士告诫他们及时改悔，让他们明悟其忏悔将比劫路贼之忏悔更不能接受；他们必须公开表态，并给卡斯蒂利亚有关人士写信说明己之忏悔。修士们相信这样做乃是服务于上帝，效力于国王。

结束布道之后，修士返回家中，教堂内人士则乱成一团，窃

---

[1] 即1511年12月28日。
[2] 《西印度史》此处有一句拉丁文：*Repetam scientias meam a principio et sermones meos sine mendatio esse probabo*，意为"我重复我的话，我确认我的话从一开始是没有假话的。"《圣经·旧约》思高版《约伯传》第36章第2节的译文是："你且等一会，容我教导你，因为为天主，我还有些话要说。"

窃私语，比前次更加仇恨修士。他们曾经怀抱让修士全面反悔之邪恶奢望落空，这些人曾以为只要修士反悔，就能改变上帝之法——彼等压榨印第安人之作为就是对上帝之法的违背。

此乃危险之事情，我们应为这些犯罪者不断哭泣，尤其那些靠盗窃、伤害邻人而取得有生以来从未达到之地位者，这些人觉得，从取得之地位跌落比从高耸山崖跳下更加残酷，也确实如此；我尚要补充，如上帝不显迹，彼等已无人道的逃脱之路。因此，来自布道台之谴责使其觉得十分刺耳与作呕，因为当他们没有听到这些谴责之前，尚以为上帝疏忽、忘却，以为神律已被推翻，因为宣道者沉默着。我们西班牙人陷入了如此麻木、危险、固执与邪恶，超出了世界上任何一地，超出了任何一种人类类型；关乎此，我们在这片西印度土地上有无数例证与亲眼见闻。

回到现场，听众们咬牙切齿，走出教堂，回家吃饭，那顿饭断然不香，我猜是苦不堪咽。他们不再理会修士们，因为彼等已明白，与修士们再费口舌将一无所获。因此，决定写信给国王并让最临近之返航船只将信件带走。信之内容涉及修士们如何来到此岛，如何用标新立异之教义在人群中制造慌乱，诅咒全体岛民下地狱，反对西班牙人按照国王命令占有印第安人、令其在矿井下或其他地方为自己劳作；信中写道，修士们之布道与鼓吹剥夺国王在此片土地上之王权及税收，毫无二致。[1]

---

[1] 此段文字引自：Bartolomé de Las Casas: *Historia de las Indias*, III, pp.13-18。

评述

此段译文记录的历史事件即——"蒙特西诺斯的呼声",这一呼声以下面的核心句开始:

那日正该念诵《福音书》有关福音传播者圣若望的一段经文:"于是他们问他说:'你究竟是谁?好叫我们给那派遣我们来的人一个答复。关于你自己,你说什么呢?'他说:'我是在旷野里呼喊者的声音。'"

《圣经》里的这一段问答具有拷问人心的魔力,每次听到它,人都好像在接受良知的审视。

2005年逗留美洲之际,我曾亲耳聆听了一位"解放神学"神父这样开始了他的当日弥撒。弥撒的形式也具有解放特色,以妇女为主的信徒们围坐成环绕神父的一个圆圈(而不是坐在教堂的听众席里),在美洲民间喜闻乐见的吉他声中(而不是在管风琴的伴奏下),人们开始思考:"我是谁?"

"吾乃此岛屿上荒野基督之呼喊",这句答语所表达的,是一种责任:无论有无听者,无论有无回应,我必须呼喊。

拉斯卡萨斯正是这样理解了蒙特西诺斯们的行为,也这样表达了自己的胸臆:

修士们首次作为基督教徒接受过洗礼,再次作为传布真理之修士履行过纯洁的仪式,因而天命在身,必须做出上述举动。

…………

因为他们（殖民者——译注）在没有听到这些谴责之前，尚以为上帝疏忽、忘却，以为神律已被推翻，因为宣道者沉默着。

因为"天命在身"，"沉默"不被允许；因为宣过誓，"宣道者"不能沉默。

这批多明我会修士的行为，是一场遵照对《圣经》的古典理解而发起的一次反叛行动。他们的行为是遵"经"反"制"——向天主教体系的教皇权威和新兴民族国家象征的西班牙朝廷挑战。修士制度的最大戒条之一是服从，而他们掀起了一场体制内部的"解放"神学风暴。

修士们对"誓言"的遵守，是拉丁美洲优秀知识分子"责任"意识的遥远源头之一，即人与主（信仰）、人与人（邻人）之间的"践约""承诺"关系。compromiso，这个西班牙语单词有"约定""责任"的含义，它的动词原形 comprometerse 还可以表示"卷入""冒险"等等。当这个"约定"出现在信仰者与信仰之间时，它重如泰山。这样一种责任的重负，这样一种履行誓言的行动精神，在拉丁美洲绝不是浪漫的想象；而在现代性伦理中，它们已经过时、消失。

没有责任感的人，就是沉默者。蒙特西诺斯及其同道开创了面对非正义绝不沉默、哪怕伫立荒野也要呼喊的人文传统。

1992年，我参加过一位墨西哥解放神学神父塞尔希奥·门德斯·阿塞奥[1]的葬礼，他的传世名言是"宁死也不做沉默的狗"。2009年，我为阿根廷女歌手梅塞德斯·索萨[2]的去世作文悼念，她

---

[1] Sergio Méndez Arceo，1907—1992，1952年起担任墨西哥奎纳瓦卡（cuernavaca）主教，持坚定的解放神学立场。参阅索飒：《丰饶的困难：拉丁美洲笔记》（第2版），广西师范大学出版社，2003年，第46页。
[2] Mercedes Sosa，1935—2009，阿根廷著名"人民歌手"。

的一句歌词是："如果歌手沉默，生活也将沉默。"

15世纪末，西班牙各修会接受教皇和国王两个方向的委托，陆续向拉丁美洲派遣修士，传播基督教。资料显示，1493年哥伦布第二次航行美洲时，随行带去了12名传教士，其中包括4名方济各会修士。随后，多明我会、施恩会（Mercedarians）、奥古斯丁会、耶稣会接踵而至。[1]

修会是天主教体系中更为严格的一种形式，它的历史可以追溯到公元三四世纪。从诞生起，它就带有排斥异端的保守色彩和革新内部的虔诚信念。诞生于13世纪西班牙"收复失地"运动中的多明我会更是如此。

1508年，多明我会决定向美洲派遣第一批会员。1510年，修士安东·蒙特西诺斯、贝尔纳多·德·圣多明各（Bernardo de Santo Domingo）在佩德罗·德·科尔多瓦的率领下，从西班牙阿维拉（Avila）的圣托马斯修道院出发，抵达美洲伊斯帕尼奥拉岛的首府圣多明各。

关于蒙特西诺斯的生平，文字史料很少。他于1502年在西班牙萨拉曼卡（Salamanca）圣埃斯特万修道院加入了多明我会[2]。译文中描述的代理主事佩德罗·德·科尔多瓦曾在西班牙萨拉曼卡大学学习法律，后来也在圣埃斯特万修道院加入多明我会，继续学习艺术和神学，博学多才。可以说拉斯卡萨斯是佩德罗·德·科尔多瓦的传记作者，在《西印度史》第二卷第五十四章描绘了他的人品，记录了他的生平。

---

[1] 参阅：韩琦：《天主教修会传教中心在西属美洲殖民地开拓中的作用》，《四川大学学报（哲学社会科学版）》2023年第1期。

[2] Gustavo Gutiérrez: *En busca de los pobres de Jesuscristo: El pensamiento de Bartolomé de Las Casas*, p.53.

"蒙特西诺斯的呼声"涵盖下的这批修士的"萨拉曼卡"背景需要专门篇幅研究,但是萨拉曼卡这座城市在那一段西班牙历史上举足轻重。16、17世纪,以萨拉曼卡大学为中心的萨拉曼卡城集中了弗朗西斯科·德·维托里亚(Francisco de Vitoria, 1483-1546)、多明戈·德·索托(Domingo de Soto, 1494-1570)等一批思想活跃的神学家、法学家,他们以古典自然法和理性为原则,掀起了一场革新天主教传统观念的经院主义内部思想运动,敲开了现代国际法、经济学的大门,史称"萨拉曼卡学派"。

萨拉曼卡的开明文化传统可以追溯到12世纪,而这一传统又可以追溯到更早的西班牙"安达卢斯"文明时期。彼时,曾出现过伊斯兰教、天主教、犹太教三文化共融的时代风气。在伊斯兰文明被放逐出欧洲之后,最初几代天主教国王仍然延续了这种氛围,天主教国王智者阿方索十世是典型代表。12世纪,他在当时的首都托莱多(Toledo)建立了正规的翻译学校,起用不同宗教信仰的学者翻译各种文化巨著。13世纪,那里又出现了第一所欧洲东方语言学校。1254年,在智者阿方索十世治下,萨拉曼卡大学成为皇家和天主教大学。

回到"蒙特西诺斯的呼声"。来自萨拉曼卡城的多明我会修士抵达圣多明各后不久,便对以哥伦布之子迭戈·哥伦布为首的殖民主义者产生反感,对他们奴役本土居民的行为由愤怒而指责。在劝诫无效后,修士们曾一度斋戒、守夜、祈祷,希望得到上帝的指引。最终在1511年决定共同起草、集体签署这份历史性布道词,蒙特西诺斯只是被众人(当时已从4名扩充为15名修士)推举的演说者,从本段译文中也可以看出,代理主事在反复强调这是一次集体行为;唯因事关重大,众修士决定集体承担责任。

布道的日子择为12月21日基督降临节的最后一个星期日,

离圣诞节仅 4 天，伊斯帕尼奥拉岛上的殖民者纷纷等待做忏悔，盼望上帝免除自己年内犯下的罪孽，而他们在这一天却听见了关于"你们全体犯下了死罪"的天谴。

蒙特西诺斯本人一生坚持立场未改初衷，抵达过波多黎各、委内瑞拉，1540 年去世，死因没有资料记载。

如今在海地岛（即殖民地时期的伊斯帕尼奥拉岛）上，多米尼加共和国首都圣多明各城的港口边矗立着一座蒙特西诺斯的高大塑像，他站在巨石雕成的布道台前，目光严厉，左手高举至嘴边成话筒状，那声音从四野死寂的荒漠传出，至我落笔之日已经整整划过了半个千年。

关于拉斯卡萨斯是否现场聆听蒙特西诺斯的那两次布道，后来的研究者意见不一。根据行文中的细节表述，似乎他不在场。但是——

拉斯卡萨斯是以文字记载了这件大事的唯一的中世纪史家；并因此，现今竟然有人怀疑五百年前是否真的发生过那样一个超前的史实，怀疑"蒙特西诺斯的呼声"系由拉斯卡萨斯杜撰，理由是在那个年代西班牙国王已牢牢控制了美洲殖民地，不可能发生如此大胆的反叛。

关于这一点，多数后续研究者肯定了拉斯卡萨斯本人的可信度，承认他不仅重视第一手资料，而且"热忱搜集文本"，并有机会接触哥伦布存书及王室文件等重要文档。古斯塔沃·古铁雷斯在阅读了众多学者的缜密研究后，对此也持肯定态度，并认为由于布道文本是事先写好的，不排除拉斯卡萨斯可能持有这个版本，但也不排除拉斯卡萨斯可能对文本的文字有过些微修改。[1]

此外，历史还有幸留下了一些珍贵的旁证。

在1512年3月20日由天主教国王费尔南多签署的一封给西印度总督迭戈·哥伦布的信中，我们读到：

据所有学者及我个人之看法，蒙特西诺斯之说法无有任何正确之神学根据，亦无有任何教规及法律依据。

国王还要求西班牙岛上的多明我会修士"勿再于布道坛上、下就此发言"[2]。

1512年3月，多明我会的阿隆索·德·洛阿依萨（Alonso de Loaísa）教长从西班牙布尔戈斯一连给其在圣多明各的全体下属写去三封措辞极为严厉的信件，其中写道：

整个西印度均因尔等之布道使反叛处于一触即发之势，致使我等及至全体基督徒均无法滞留该地……我于震惊之余不知将此事归罪于谁，除非撒旦以可悲之欺骗施以引诱。此外，尔等应该记得那条如此有益之教理……即宣教者于布道中进行谴责时必须持有之谦卑与平和，布道之理应以谨慎而非扰惑人心之方式道出……为避免日后再发生此等坏事，制止如此惊闻之发生，我以圣灵及圣规命令尔等……任何人均不得就此命题再做布道。[3]

---

[1] Gustavo Gutiérrez: *En busca de los pobres de Jesuscristo: El pensamiento de Bartolomé de Las Casas*, p.55.
[2] 引自：Por catedrádico, fr. Ramón Hernández Martín, *Montesinos en la cresta de la ola*（拉蒙·埃尔南德斯·马丁：《在浪峰之顶》），Cedulario Cubano（Los orígenes de la Colonización）.I por D. José Mª Chacón y Calvo… en *Colección de Documentos Inéditos para la Historia de Ibero-América*..., vol. VI, Compañía Ibero-Americana de Publicaciones, S.A., Madrid, s.a., pág. 429-430.（网络资料原出）
[3] Cf. *Colección de Documentos Inéditos para la Historia de Ibero-América*..., vol. VI, Madrid, s.a., págs. 425s, 443s y 445-447.（同上）

尽管在《西印度史》的行文中拉斯卡萨斯坚持说"修士们相信这样做乃是服务于上帝，效力于国王"，但是，当蒙特西诺斯代表其同道宣布"汝等全体已犯死罪"时，实际上已经在谴责西班牙国家在美洲的现实存在。所以，被他们斥责的侵略者控告"其言辞反对国王与国王对西印度所拥有之权力"。

在16世纪初的时代气氛下，修士们表现了信仰高于自身利害的古典品质。

彼时的西班牙国家替罗马教皇的反路德"宗教改革"充当先锋[1]。15世纪下半叶，西班牙建立起统一的宗教裁判所。16世纪初，西班牙哲学家胡安·路易斯·比韦斯[2]写信给荷兰人文主义者伊拉斯谟说："我们生活在一个无论说话还是沉默都有危险的非常艰难的年代。"[3]

无私者无畏，清贫的修士被拉斯卡萨斯生动地记录在案：

众人一致商定，让那布道修士于下一个星期日对其布道表示反悔，并愚蠢地对修士们说，若他们不照此办理，则请收拾行装，登船返回西班牙。代理主事答曰："先生们，就此事而言，吾等确不费吹灰之力。"而事实也确实如此，因为他们的珍贵之物，无非是一袭日间披戴之粗布袍服、一条夜晚裹身之粗布被子，栖息之榻，亦不过是在一些树杈上平铺枝条，再覆盖以几把干草而就；至于收拾起做弥撒之用品及一些书，两只小船容量足以装运。

殖民者疯狂反对蒙特西诺斯的真实心理也被拉斯卡萨斯一笔

---

[1] 在西班牙历史上称作"contrareforma"（反改革）。
[2] Juan Luis Vives,1492—1540，西班牙著名人文主义者、教育学家，反对经院哲学。
[3] M.巴塔荣：《伊拉斯谟与西班牙》，巴黎，1937年；引自董进泉：《黑暗与愚昧的守护神——宗教裁判所》，第228页，浙江人民出版社，1988年。

刻画：

> 那些靠盗窃、伤害邻人而取得有生以来从未达到之地位者，这些人觉得，从取得之地位跌落比从高耸山崖跳下更加残酷……

还要指出的是，在民族国家处于上升之势的 16 世纪欧洲，尤其在西班牙这个靠驱逐异教异端来确立民族性、建立天主教大一统的国家里，修士们以古典的方式表现出了人道无边界、真理无国界的觉悟：

> 我们西班牙人陷入了如此麻木、危险、固执与邪恶，超出了世界上任何一地，超出了任何一种人类类型；关乎此，我们在这片西印度土地上有无数例证与亲眼见闻。

在西班牙与英、法等早期崛起的殖民列强激烈竞争的时代，这样的针砭"祖国"的言论使拉斯卡萨斯处于危险境地，从此"黑色神话"[1]与拉斯卡萨斯如影相随，他的名字蒙上了"叛徒""新基督教徒""法国家世"的阴霾，直至今日。

也是直到今日，我开始思索古典的含义；人类从远古就开始为今天使我们辗转反侧的问题费尽心机。

无畏的修士们依据的是承袭自然法的古典伦理，是早期基督教强调的人人平等：

> 他们不是人吗？他们是缺失理性之灵魂吗？你们无有义务如爱尔等自己一样爱彼等吗？

那是一个从古典向现代过渡的时代，经院哲学的传统和影响

---

[1] 即 leyenda negra，相对于 leyenda rosa（"粉色神话"），前者被认为是一种缘自 16、17 世纪的、夸张性诋毁天主教西班牙领土扩张行为的黑色叙事，主要为西班牙当时的劲敌英、法津津乐道。

依然浓烈。西班牙宫廷内外居然用了数年时间讨论印第安人是否有灵魂、有理智[1]。也许，正因为处在前现代，一批虔信的修士做出了超越的举动。他们将古典自然法中的理性和正义观念、基督教"上帝面前人人平等"的观念坚定不移地落实于被时代看作野蛮人的美洲本土居民身上。

有人提出："为什么英属北美没有出现这样的问题？"

美国加州大学教授安东尼·帕戈登在其2015年的新著《帝国的重负：公元1539年至今》里涉及了这个提问。他分析指出，"英国人极少关注"与土著权利有关的问题，他们往往用购买、占领、开发"无主土地"的手段达到早期西班牙殖民者的目的。独立战争之后，"美国作为13个殖民地的继承者将其作为合理占有土著土地的主要依据"[2]。

这种政治经济行为的理论家之一，俗称"自由主义之父"的英国哲学家约翰·洛克[3]的表述——相对于蒙特西诺斯来说——已经是可爱的"现代性"的产物。上述《帝国的重负》引述：

> 约翰·洛克认为："上帝将世界赐予全人类共有时，他也命令人类必须参加劳动，而人类所处的恶劣环境也要求他们参加劳动。上帝和人的理性命令他们开垦土地，即为了满足生活需要必须这

---

[1] 1538年6月2日教皇保禄三世才颁布了《崇高的上帝》（Sublimis Deus）的谕旨，从教理上承认印第安人有理智，有能力接受基督教信仰和圣礼。参阅Manuel Giménez Fernández, Breve biografía de fray Bartolomé de Las Casas（曼努埃尔·希门内斯·费尔南德斯：《巴托洛梅·德·拉斯卡萨斯小传》），1966, Facultad de filosofía y letras, Universidad de Sevilla, Svilla.p.37. 该《小传》作者曼努埃尔·希门内斯·费尔南德斯，1896—1968，系西班牙学者、政治家，致力于西班牙美洲史，尤其是拉斯卡萨斯的研究，西班牙共和派，反对佛朗哥独裁政权的基督教民主党阵线重要领导人。

[2] [美] 安东尼·帕戈登：《帝国的重负：公元1539年至今》（帝国与国际法译丛），杨春景译，当代世界出版社，2022年，第27页。

[3] John Locke,1632-1704.

样做。"由于美洲印第安人（至少根据洛克的理解）完全未履行这项职责，因此他们无法主张对所居住土地享有合法所有权。也可以这样说（尽管洛克并未提出这个说法，且这一说法通常存在争议），他们在某种程度上还不能算作完整意义的人类。毫无疑问，如果没有农业和土地所有权，美洲印第安人就不可能成为"政治或公民社会"的一分子，因此在万民法中就不享有相应地位。[1]

上述表达主要依据洛克的名著《政府论》（也译为《政府论两篇》）。虽然17世纪的洛克表面上仍然以古典为依据，但称其为"自由主义之父"是恰如其分的。洛克在同一《政府论》里为征服侵略战争找到的理由近乎赤裸：

美洲原住民"像狮子或老虎一样被猎杀，他们是蛮性十足的野兽，只要有他们存在，人类就无法形成社会或确保自身安全"。[2]

对比上下百年之差的、绝然相反的态度，我们更能从这迥然相异中感受时代的变迁、文化的差异，以及人类由来已久的分歧。

或许可以这样得出结论说，相对于现代的"法律面前人人平等"，古代的"上帝面前人人平等"是更高的普世价值。相对于英国的《大宪章》、美国的《独立宣言》、法国的《人权宣言》，蒙特西诺斯的呼声是更早的、更彻底的人权宣言。

自五百年之前开始的现代性，在冲击已经体制化的中世纪腐朽的同时，也孕育着本质性的狭隘。进步，如果没有超越的视野，依然会走向歧途直至绝路——拉斯卡萨斯式的乌托邦意义正在于此。

---

[1] [美]安东尼·帕戈登：《帝国的重负：公元1539年至今》，第26至27页。
[2] [美]安东尼·帕戈登：《帝国的重负：公元1539年至今》，第237页。

"蒙特西诺斯的呼声"不仅因拉斯卡萨斯的记载永垂青史,而且影响了拉斯卡萨斯的一生。

拉斯卡萨斯1502年抵达伊斯帕尼奥拉岛,八年之后,蒙特西诺斯等登陆该岛。至1513年拉斯卡萨斯参加赴古巴岛的殖民主义远征、目睹对本土居民的屠杀前,他们同处一岛。拉斯卡萨斯"觉悟"前,还曾被多明我会修士拒绝过接受其忏悔,因为他也没有放弃自己所监护和使役的印第安人。

拉斯卡萨斯终究无法在"黄金"和"生命"的冲突中保持宁静和沉默。

他在著作中多次提及,许多研究者也据此分析,触发他"觉悟"的,是一次对本土居民的血腥屠杀事件。1513年作为随军神父,拉斯卡萨斯参加了迭戈·贝拉斯克斯[1]对古巴岛的进犯,在卡奥纳奥(Caonao)地方亲眼目睹了殖民者潘菲洛·德·纳瓦埃斯[2]指挥的、对和平接待他们的泰诺人(taino)的无故杀戮,估计有三千人被杀害。拉斯卡萨斯在《西印度史》中多次提及这次屠杀。

拉斯卡萨斯在《西印度史》第三卷第七十九章[3]中详细叙述了自己于1514年8月15日天主教圣母升天节经历的"第一次转变"[4],即在古巴岛圣斯皮里图斯(Santi-Spiritus)的教堂布道时公开谴责对印第安人的奴役,并毅然放弃自己所分得的土地和印第安人,从此自食其力。拉斯卡萨斯在《西印度史》中坦诚描写了自己觉悟前的错误行为,明确提及伊斯帕尼奥拉岛多明我会修士宣

---

[1] Diego Velázquez,1465—1524,1511年占领古巴岛的西班牙殖民军统帅,古巴岛第一任总督。
[2] Pánfilo de Narváez,1478—1528,参与"征服"古巴岛的西班牙殖民军将领。
[3] Bartolomé de Las Casas: *Historia de las Indias*,III.pp.282-285.
[4] 史学界称"primera conversión"。

讲之内容影响了自己的决定，尤其是《圣经·德训篇》第三十四章的内容如何引起他的反思。[1]

1514年拉斯卡萨斯的"第一次转变"，被个别历史学家，如拉蒙·梅嫩德斯·皮达尔[2]认为太突然，缺少漫长的渐进思考，没有明确的觉悟过程。[3]但是很多研究者在反复阅读历史文本、参阅严谨的学者研究后，得出的结论是：拉斯卡萨斯的改变是一个学习、观察和思考的诚实过程。他逐渐意识到，哪怕没有直接参与屠杀，在殖民主义者阵营里保持沉默、享受利益，就是参与犯罪，所以他在书写中多次谴责自己的"愚昧"（ceguedad）。古斯塔沃·古铁雷斯认为，拉斯卡萨斯放弃委托监护主的权力、放弃拥有的土地、放弃仆人的行为，意味着与殖民主义者阵营彻底决裂，不仅是精神上的和内心的，而且是社会、经济层面的决裂[4]。更重要的是，"改变"立场、脱离殖民主义者阵营之后的他，义无反顾，身体力行，长达半个世纪，终生未悔。

从1514年开始，拉斯卡萨斯成为"蒙特西诺斯"的朋友和一员。1515年，拉斯卡萨斯在圣多明各多明我会同道的鼓励下返回西班牙，向国王报告西印度真实，与蒙特西诺斯共同撰写并呈递了关于改良西印度事务的14条措施建议。1522年和平传教试验失败后，拉斯卡萨斯加入了多明我会，完成了"第二次转变"。

在我进行选译、注、评《西印度史》的过程中，从秘鲁神学家古斯塔沃·古铁雷斯1993年的研究著作《追寻耶稣基督的穷人

---

[1] 参阅索飒：《丰饶的苦难》，第一章第二节《良心的谴责》，见《荒野的喊声》附录。
[2] Ramón Menéndez Pidal，1869—1968，西班牙著名历史学家、文献学家。
[3] Hidefuji Someta, *Apología e historia: estudios sobre fray Bartolomé de Las Casas*，p.15.
[4] Gustavo Gutiérrez: *En busca de los pobres de Jesuscristo: El pensamiento de Bartolomé de Las Casas*,p.89.

们：论巴托洛梅·德·拉斯卡萨斯的思想》中，受益匪浅。古斯塔沃·古铁雷斯在整个拉丁美洲解放神学大潮的低谷阶段，重新将拉斯卡萨斯的遗著和四面八方的研究摆在案前，用心研读，如当年拉斯卡萨斯在和平传教失败后蛰居修道院期间的伏案。在第138页处，他提及拉斯卡萨斯在《辩护史》中有一段描写大难之中印第安人的悲恐之状。古斯塔沃·古铁雷斯认为，那段描写仿佛是"对拉斯卡萨斯本人从头到脚的画像"——促使拉斯卡萨斯矢志不移的，不是"知识分子的论战兴趣、旁征博引的学者爱好"[1]，而是对邻人视如兄弟、感同身受的一颗心灵。

---

[1] "Es un texto que retrata a Las Casas de cuerpo entero", Gustavo Gutiérrez: *En busca de los pobres de Jesuscristo: El pensamiento de Bartolomé de Las Casas*, p.138.

4

"审视上述《归顺令》之实质"
——解析《归顺令》

《西印度史》第三卷　第五十八章

"《归顺令》的本质是为武力'征服'找一个形式依据,拉斯卡萨斯据理力争的主要目的就是焦急地阻止屠戮生命。"

——《荒野的喊声》评述

译文

现在让我们**审视上述《归顺令》之实质**、部分内容、其效力、效果及其正义性。于此，须写内容非常之多，我只简述如下。

首先，请任何一位有识之士考虑，即便印第安人能听懂吾国之语言、词语并理解其含义，《归顺令》中之陈述，能给其带来何种新消息、彼等闻之后又能如何感觉？例如，《归顺令》云，世上只有一个上帝，其乃天地之造物主，创造了人或人类；而身为印第安人之听众，则视太阳或其他神祇为上帝，以为彼等之神方为人与万物之创造者。我们又能以怎样理由、明证或显迹，向其证明西班牙人之上帝高于彼等之上帝，或证明西班牙人之上帝较之彼等称之上帝者更为世界与人类之创造者呢？假如摩尔人或土耳其人向印第安人宣读同样之归顺令，对其宣称，穆罕默德乃人类世界之主宰与创造者[1]，印第安人亦必须相信吗？假设摩尔人在其归顺令中提出反驳，证明乃他们的上帝创造了世界与人类云云，相比较，西班牙人比摩尔人论述穆罕默德有着更多之证据，或真实凭证吗？再者，面对拥有自己之国王、本土首领，并以为世上并无他人存在的印第安人，西班牙人如何或有何无可辩驳之理由或显迹，来证明己之上帝比印第安人之众神更强大，并树立一名曰圣伯多禄[2]者，以为世界人类之首领与管理者，而使所有人臣服于他？

---

[1] 此处是那个时代对伊斯兰教的普遍（或拉斯卡萨斯的）误解。伊斯兰教是严格的一神教，尊穆罕默德为先知，是凡人。
[2] 即基督新教的"圣彼得"。

当印第安人闻知，圣伯多禄或其继承者教皇，下令将印第安人之土地给予西班牙人之国王，在印第安人心中，尤其是在其国王和首领们心中，会对西班牙人之上帝，产生怎样之情绪，会对之爱戴与尊敬吗？印第安人国王以为自己乃真正自由之君主，自远古以来彼等及其祖先便拥有这一地位，而今，他们及其臣属却被要求接受一从未见过、了解、听闻之物，并视之为己之首领；彼等并不知此首领是善是恶，亦不知其目的何在，是统治、偷盗抑或毁灭？更有甚者，其派遣之使者如此残暴野蛮，携带着如此之多、如此锐利之武器，印第安人根据自己之理智，又能得出何等推断与期待？

同上理由，西班牙国王一方未就其应提供之良好公正管理方式、印第安人一方未就其应提供之服务，在双方之间达成条约、合同或协定，此前何以能要求后者服从一外来国王？凡古老之印第安国度，在选举和迎接一任新国王或新继任者之际，往往会达成上述条约，并根据理性或自然法进行宣誓，岂不如是哉？

塞努省（Cenú）之国王即酋长，应该如是发问。我们在前述第 X 章 [1] 曾提及，该省处于卡塔赫纳（Cartagena）[2]。安西索（Anciso）[3] 学士写过一小册子，此书已印刷，题为《地理总览》（Suma de geographia）。据此书，该酋长曾在当面聆听《归顺令》之际回答曰，将其土地赐予卡斯蒂利亚国王之教皇，乃失去

---

[1] 原注：手稿此处空白。
[2] 应该指今哥伦比亚北部一带，系殖民时期西班牙殖民者重要活动据点之一。
[3] 此人全名为 Martín Fernández de Enciso（参阅 Gustavo Gutiérrez: *En busca de los pobres de Jesuscristo: El pensamiento de Bartolomé de Las Casas*, p.87），1469—1533，在《西印度史》中被称作安西索学士（bachiller Anciso）。1504 年抵达美洲，1508 年定居于圣多明各，参与了一系列"征服"活动，担任过殖民地要职，既是发表于 1519 年的洋洋洒洒《地理总览》的作者，又参撰写了狂妄的《归顺令》，坚决反对"蒙特西诺斯的呼声"，据传，"印第安人全是野狗"出自他之口。

了理性，而接受了此一恩赐之卡斯蒂利亚国王亦属昏庸，该国王来到或派遣下属来到远离其本土之地，非法将其占据，乃更大罪过。

上述内容，我甚至不敢书写，即便此刻写成文字，人们将来在印刷版本里亦难找出安西索之名，尽管他在描述此事时使用了更加无耻之词，若上帝意欲，我将在下文提及。

我想请教制定了针对印第安人之《归顺令》的西印度事务院：那些在自己本土首领与国王管理下平安生活于自己家中之人，他们并没有恶行，亦未曾伤害他人，又缘何必须相信有关教皇赠予国王土地的有关文书？即使向彼等出示有教皇铅封之谕旨，而印第安人不能服从，彼等就应该被逐出教会，或对之施以尘世及精神之处罚？难道彼等即因此而犯下罪孽？上述种种，尤其说印第安人必须服从教会云云，难道不会致使印第安人以为均系昏话、毫无道理、邪门歪道、一派胡言？请诸君三思：要理解何为教会并服从教会，难道不意味着须拥有相关知识并相信吾等之基督教信仰所教诲之一切？难道吾等相信有教会、尊敬并服从教皇这位教会之有形首脑，不正因吾等相信并真诚信仰关于圣父、圣子、圣灵之神圣三位一体，拥有并信仰与神性及人性有关之其他十四条教义[1]？因此若对神圣之三位一体，以及对建立教会之基督及其他基督教信仰所包含与承认之一切内容毫无信念，某人怎能相信教会，以及作为教会首脑并被称为教皇的那位值得尊敬之伟大父亲？若某人因未被告知关于真正上帝之子基督之消息并因此诚信接受基督，因而不信——亦毫无理由相信——教会与教皇之存在，那么强迫其相信存在教会与教皇，又乃根据哪一条人法、自

---

[1] 原文：todos los otros catorce artículos。

然法以及神法？若并无任何法与理使某人必须相信教会与教皇之存在——即便彼等不信，也并不犯有哪怕是轻微罪过——其人又缘何承认教皇有权力将印第安人之土地与管理权赠予他人？印第安人从未知晓世上尚有其他人类存在，亦从未曾与他人有过善恶之交，彼等远离吾等旧世界之人群，乃斯土之世代拥有者与所有者。假使无须相信西班牙人称之教皇之人有权将其土地、权利与自由赐予西班牙国王，则这些从未承认过有任何高于自己的首领之自由的首长、国王或王公，根据哪一条法律必须遵命、称臣、使自身地位受损，并接受一位从未见过、结识、听闻之外来国王？其属下野蛮，蓄须，武器精良，看上去[1]面目凶恶恐怖，对此等人马之国王，他们可接受为自身之主宰？

再者，若仅有印第安国王愿臣服于卡斯蒂利亚国王，而他未得到人民臣属之赞同，则其属民难道无正当权利根据自然法，否决其自身国王对卡斯蒂利亚国王之臣服，废除其尊贵之王权乃至将其处死？反之，若臣民未得国王允许而做了同样之事，难道彼等不将陷入背叛之恶境？

因此，无论对印第安人宣读多少次《归顺令》，若国王一方、臣民一方，或双方均无义务臣服于一外来之国王，这一点已由上述分析论证，并得到昭然明证，西班牙人又遵何法律与公理，向印第安人宣布且威胁云，若不服从所提诸条件，将对之发动火与血之战争，将夺取其财产，其妻儿及本人将沦为囚徒并被作为奴隶变卖？若出于如此原因，西班牙人对印第安人实行了战争，或日后将实行战争，或今日正实行战争，又将以何种法理，对其所施、将施、正施行之战争实行辩解？

---

[1] 原文为拉丁语：*prima facie*，意为"乍一看"。

因此，西班牙人无论于何处、因何种原因、以何种名义，对这些非基督徒，即西印度居民已进行或将进行之战争，均将根据自然法、人法和神法，在过去、将来和当下，被判定为非正义的、邪恶的、暴虐的、可憎的战争。也因此，这些印第安人以及同类非基督徒，对发动战争之全体西班牙人、全体基督徒所进行的战争，均正义无疑。吾国之人对印第安人发动与进行之所有战争，以及印第安人对吾等进行之少数战争，均分属上述类型和性质。自从吾等发现印第安人至今，彼等对吾等进行之严酷战争，均属正义；若吾为如斯正义而死，上帝该何其喜悦！这一权利，印第安人天然有之，这权利将与其同在，直至最后审判之日。何以言此权利直至最后审判之日？唯因印第安人一旦获得此一权利，便持续拥有，无论于和平抑或停战时期，无论彼等从我方遭受之不可挽回的损害及侵犯得到补偿，或者彼等宽恕了上述损害与侵犯。是以国王的西印度事务院（请求上帝使彼之罪过成为可以被宽恕的）之无知昭然若揭，其所编之《归顺令》何其不公、亵渎神灵、骇人听闻，不合情理且荒谬之至！

暂且不说从此《归顺令》中必然产生的并已经产生的对基督教及其信仰、甚至对基督本人的贬抑。国王的西印度事务院一伙认为印第安人必须承认西班牙国王为其主宰，甚至超过了强求彼等接受基督为上帝与创世者。因为彼等不可能被迫接受信仰，亦很难被通知接受信仰，然而为使其服从国王，西印度事务院却命令彼等必须臣服于国王。究竟此乃可笑抑或可泣？

《归顺令》中仍有诸多该受谴责的不实之处。该通令肯定说，已被告知之部分岛屿，抑或所有岛屿，均已接受国王之权威，并已对国王表示臣服，目前其正如臣民一般，真心诚意，毫无抵抗，顺服效力于国王。固，《归顺令》之传达没有延误。

然而此非事实，《归顺令》在彼时，并未传达至并通知至任何岛屿、任何地区、任何地点、任何西印度之居民，印第安人亦从未出于自愿，接受过卡斯蒂利亚国王，对之称臣为其效力，而是屈从于武力、暴力与暴政。西班牙人自进入[1]伊始，即向印第安人实施残酷之至的战争，将其投入惨烈至极的奴役，致使彼等纷纷毙命。对此，上帝乃最好之见证人。假如西班牙人曾以和平、爱心、基督教之方式引导和吸引印第安人，彼等本应会很快接受国王并为之效力。

就此结束对此《归顺令》之评论。从上述一切，任何有识之士均会推论出——恰如本章开始所假设——若印第安人能听懂《归顺令》中之词语，理解其含义，彼等定会以争辩之口吻，反驳《归顺令》之编写者，且以理性或非理性之方式说服之。《归顺令》之编撰者，及将其内容强行实施者，面对之众乃是不解《归顺令》语言之居民——印第安人之不懂《归顺令》之语言比（吾等）不识拉丁语或阿拉伯文（algarabía）[2]有过之而无不及——他们将如何为自己辩解？凡曾研习过法律者均会发问：若对人发布命令，下达规定，提出要求，然而听者不解发布者所用之语言——哪怕听者乃下达法令者之臣属，必须聆听并执行——如斯命令有效力吗，有分量吗？根据上文，在涉及这些印第安人和本章所论及之事上，《归顺令》毫无任何理由可言。

---

[1] 原文 entrada，全书经常使用这一单词叙述西班牙人"抵达"美洲。
[2] algarabía 是西班牙延续八个世纪的"安达卢斯"文明时期基督徒所说的一种不标准的阿拉伯语，转义为难懂的语言、复杂的事情。

评述

前述 1511 年底，"蒙特西诺斯的呼声"震动朝野。此事件导致王室于 1512 年在西班牙布尔戈斯召开了一次会议，会议的直接结果是"布尔戈斯法"的颁布[1]。

这只是一次对内部质疑的官方回应，远远不能阻止殖民主义的步伐，本节围绕《归顺令》选译的内容是一个生动证明。

《归顺令》[2]颁布于 1513 年，是布尔戈斯法的实施措施之一。隶属王室的西印度事务院规定，自《归顺令》颁布之日起，每个殖民军首领必须于行李中携带此文书，在每次"发现""征服"之际，务必向印第安人宣读。宣读完毕，公证人须高举公证书于印第安人面前，完成"警示"仪式。在大多数情况下，宣读之际并无翻译。有时西班牙人甚至在准备夺取的村庄数公里之外宣读，或者未及翻译便遭遇印第安人的反抗。这一俨如最后通牒的《归顺令》于 1542 年《西印度新法》[3]和 1573 年关于西印度的系列法令颁布后退出历史舞台。

"蒙特西诺斯的呼声"之后，官方无法辩驳多明我会修士代表的反对呼声所依据的古典伦理，只得承认印第安人有自卫权利，但又辩解说，一旦印第安人认识上帝后，西班牙人便可以根据神

---

[1] 该会议史称 "Junta de Burgos"，所颁布之法律史称 "Las Leyes de Burgos"。
[2] 原文 Requerimiento，意为强力推行某一要求的法令，对此有不同的译法，本文根据该法令内容采用"归顺令"的译法。
[3] 1542 年的《新法》（Leyes Nuevas）是涉及西班牙对美洲殖民地管理的法律，包含重要改良措施，于 1542 年 11 月 20 日在西班牙国王卡洛斯一世治下颁布。

法进行战争,这就是《归顺令》——把上帝的消息通告给印第安人——出台的来由。它体现了西班牙朝廷的道貌岸然和官僚迂腐,更暴露了"征服"行为的十字军运动本质。

本节文字选自《西印度史》第三卷第五十八章。在本章之前的第五十七章,拉斯卡萨斯写到西班牙国王费尔南多授权西印度事务院撰写了一份《归顺令》,命令前往大陆地区的省长兼总指挥官佩德拉里亚斯·德·阿维拉(Pedrarias de Avila)[1]向印第安人宣读,并命令将此举推广到所有将要降服的印第安地区。拉斯卡萨斯随后引用《归顺令》全文如下[2]:

以国王费尔南多以及他的女儿卡斯提尔和莱昂的女王胡安娜的名义,我们,他们的奴仆,向你们这些野蛮民族的被征服者宣告:我们现世的、永生的上帝,他创造了苍天和大地,一个男人及一个女人,而我和你们以及世界上的所有人都是这两个人的后裔。我们的子孙也都是他们的后裔。但是鉴于创世五千多年来这个男人和女人繁衍了众多的人口,人们各奔前程,分别居住在各个王国和省份是必要的,因为一个省无法容纳如此众多的人口。

上帝,我们的主,把这些国家交给一个叫圣彼得的人来掌管。圣彼得是所有人的主人和管辖者。所有人都必须服从他。他是整个人类的首脑,不管人们在何处居住,服从什么法律,属于什么教派,信奉什么宗教。上帝把世界交给圣彼得做国王,上帝把世界交给圣彼得统治和管辖。

---

[1] 此处提及的省长系一以残酷著称的西班牙人。
[2] 译文选自中国拉丁美洲史研究会编印的《拉美史研究通讯》1989年第19、20期合刊,第30页。资料来源:[美]刘易斯·汉克编《拉丁美洲:历史读本》美国波士顿1974年第1版第46—47页,李和译。"圣彼得"等译名依照原译文版本。《荒野的喊声》作者仅根据《西印度史》里的文本对原译文有异议的部分略微进行了校正。

上帝要圣彼得在罗马就职，因为罗马是统治世界的最佳地点；但上帝也允许圣彼得在世界其他任何地方就职来管理所有的基督徒、摩尔人、犹太人、异教徒以及其他教派的人。这个人称为教皇，也即慈祥的伟大父亲或人类的主宰。生活在那一时代的人服从圣彼得，把他尊为首脑、国王和万物的主宰。他们还以同样的方式对待继圣彼得当选教皇的人。这种做法一直沿续到今天，并将一直沿续到世界的末日。

一个继圣彼得担任世界的主的教皇以我前面提到过的尊严和职衔把你们居住的岛屿和陆地以及这些土地上的万物都赠送给费尔南多国王和女王陛下以及他们的后代。上述这些都记载在向臣民们宣读的文件中，如果你们愿意是可以看到的。

因而，根据这一赠予，我们的国王和主人就是这些岛屿和陆地的主宰。一些岛屿以及几乎所有得知这一事实的人在接到这一通知时都以臣民应有的举止毫不迟疑、不加抵抗地接受，并为他们效劳，并把他们尊为自己的主人和国王。同样，他们也接受和听从君王派遣的向他们布道和传布我们神圣信仰的宗教人士。所有这些人都是出自内心意愿，在没有任何奖赏和条件的情况下成为基督徒。君王高兴地、仁慈地接受了他们，并决定要像对待自己的臣民和奴仆那样对待他们，你们也应这样做。为此，我们尽自己最大的努力要求你们考虑我们上述所讲的话，花费一定时间理解和认真考虑是必要的。你们要承认教会是全世界的统治者和主宰，教皇是最高的神职人员。根据前面提到的赠予，我们的国王和女王胡安娜陛下以教皇的名义代替他成为这些岛屿和大陆的主人和国王。你们应赞同并服从神父向你们宣布和宣读的上述条文。

如果你们这样做，你们的日子就会过得很好。为了君主，你们必须这样做。我们以他们的名义将用全部的爱和仁慈来接受你们，使你们的妻子儿女、家园不受奴役，你们可以和他们在一起以你们喜爱的、最满意的方式自由地生活。他们不会强迫你们皈依基督教，除非你们认识到真知，希望信奉我们神圣的天主教信仰，正如岛屿上其他居民所做的那样。此外，君王将赐予你们许多特权、豁免以及大量恩惠。

但如果你们敢于违抗，恶意地企图拖延，我向你们保证，在上帝的帮助下，我们将以武力开进你们的国家，用我们所能用的一切方式方法，向你们开战，使你们归顺和服从教会和君王，我们要抢走你们的妻子儿女，并将使他们沦为奴隶、卖掉他们或按照君王的旨意处置他们。对于那些不听从，拒不接受君王的命令、反对和抗拒他的命令的奴仆，我们要抢掠他们财产，使他们受到最大的损失和灾难。我们严正声明你们要对由此产生的死亡和损失负责，而这与君王、我们以及同来的骑士们无关，我们还要求其他在场的公证人笔录他们的见证，我们还要求其他在场的人成为这一归顺令的见证人。

在第五十七章结尾，拉斯卡萨斯写明他相信这份归顺令系由帕拉西奥斯·鲁维奥斯[1]执笔，因为通篇贯穿着执笔者所信奉的教会法学家奥斯蒂恩西斯[2]的思想，而后者的观点已被拉斯卡萨斯在《论使万国之人趋向真正宗教之唯一方法》[3]中充分驳斥。

本篇系第三卷第五十八章全文的译文，即拉斯卡萨斯对《归

---

[1] Juan López de Palacios Rubios，法学家及西印度事务院成员。
[2] Hostiensis，其真实姓名为 Henry de Bartholomaeis 或者 Henry de Susa，1200—1271，13世纪最著名的教会法学家，认为教皇具有世俗和精神两界的权力（potestad temporal y espiritual）。拉斯卡萨斯不同意此观点，认为他的思想是异端。
[3] 《论使万国之人趋向真正宗教之唯一方法》，拉丁文为 *De único vocationis modo*，西班牙文为 *Del único modo de atraer a todos los pueblos a la verdadera religión*。

顺令》的批驳。

在进入对本篇的梳理之前，有必要简要澄清几个概念，即自然法、人法、神法[1]，它们被拉斯卡萨斯和他的同代人反复提及。这是一组源自古希腊、古罗马，并被中世纪经院哲学继承的伦理、法理、哲学和神学概念。自然法源于自然，它的基础是先于国家、民族的永恒的理性。这一法则使人的平等具有了抽象概念上的原初依据。人法是受制于自然法的人类制定的法律，比如古罗马帝国时期处理各民族之间关系的法律，它有时与"人际法""万民法"的译法交替使用。神法是上帝借经籍给予的启示，基本上是基督教范畴的概念。依据中世纪神学教父托马斯·阿奎那的观点，神法并不能否定自然法的内容[2]。

在西班牙这样一个还没有脱离中世纪的国度，善恶、正义、永恒等一系列起源自古代的观念一旦以上帝的名义再次出现，它们对信仰者和统治者的威慑可想而知。

在本篇中，拉斯卡萨斯不仅正言厉色驳斥了《归顺令》的内容和执行程序（尽管公开的矛头指向"国王的西印度事务院"），而且于说理中表现出宝贵的立场和超越时代的思想。

拉斯卡萨斯在辩驳中运用了朴素的理性和逻辑推论。在开始和结束部分他都提出了"语言"问题，既揭示了殖民主义表演的虚伪和荒谬，也表现了对本土居民文化的尊重：

《归顺令》之编撰者，及将其内容强行实施者，面对之众乃是不解《归顺令》语言之居民——印第安人之不懂《归顺令》之

---

[1] 在拉斯卡萨斯及同时代的文本里，这几个概念经常以 derecho natural, derecho humano, derecho divino, 或者 ley natural, ley de gentes, ley divina 等表达交替使用。
[2] 参阅 Hidefuji Someta, *Apología e historia: estudios sobre fray Bartolomé de Las Casas*, p.25。

语言比（吾等）不识拉丁语或阿拉伯文（algarabía）有过之而无不及——他们将如何为自己辩解？

虽然拉斯卡萨斯本人并未深入掌握某一种当地语言，但他很重视语言，重视掌握了本土语言的西班牙宗教人士的意见。[1] 在选译评注本译文的许多部分也可以读到，他在引用本土居民语言时，非常细心地标注某个音的特殊读法。

有趣的是，文本中的 algarabía 还透露出西班牙本土的时代背景和文化特点。巧合地结束于1492年的、长达八个世纪的西班牙"安达卢斯"文明，是一段多种文化相互渗透的漫长历史，它不会只留下一个真空。虽然天主教大一统政治竭力抹杀昨日痕迹，但前一个时代后续的曲折表现，始终是一个谜。

《归顺令》的本质是为武力"征服"找一个形式依据，拉斯卡萨斯据理力争的主要目的就是焦急地阻止屠戮生命。他逐次提出质疑战争的理由：

那些在自己本土首领与国王管理下平安生活于自己家中之人，他们并没有恶行，亦未曾伤害他人，又缘何必须相信有关教皇赠予国王土地的有关文书？

如前所述，"正义战争"[2] 实际上是一个远古既有的概念，当代帝国主义援引它以推行控制世界的战略，当代被压迫者也依据它进行生存抵抗。拉斯卡萨斯非常熟悉围绕"正义战争"的历史辨析，在《西印度史》第一卷第二十五章[3]，他详细论述了自己的观点。

---

[1] Hidefuji Someta, *Apología e historia: estudios sobre fray Bartolomé de Las Casas*，p.143.
[2] 原文：guerra justa。
[3] Bartolomé de Las Casas: *Historia de las Indias*, I, pp.135-138.

在拉斯卡萨斯反对殖民战争的论理中，主权思想虽然还未形成概念，但已清晰浮现：

彼等远离吾等旧世界之人群，并乃斯土之世代拥有者与所有者。

他认为，与拥有"主权"者交往必须借助于双方间达成的条约。古斯塔沃·古铁雷斯在《追寻耶稣基督的穷人们：论巴托洛梅·德·拉斯卡萨斯的思想》中[1]介绍，拉斯卡萨斯在秘鲁问题上曾引经据典，要求按照《圣经》上选举以色列国王的法律程序来处理与印第安人的关系：先由印第安人从法律上提出要求，西班牙人从法律上获得印第安人的同意后，才能实行教皇给予西班牙国王的权力。而在本节第五十八章文本里，拉斯卡萨斯对待不同文化的平等态度更加鲜明，他援引的，是印第安文化传统中的例子：

西班牙国王一方未就其应提供之良好公正管理方式、印第安人一方未就其应提供之服务，在双方之间达成条约、合同或协定，此前何以能要求后者服从一外来国王？凡古老之印第安国度，在选举和迎接一任新国王或新继任者之际，往往会达成上述条约，并根据理性或自然法进行宣誓……

他对印第安文化的尊重与对西方"文明"使者的谴责，恰成对照：

更有甚者，其派遣之使者如此残暴野蛮，携带着如此之多、如此锐利之武器，印第安人根据自己之理智，又能得出何等推断

---

[1] Gustavo Gutiérrez: *En busca de los pobres de Jesuscristo: El pensamiento de Bartolomé de Las Casas*, p.556.

与期待？

身处以"文明与野蛮"为麾的全球殖民主义挺进时代，拉斯卡萨斯逆潮流的说法，就像奇谈怪论。

不仅提出了"主权""条约"思想，本篇还显示了拉斯卡萨斯的古典"民主"意识：

再者，若仅有印第安国王愿臣服于卡斯蒂利亚国王，而他未得到人民臣属之赞同，则其属民难道无正当权利根据自然法，否决其自身国王对卡斯蒂利亚国王之臣服，废除其尊贵之王权乃至将其处死？反之，若臣民未得国王允许而做了同样之事，难道彼等不将陷入背叛之恶境？

在否定了殖民战争的种种理由之后，还剩下一条传播基督教的理由。它在拉斯卡萨斯心目中是西班牙人抵达美洲的唯一目的，正是在这个问题上，拉斯卡萨斯表达了信仰自由和尊重他人文明的超前思想。

古斯塔沃·古铁雷斯在其著作中[1]揭示了《归顺令》所体现的神权和皇权一致的思想，拉斯卡萨斯则认为接受信仰和接受国王是两回事，也就触及了殖民主义借传教为名、行扩张势力的本质。就传教本身而言，他提出信仰不能被强迫、被通知而接受：

国王的西印度事务院一伙认为印第安人必须承认西班牙国王为其主宰，甚至超过了强求彼等接受基督为上帝与创世者。因为彼等不可能被迫接受信仰，亦很难被通知接受信仰，然而为使其服从国王，西印度事务院却命令彼等必须臣服于国王。究竟此乃

---

[1] Gustavo Gutiérrez: *En busca de los pobres de Jesuscristo: El pensamiento de Bartolomé de Las Casas*, p.164.

可笑抑或可泣？

自从基督教站稳脚跟并成为西方统治性宗教后，在极端体制派的视野中，异教徒和非信徒便失去了人的基本权利，这也是各种一神教自身潜藏的毒素。然而，拉斯卡萨斯却于字里行间表现出"他者"的视角，如：

《归顺令》云，世上只有一个上帝，其乃天地之造物主，创造了人或人类；而身为印第安人之听众，则视太阳或其他神祇为上帝，以为彼等之神方为人与万物之创造者。我们又能以怎样理由、明证或显迹，向其证明西班牙人之上帝高于彼等之上帝，或证明西班牙人之上帝较之彼等称之上帝者更为世界与人类之创造者呢？

拉斯卡萨斯虔诚地信仰基督教，认为它是使世人得救的真正宗教。但正是这种虔信使他感到信仰是心灵的事情，而心灵不能被强迫。他于落笔处透露反对强迫改宗的思想，这一暗含信仰自由的潜意识，使殖民主义行径失去了最基本的借口。《论使万国之人趋向真正宗教之唯一方法》是他论述这一命题的核心著作。

拉斯卡萨斯长期身处美洲，亲身致力于和平传教事业。第一线的实践经历，尤其是本土文化丰富的美洲经历，使这位诚实的修士于潜移默化中产生了为中世纪基督教黑暗时代所不容的多元文化意识。

古斯塔沃·古铁雷斯在上述研究著作里，尤其是在第二章大量介绍了拉斯卡萨斯的思想。拉斯卡萨斯认为印第安人表现了一种高度的宗教敏感，他从印第安人的偶像崇拜中看到了对唯一造物主的崇拜，他反对"从印第安人心中根除偶像"，坚信他们有认识基督教的能力。他以这种思想大胆地阐释印第安人的"活人祭"

等文化习俗，因而被宫廷神学家希内斯·塞普尔韦达[1]等攻击为"不信教和异端"。

另一位严肃的亚洲学者染田秀藤介绍，拉斯卡萨斯在《辩护史》里用整章篇幅（第七十一至七十三章）论述偶像崇拜也是人的宗教感情（宗教倾向或信仰）的一种自然表现[2]。拉斯卡萨斯能达到这种认识，也由于长时间与印第安人直接接触对后者产生的了解和信任[3]。染田在其著作的另一处还介绍了拉斯卡萨斯以圣经故事来说明信仰不能强迫的认识。拉斯卡萨斯援引圣奥古斯丁的观点，认为不接受基督教并不是罪，只有上帝、没有任何基督教贵族或俗人能够给予不信教者惩罚[4]。

关于美洲实践对拉斯卡萨斯的影响，古斯塔沃·古铁雷斯还提及[5]，沙勿略[6]是与拉斯卡萨斯同时代的热忱传教者，但是美洲大陆簇新的现实、拉斯卡萨斯个人的敏感和顽强使他获得了比沙勿略更宽阔的视野，对传教的本质萌生了更深的认识。

在第五十八章里，拉斯卡萨斯最后得出的结论如此尖锐，使赞美者及诋毁者均惊骇得无以言对：

因此，西班牙人无论于何处、因何种原因、以何种名义，对这些非基督徒，即西印度居民已进行或将进行之战争，均将根据自然法、人法和神法，在过去、将来和当下，被判定为非正

---

[1] Juan Ginés de Sepúlveda，1490—1573，西班牙国王卡洛斯一世的宫廷编年史官、国王费利佩二世的监护人。
[2] Hidefuji Someta, *Apología e historia: estudios sobre fray Bartolomé de Las Casas*，p.139.
[3] Hidefuji Someta, *Apología e historia: estudios sobre fray Bartolomé de Las Casas*，p.141.
[4] Hidefuji Someta, *Apología e historia: estudios sobre fray Bartolomé de Las Casas*，p.153.
[5] Gustavo Gutiérrez, *En busca de los pobres de Jesucristo: El pensamiento de Bartolomé de Las Casas*, p.312.
[6] Francisco Javier，1506—1554，耶稣会创始人之一，西班牙天主教传教士，曾在印度和日本传教，死于前往中国内地传教的路上。

义的、邪恶的、暴虐的、可憎的战争。也因此，这些印第安人以及同类非基督徒，对发动战争之全体西班牙人、全体基督徒所进行的战争，均正义无疑。吾国之人对印第安人发动与进行之所有战争，以及印第安人对吾等进行之少数战争，均分属上述类型和性质。自从吾等发现印第安人至今，彼等对吾等进行之严酷战争，均属正义；若吾为如斯正义而死，上帝该何其喜悦！

直至《西印度史》第三卷结束部分，拉斯卡萨斯仍然提及《归顺令》的荒谬，绝望地希望否定这个诏旨。

与拉斯卡萨斯的思想形成巨大反差的《归顺令》，其迂腐和狂妄确如文艺复兴时期法国人文主义作家蒙田[1]在其著名的《随笔集》里所说，表现了欧洲人当时自认为绝对高等的意识[2]。

学者刘禾在《帝国的话语政治》[3]一书中引述了英国首席驻华商务总监1834年向清朝政府宣读的《宣战书》，其中的殖民主义狂妄逾三百年未见改变：

英格兰国王陛下是一位伟大的君主，君临天下，举世无双。他统治的疆域分布在世界四面八方，比整个支那帝国的领土还要大得多，其无限的权力也比满清政府要大得多。他统帅着英勇无畏的军队，战无不胜；他还拥有先进的战舰，每条战舰上装载的火炮有120门之多，这些战舰正在暗暗地在大洋里各处巡逻，支那的土著没有人敢在那种地方露面。两广总督你好好琢磨一下，

---

[1] Michel de Montaigne, 1533—1592, 文艺复兴时期法国思想家、作家、怀疑论者。
[2] Hidefuji Someta, *Apología e historia: estudios sobre fray Bartolomé de Las Casas* p.21.
[3] 刘禾（美国哥伦比亚大学教授）：《帝国的话语政治：从近代中西冲突看现代世界秩序的形成》，生活·读书·新知三联书店，2009年，第66页。

这样的君主岂会表示"恭顺"!

拉丁美洲哲学家恩里克·杜塞尔认为欧洲人不仅实行了武力侵略，而且在第一个"他者"身上找到了证明自己代表高等文明的例证。

这个现代主观意识到了19世纪被黑格尔用晦涩的语言改造成哲学。黑格尔在《百科全书》中表述，历史是表现为事件的"精神"的形成过程……把这种精神作为自然原则接受的民族……就是世界历史中这个时代的统治民族……这个民族是发展到这个程度的世界精神的当今载体，它拥有绝对权利；与这个绝对权利相对立，其他民族的精神没有任何权利[1]。黑格尔甚至用明白无误的语言来证明"殖民主义"的合理，提出"辩证"的发展必然要使发达民族到"低等"民族去开发他们过剩的资源，去寻找新的消费者、新的劳动场所、新的可能性，这样才能推动"完美的公（市）民社会"的发展。[2]

值得注意的是，伴随着蒙特西诺斯、拉斯卡萨斯的发声，在西班牙殖民主义进程初期，出现了一批以宗教人士为主的反战派和批评者。刘易斯·汉克在《关于拉斯卡萨斯以及西班牙征服美洲过程中围绕正义的斗争的研究》一书中辑录了从大量"征服"时期历史文档中挑选出的部分文书，并引用其他学者的论述写道：

欧洲没有一个国家如西班牙那样对作为科学的政治进行过如此普遍的研习和追究……我们发现了大量围绕统治的抽象原则的

---

[1] Enrique Dussel, *El encubrimiento del otro, hacia el origen del mito de la modernidad*, p.27.
[2] Enrique Dussel, *El encubrimiento del otro, hacia el origen del mito de la modernidad*, p.28.

细致入微的文论。[1]

16世纪的西班牙所发展的连贯的政治思想也许形成了从托马斯·阿奎那到黑格尔之间最彰显的阶段。[2]

1648年出现的威斯特伐利亚和约是欧洲内部第一部国家关系法；但是，围绕国际法的思索与辩论早在一百多年前就在西班牙和它的"新大陆"殖民地以前所未有的规模展开。拉斯卡萨斯的《三十条法律建议》《关于王权》等都是其中的重要代表。

论战中非常值得提及的，是1550年、1551年在西班牙巴利亚多利德召开的辩论会。会议上巴托洛梅·德·拉斯卡萨斯公开为印第安人辩护，希内斯·塞普尔韦达则据亚里士多德的人类天然不平等理论和正在诞生中的现代资本主义观念为殖民主义辩解。[3]

塞普尔韦达既是西班牙王国的宫廷史官，又是西班牙著名的人文主义者。他对"征服"的辩护带有正在出台的现代观点。在"文明与野蛮"的准则下，他言辞赤裸地贬低美洲本土居民，说他们哪怕有令人震惊的建筑成就和贸易规模，也只说明他们"不是熊或猴子，且后者也并非毫无理智"。他认为印第安人没有"个人主义""遗产契约""自由观念"，是"天生的奴隶"而不是文明人，因而，对他们的"征服"也是哲学意义上的"解放"[4]。尽管塞

---

[1] Lewis Hanke, *Estudios sobre fray Bartolomé de Las Casas y sobre la lucha por la justicia en la conquista española de América*（刘易斯·汉克:《关于拉斯卡萨斯以及西班牙征服美洲过程中围绕正义的斗争的研究》），p.139.

[2] Lewis Hanke, *Estudios sobre fray Bartolomé de Las Casas y sobre la lucha por la justicia en la conquista española de América*, p.140.

[3] 参阅《荒野的喊声》附录《良心的谴责》（节选自索飒著《丰饶的苦难》）。

[4] Enrique Domingo Dussel, *El encubrimiento del otro, hacia el origen del mito de la modernidad*, p.87.

普尔韦达以学识渊博的文士形象出现，但他背后的利益集团是明显的。刘易斯·汉克在上述书中提到一份资料：根据墨西哥的市政厅记录，1554年2月4日，市政厅决定给希内斯·塞普尔韦达送去"一些本地区的珠宝，价值可抵矿下采掘的两百金比索"[1]。

而一心只想拯救生命的拉斯卡萨斯拼死力争，如斗士，如先知，置修士与学者的温文尔雅于不顾，个性飞扬。在1550年的会议上，第一天塞普尔韦达讲了几个小时。第二天开始，半生准备的拉斯卡萨斯逐字逐句念自己用拉丁文撰写的长达500多页的为印第安人的辩护词，分七次会议念了五天，直到听众坚持不了[2]。塞普尔韦达举出包括拉斯卡萨斯的熟人在内的多明我会修士在佛弗里达被印第安人杀死的例子来反对拉斯卡萨斯的反战主张时，后者依然坚决地说："哪怕多明我会所有修士被杀，哪怕包括圣保禄本人被杀，西班牙人也不会多一分攻击印第安人的权利。"[3] 在印第安人"活人祭"仪式的敏感话题被提出时，拉斯卡萨斯心急如焚，不顾宗教裁判所时代的危险，脱口而出："说墨西哥人每年用5万人做祭祀，这是谎言！他们每年只牺牲20个人，还不如西班牙宗教裁判所每年烧死的人多！"

在大论战中，更值得注意的，是萨拉曼卡学派的代表弗朗西斯科·德·维托里亚[4]的思想。

从表面上看，维托里亚根据阿奎那的思想，认为教皇的世俗

---

[1] Lewis Hanke, *Estudios sobre fray Bartolomé de Las Casas y sobre la lucha por la justicia en la conquista española de América*, p.149（该资料汉克引自 Actas de cabildo de México,VI,128）。
[2] Manuel Giménez Fernández, *Breve biografía de fray Bartolomé de Las Casas*, p.55.
[3] Gustavo Gutiérrez: *En busca de los pobres de Jesuscristo: El pensamiento de Bartolomé de Las Casas*, p.136.
[4] Francisco de Vitoria, 1486—1546, 西班牙神学家, 多明我会修士, 萨拉曼卡大学首席神学教授。

权力受制于精神权力，目的不能原谅手段，神权不能取消人的自然权，因而以教皇赐予、以发现无人居住之地、以印第安人拒绝改宗、印第安人反自然法等作为开战的理由均不成立。但是，维托里亚首次提出了后来作为国际法基础的"人类的交往特性"（sociabilidad de la humanidad），发展了一整套现代国际关系理论，从根本上为殖民主义进程辩护。

维托里亚及其阵营提出了可以开战的理由：人的自由旅行权及随之而来的贸易通商权、传教权，为暴君统治下的居民提供保护权，与对方之一部的结盟权，保护对方改宗者免受侵害权，对方改宗者成为大多数后对原君主的罢免权，等等。关于落后民族没有能力自我管理的内容也被讨论。

古斯塔沃·古铁雷斯在阅读、对比了许多历史资料和评论家论述后，认为"尽管（维托里亚与拉斯卡萨斯）俩人有一些一致的观点，但分歧是很大的"[1]。

针对维托里亚等提出的贸易权问题，拉斯卡萨斯反问：

> 难道吾国威严的费利佩国王能够耐心地容忍法国国王，容忍法国人不经允许从彼等国内进入卡斯蒂利亚王国，直至抵达瓜达尔卡纳尔（Guadalcanal）或其他地方的银矿采掘白银、黄金及别样贵重矿产？……如若成真，这岂非一种偷盗的暴力行径？这种行径岂非侮辱、搅乱西班牙王国？……于此种情境下，西班牙国王岂能袖手旁观、高枕无忧？[2]

---

[1] Gustavo Gutiérrez: *En busca de los pobres de Jesuscristo: El pensamiento de Bartolomé de Las Casas*, p.570.
[2] Gustavo Gutiérrez: *En busca de los pobres de Jesuscristo: El pensamiento de Bartolomé de Las Casas*, p.134.

拉斯卡萨斯对西班牙人和美洲本土居民的权利一视同仁，指出了一个五百年后的今天仍存在的双重标准问题，而在双重标准之后，隐藏着殖民主义者深刻的种族歧视和文化歧视。

日本学者染田在对同一命题的分析中也指出，拉斯卡萨斯与维托里亚的观点有着微妙但本质的差别。面对美洲现实，拉斯卡萨斯更加强调印第安人的主权和自卫权[1]。维托里亚是一种冷漠旁观的理论家，而拉斯卡萨斯则是一个身心投入的人道主义者。

美籍奥地利历史哲学家埃里克·沃格林（Eric Voegelin，1901—1985）在《宗教与现代性的兴起》中表述得更为尖锐：

> 它（指维托里亚的《演讲录》）是一部政治学的经典，其作者——他生活的年代与马基雅维利有所重叠——值得获此赞誉。它第一次为西方列强对外国文明的征服和破坏，发展了各种技术手段（techniques）和正当性论证。[2]

美国加州大学教授安东尼·帕戈登（Anthony Pagden）在其出版于2022年的著作《帝国的重负：公元1539年至今》里详细分析了维托里亚学派的理论、拉斯卡萨斯与维托里亚的差异。维托里亚从理论的层次讨论战争的合法性，而他本人对印第安人一无所知，这与拉斯卡萨斯的亲临感受绝然不同。两者之间没有共同的心灵基础。

---

[1] Hidefuji Someta, *Apología e historia: estudios sobre fray Bartolomé de Las Casas*, pp.148-149.
[2] 沃格林（E.Voegelin）：《宗教与现代性的兴起》，霍伟岸译，华东师范大学出版社，2009年，上海，第157页。

维托里亚的《演讲录》[1]被看作国际法的基础,维托里亚也被后世传称为"现代国际法之父"。这种历史话语,意味深长。

人类进入近代以来的第一场法理之辨就这样在中世纪拉开序幕并以强权的最终胜利匆匆谢幕了。21世纪的战场上,新的大论战缺失。

---

[1] 原文:Relecciones。据研究者分析,今天读到的维托里亚论述很可能是当年学生听讲时的记录。参阅 Francisco de Vitoria, *Relecciones sobre los indios y el derecho de guerra*(弗朗西斯科·德·维托里亚:《关于印第安人以及战争权利的演讲录》),Espasa-calpe,Argentina,S.A.Buenos Aires,1948,p.15-16.

5

"吾等却使这些从不是奴隶的人沦落为囚徒"
——委托监护制

《西印度史》第三卷　第十一章、第十三章

"不止一项研究提出,拉斯卡萨斯的思想影响了托马斯·莫尔的《乌托邦》。"

——《荒野的喊声》评述

译文

第十一章
虽卡斯蒂利亚与莱昂国王系此一世界之主人，然印第安人并未因此而失去己之权利

在首先进行了上述调查及问询之后，贝尔纳多教士[1]还应考虑：印第安人有自己人口众多之村庄，有自己之势力范围广大之国王与首领，后者拥有对辽阔土地与众多臣民的管辖权。众人生活于和平之中，储备充足，各人对自己状况感到满意，此即彼等之间存在正义之迹象。据哲圣亚里士多德、圣奥古斯丁之论述，数目众多之人民生活于和平宁静之中，每人均感安全并能主宰自己，此等现象并不常见，唯秩序井然、公平正义之地才会有之。此道理显而易见。[2]

…………

上述贝尔纳多教士尚有一错，他未意识到，既然那些印第安人有国王与首领，那么有何种法律或思想，能允许剥夺后者之地位与权力？教士在其第三条提议中，只字未提上述印第安国王或首领，只在涉及贡赋时将卡斯蒂利亚国王称作君主。尽管吾等承认，由于教皇之赐予，卡斯蒂利亚与莱昂之国王为使印第安人改宗而成为那个世界的君主，但是并不能因此推论，径可剥夺印第

---

[1] 即贝尔纳多·德·梅萨（Bernardo de Mesa），多明我会修士，他在1512年布尔戈斯会议期间遵旨起草了七条有关建议。
[2] 此段文字引自：Bartolomé de Las Casas: *Historia de las Indias*, III, p.40。

安人之本土国王首领之地位及权力。因为这将意味着扰乱所有人际秩序，使那片世界陷入惶恐与混乱，这就违反了自然法与神法，就此我在《论使万国之人趋向真正宗教之唯一方法》[1]一书中已做过充分阐述与论证。无知使许多人陷入恶性大错，贝尔纳多教士亦未能例外。因此，贝尔纳多教士在论及向君主缴纳贡赋时，本应虑及印第安人之本土首领。

教士还犯了一个不小于前一错误之错误。他以一个不实之假设宣称，该岛[2]印第安人没有自然财富，所以需对国王提供人身徭役。根据亚里士多德在其《政治学》一书中所言，所谓自然财富正是耕耘以及大地奉献的果实，人们据此以自然之状态维持生命与生活而无需金无需银。我们曾多次言及并证实，印第安人由于在耕作与管理上经验富足，因此彼等较之其他民族实更加富裕，足以依此向国王纳税——既然据贝尔纳多教士称，印第安人应向君王缴纳贡赋。

关于金银之类虚假[3]财富，本岛印第安人确不曾拥有，也不屑拥有。福音以至天然哲学之真谛，乃将金银之属视为粪便。因此，并不能将印第安人缺少金银视为毛病。其土地之上埋有丰富矿藏，足以上贡君主。印第安人之国王管辖有矿脉之地者，可将矿脉出让与西班牙君主，如后者意图大量收集这等虚假财富，亦可从卡斯蒂利亚差人前来开采；因为，即便有教皇之赐予，印第安国王亦并未因此而失去自己之矿藏以及其管辖王国地区之内任何物质。

---

[1] 原文：*De unico trahendi modo universas gentes al veram religionem*。
[2] 这里应该是指伊斯帕尼奥拉岛，该岛没有金银，因此西班牙殖民者命令印第安人采珍珠。
[3] 原文 riquezas artificiales，此处译为"虚假"，后一处译为"人为"，意思指：某一资源的价值不是自然的，而是人的观念所赋予的。

再则，本岛及其他岛屿本土国王统御下之印第安属民，并无义务每人均向卡斯蒂利亚国王上贡，只需其本土国王提供哪怕数量甚微，并不值钱的珠宝之类，以示承认西班牙国王之普遍权力。印第安国王亦可出让矿藏与盐场，及其他看来属于西班牙君主王权之一般权力，并放松对这些矿藏盐场之管理，如此，已然大大超出了印第安人对西班牙君主应尽之义务；而贝尔纳多教士在撰写提议的日子里，对此一复杂性[1]甚至未曾过脑。

该教士在其第三条提议中所做结论，令人不可置疑地以为，其目的实为献媚国王。教士提议，既然印第安人不拥有自然财富及虚拟财富，即应在对西班牙国王最有利之方面提供人身服务。此言邪恶且恐怖，致使印第安人之头颅落地的利刃包藏其中。事实已证明，印第安人最终因之全数灭绝。由教士之主张可以推论：允许将印第安人赶下矿井。据教士这一主张及其他类似主张而于将来制定之诸多法律，亦会让人做如此推论。[2]

…………

除第三项提议，教士错误尚表现于第五项提议，他提议让世俗人士充当对印第安人之宣教者与指导者。称职的宣教者，必须接受过关于基督教信仰基本知识与教理之教育，应通印第安人极其复杂、与吾等所了解之所有语言极不相同之语言。如欲通晓此等语言以便宣讲天主教信仰，彼等须全力以赴倾注终生，然此类俗人却宛似恶犬，狂欲发财，更有甚者，置理性与各项法律于脑后，为实现其目的不分场地、不分对象、不择手段而求一逞。此

---

[1] 原文 algarabía，是西班牙延续八个世纪的"安达卢斯"伊斯兰文明时期基督徒所说的一种不标准的阿拉伯语，转义为难懂的语言、复杂的事情。此注释在第 4 节"归顺令"出现过。
[2] 此段文字引自：Bartolomé de Las Casas: *Historia de las Indias*,III,pp.41-42。

等劣俗之辈,岂能充当称职的向非基督徒之宣教者?

…………

综上,国王等人以及首席议事会之学士们,乃误入重大欺骗。彼等聚会商议并决定,为使印第安人速成基督徒,要采取方法,使印第安人终日经常与西班牙人交谈。然而,据我等在那些年之亲眼目击,及其后多年之亲身体验,这样做之前提是西班牙人须有基本道德准则。如欲西印度群岛之印第安人均成基督徒,须尽可能禁绝其与任何西班牙人交谈、谋面。原因在于,西班牙人已经以其恶劣行径,将基督教之形象损害殆尽。曾有谨慎、具备知识、经验之宗教人士致函于我,云上帝在彼地之最大之奇迹,乃是印第安人在目睹了我等老基督徒所作所为之后,竟仍然相信并接受了我之天主教信仰。贝尔纳多教士主张,将印第安人一一分配给世俗人士,让后者充当宣教者,正乃教士聋聩之所在。

……教士之误,并非仅在文辞之间。为使某项法律得以颁布并付诸实施,有两个条件实属必须。其一,居民须能聚议,盖因法律乃是旨在公众利益之公共条例;其二,一族之居民须有实在而非口头之自由;听命于他人之奴仆,并不可称为能接受公共法律之村民或市民。此一观点,哲圣亚里士多德在其《政治学》第三卷中早有论证。出于这一原因,上帝并未将古法赐予亚巴郎[1]之时代,因其时亚巴郎一群尚不可被称为人民。上帝亦未将此法降临于身为埃及之囚的希伯来人,尽管其时,希伯来人已然人丁兴旺。此法之降临,乃直至希伯来人成为民族、出走于埃及且享有自由之际。为欲接受某一宗教信仰或某一项法律,接受者必须愿意聚集为族,并享有自由;于此,基督宗教与福音之法成为历史之最,

---

[1] 基督新教译为"亚伯拉罕"。

其原因在于，基督教经常举行圣礼，信者须经常或主动或被动参加此类圣礼，为此目的，若发现人如牛群散落四野，为授其以天主教信仰与基督之法，须将其聚集一处使之成为点点村落，宛似印第安人以往之状。若吾等遭逢之人群乃是奴隶，则须先还其自由；然吾等所为全然相反，吾等所遭逢之人群，自成族群，人口众多，生活有法有序，唯吾等却将其分散如畜群一般，使之二十结群，三十成队，被分配给西班牙人，如前述已明证之状。值吾等发现印第安人之际，彼等正生活于一派宁静与自由之中，然而**吾等却使这些从不是奴隶的人沦落为囚徒**，此实情确凿无疑。那位教士所提出之昏庸主张，即导致此类结果。该教士未遵循神学原则，甚至已违反明确合理之道德哲学。诸君欲知其详，可查阅圣托马斯之著作有关段落。[1]

第十三章
关于胡安娜女王为伊斯帕尼奥拉岛发布之系列法令 [2]

以上即为上述法令之前言。现在需揭穿此前言所含有之巨大假象、谎言以及伪证。正是那些当时身处朝廷之本岛[3]西班牙人出于歹毒心肠和对暴政的渴望，向国王及西印度事务院成员做了虚假汇报。前言中竭力捏造印第安人之丑陋处，引证印第安人也需要（委托监护制），目的在于更有效地分配印第安人，使印第安人位

---

[1] 此段文字引自：Bartolomé de Las Casas: Historia de las Indias, III, pp.43-44。最后一句原文：en Santo Tomás, *Prima secundae, quaest. 98, art.6, ad secundam y en la 3 parte, quaest. 7, ad secundam*。
[2] 此时女王胡安娜已继位，系列法令系指"布尔戈斯法"。
[3] 指伊斯帕尼奥拉岛。

于其伸手可及之处,以便毫无障碍役使印第安人。此阴谋策划之最后结果乃是国王之第一条命令,即将印第安人强行迁出彼等生息于斯、与其血族或许自数千年以来便共生于此之自然环境与村落。国王命令将彼等迁出,带至毗邻西班牙人村镇之处,在其地印第安人将无片刻喘息,甚至纷纷先死于迁徙途中。

将印第安人迁出其出生与生长之地,即使目的地不甚遥远,彼等亦将病倒,能苟活者仅为少数。此乃一般规律,事实已然证明,并无讹误。如此后果之原因,恰在印第安人身体与体质纤弱,进食甚少,众多地区人们赤身裸体行走于大地,其余地区人们也只用一片棉织物遮蔽羞体。因而将彼等自一地迁往另一地,只要稍有水土、气候之地区差异,其身体即产生变化,其原本协调之情绪亦会失去平衡。另一原因乃繁重之劳役。因土地肥沃,易于获得足够之生活必需品,印第安人惯于无须辛苦劳作,而过度且不合比例之超量劳役,必然使彼等不能坚持长久,此系印第安人在如此短期之内可悲地灭绝之原因。我曾在其他篇章数次提及,彼等中大多数人体格纤弱,哪怕农夫与平常庶民,亦如在各式恩惠中长大之贵族子弟一般,此乃造成死亡之另一原因。[1]

---

[1] 此段文字引自:Bartolomé de Las Casas: *Historia de las Indias*,III,p.52。

评述

上述第 4 节论及，1512 年王室颁布了有关美洲殖民地的第一项重要法律《布尔戈斯法》，确认西班牙王室有统治美洲的权力，但不得奴役作为"自由人"的印第安人。

拉斯卡萨斯对此仍持严厉的批评态度。他在《西印度史》第三卷第九章逐一驳斥了多明我会修士贝尔纳多·德·梅萨于布尔戈斯会议期间遵旨起草的七条有关建议，在第十三章里全文抄录了《布尔戈斯法》的前言，这里对第十三章所做的节译是对此前言的批驳。[1]

有必要简单介绍一下西班牙在美洲的早期殖民统治方式：

首先是"分配制"（Repartimiento），也译作"分派劳役制"，初创于 1499 年，是哥伦布为满足殖民者对劳动力的需求，在伊斯帕尼奥拉岛下令将土地连同印第安人一起分配给殖民者的一种制度。

西班牙王室在西印度群岛建立殖民地后，为限制"分配制"下殖民者对印第安人的残酷奴役，同时又满足殖民者对劳动力的需求，1503 年女王伊莎贝尔一世授意将源于 11 世纪西班牙"收复失地"战争中在被征服的摩尔人地区实行的奖赏有功骑士的一种授地制度"委托监护制"（Encomienda）移植于西印度群岛，后

---

[1]《归顺令》出台于 1513 年，是 1512 年《布尔戈斯法》具体实施法令，而本节译文涉及的是对《布尔戈斯法》的批判。因为《归顺令》主要涉及"征服"，而本节"委托监护制"着重于"征服"后的殖民统治，所以《荒野的喊声》小节的排列顺序根据所涉及的内容做了时间顺序上的调整。

又逐渐扩展于美洲大陆各西属殖民地。国王为奖赏有功的殖民者，将某一地区一定数量的印第安人"委托"给前者加以"监护"，受委托者称为"监护人"（encomendero），他们负有"保护"印第安人并使之皈依天主教的义务，拥有向其征收贡赋和征用其从事各项劳动的权力，但劳动时间应予限制并给予一定报酬。监护人对印第安人及其土地没有所有权，印第安人村社有掌握自己土地的权力，村社内部事务由酋长（cacique）掌管。

委托监护主事实上滥用权力。为了限制他们在美洲的势力，保证王室的正常统治，西班牙朝廷多次颁令对这一制度加以修改。1509年下令监护权不得世袭，1512年又颁布《布尔戈斯法》，1542年颁布《新法》，试图取消这一制度，因殖民者激烈反对，均未能奏效。委托监护制逐渐衰落，1720年被国王下令取消，但个别地区一直残存至18世纪末。[1]

西班牙还建立了一整套官僚体系用于殖民地的管理（但西班牙当局认为西印度直属王室，不是殖民地），最高机构是设于宗主国本土的"西班牙皇家最高西印度事务院"（Supremo y Real Consejo de las Indias），简称"西印度事务院"，以及设立在美洲殖民地的、相当于最高法院和检察院的"检审院"（Audiencia）。

拉斯卡萨斯认为，"委托监护制"不过是"分配制"更委婉的说法。他把通过战争征服土地看作第一种暴政，把"委托监护制"的殖民统治方式看作第二种"暴政统治"。[2]

委托监护制无疑是对原有社会结构的破坏。拉斯卡萨斯根据古典社会伦理，极力主张维护本土居民原有的社会结构和传统：

---

[1] 参阅中国社会科学院拉丁美洲研究所编辑《拉丁美洲历史词典》。
[2] Gustavo Gutiérrez: *En busca de los pobres de Jesucristo: El pensamiento de Bartolomé de Las Casas*, p.387.

尽管吾等承认，由于教皇之赐予，卡斯蒂利亚与莱昂之国王为使印第安人改宗而成为那个世界的君主，但是并不能因此推论，径可剥夺印第安人之本土国王首领之地位及权力。因为这将意味着扰乱所有人际秩序，使那片世界陷入惶恐与混乱，这就违反了自然法与神法……

与殖民主义者逐渐刻意渲染的野蛮人社会迥异，拉斯卡萨斯在美洲大陆看到了一种相对稳定、平衡的社会。虽然食物简单，但是没有饥饿；虽然有战争，但较之欧洲战场和殖民战争，本土人的战斗讲礼节，战事如"儿戏"[1]。

美洲本土居民的社会状况并不均衡，存在等级，正在向着更明显的阶级分化发展。强大文明对弱势部族的战争和蚕食也是常态。拉斯卡萨斯是否存在对本土文明的美化呢？

美洲本土居民的社会是一个自成体系、相对封闭的社会，居民的单纯、善意几乎是早期殖民者的共识（如本书第2节所示）。它的内部矛盾本应在主权、自由得到基本保证的前提下，按照自身的成熟规律发展。全球性资本主义时代的殖民主义者，他们的所作所为是利己的破坏，而不是利他的推进。殖民主义者在文明的旗号下将弱者纳入自我中心的世界体系，甚至刻意对弱者实行如下述第10节所涉及的"分而治之"，其真意并不是"解放"，而是"统治"。

拉斯卡萨斯预感了印第安文明的灭顶之灾。他的直觉所依据的，难道不是一种直接与新生殖民主理论冲突的"被压迫者的社会学"吗？

---

[1] 近来的非洲历史研究也表明，比起殖民主义者发动的"征服"战争，殖民者抵达之前非洲部落间的战争如小巫见大巫，殖民者也强化了部落间战争的烈度。

强行迁出彼等生息于斯、与其血族或许自数千年以来便共生于此之自然环境与村落。……因而将彼等自一地迁往另一地,只要稍有水土、气候之地区差异,其身体即产生变化,其原本协调之情绪亦会失去平衡。

他依据古典范例、面对大陆实情,主张一种自然、自由、自愿的社会结构:

为欲接受某一宗教信仰或某一项法律,接受者必须愿意聚集为族,并享有自由……然吾等所为全然相反,吾等所遭逢之人群,自成族群,人口众多,生活有法有序,唯吾等却将其分散如畜群一般,使之二十结群,三十成队,被分配与西班牙人,如前述已明证之状。

在重商主义挺进的时代,拉斯卡萨斯关于金银的议论宛如发自一个现实中的堂吉诃德。他称金银为"虚假财富","福音以至天然哲学之真谛,乃将金银之属视为粪便"。他建议,如果西班牙"意图大量收集这等虚假财富",可由拥有矿藏主权的本地国王向西班牙国王出让开采权,由西班牙从卡斯蒂利亚差人来开采,并认为这样已经大大超出了印第安人应尽之义务。他的全部目的是保护印第安人免受"徭役制"之苦和"下矿井"之罪。他的呼吁出于人道主义的恻隐之心,也是基于对于身边人群的真切体会:

因土地肥沃,易于获得足够之生活必需品,印第安人惯于无须辛苦劳作,而过度且不合比例之超量劳役,必然使彼等不能坚持长久,此系印第安人在如此短期之内可悲地灭绝之原因。

作为神学家的古斯塔沃·古铁雷斯认为拉斯卡萨斯在这一篇文字中表达了一种恩典的神学观念:福音召唤分散的人群成为民族,

而毁坏民族的行为就是否决了他们成为上帝子民的历史条件[1]。

拉斯卡萨斯的理想是在西班牙国王的名义统治下恢复前哥伦布时期印第安人的自我管理，取消委托监护制，代之以西班牙人-印第安人的合作村社，以农业劳动和通婚为手段，通过和平方式逐步取消种族差别。他没有意识到，一种与古典战争、古代人类迁徙所完全不同的、以资本和利润为动力的殖民主义时代已经出世。他的悲剧不是个人的悲剧，而是历史的悲剧。

拉斯卡萨斯完全没有理睬时代。刘易斯·汉克说他"几乎是在以一种诗意的眼光猜想欧洲扩张造成的人口迁徙所包含的重大意味"[2]。因而在古今体制派的眼中，拉斯卡萨斯也就成了"精神病人""无政府主义者"和"乌托邦分子"。

不止一项研究提出，拉斯卡萨斯的乌托邦思想影响了托马斯·莫尔的《乌托邦》。古斯塔沃·古铁雷斯在他的书中[3]例举了一项很有意思的研究。当代研究者巴普蒂斯塔·维克托·N在其著作《巴托洛梅·德·拉斯卡萨斯与托马斯·莫尔之〈乌托邦〉间的联系和相似处》[4]里指出：《乌托邦》出版于1516年或许不纯粹是偶然。1515年底拉斯卡萨斯的《村社纲要》（Esquema comunitario）被送往佛兰德斯（Flanders）交给德裔西班牙国王查理五世。这份文件很可能通过刚被任命为王室参议的伊拉斯谟[5]之手

---

[1] Gustavo Gutiérrez: *En busca de los pobres de Jesuscristo: El pensamiento de Bartolomé de Las Casas*, p.446.
[2] Lewis Hanke, *Bartolomé de Las Casas, letrado y propagandista*, p.75.
[3] Gustavo Gutiérrez: *En busca de los pobres de Jesuscristo: El pensamiento de Bartolomé de Las Casas*, p.121.
[4] Baptista Victor N., Bartolome De Las Casas and Thomas More's Utopia: Connections and Similarities, Labyrinthos, 1996.
[5] Erasmo, 其德语为：Erasmus（Desiderius）von Rotterdam, 史学界俗称"鹿特丹的伊拉斯谟"，1466—1536，中世纪尼德兰（今荷兰和比利时）著名人文主义思想家和神学家。

被托马斯·莫尔得到。巴普蒂斯塔对比了拉斯卡萨斯与托马斯·莫尔两人的文本，吃惊地发现了大量包括细节在内的相似之处。

拉斯卡萨斯自始至终坚决反对委托监护制，在很多人眼中，这一举动实质上反对了西班牙在美洲的存在。如果取消委托监护制，将会危及国王的利益和基督教信仰的传播。尽管拉斯卡萨斯并没有在言论上直接反对这两点，但是他说：

> 一个真正的基督徒应该觉得，只要印第安人不再失去生命、大陆不再被毁灭，哪怕国王失去所言之皇家统治，哪怕印第安人永不皈依基督教，也在所不惜。[1]

16世纪中期，秘鲁发生了监护主要求将委托监护制私人化、永久化的要求。当地印第安人请求拉斯卡萨斯等作为代理人向国王要求禁止将委托监护制出卖给监护主并延续至其子孙后代。1559年，拉斯卡萨斯与另一位多明我会修士多明戈·德·桑托·托马斯[2]以"秘鲁印第安人全权代理"的名义向西印度事务院正式提出反对委托监护制世袭化的请求。最终，王室出于对外战争的财政压力，向美洲殖民地的监护主做出让步。拉斯卡萨斯为之悲痛欲绝。

秘鲁印第安人委托拉斯卡萨斯等上呈的条款内容[3]体现了伟大印卡文化的成熟，透露出传统的内在蕴力及其自身的牢固凝聚力。五百年后，他们的子孙正在将这无形的力量变成现实，这不灭的火种正是拉斯卡萨斯等先驱竭力保护的文化价值。

---

[1] Gustavo Gutiérrez: *En busca de los pobres de Jesuscristo: El pensamiento de Bartolomé de Las Casas*, p.309.

[2] Domingo de Santo Tomás, 1499—1570, 多明我会传教士，1540年抵达秘鲁，第一部克丘亚语字典的作者。

[3] Hidefuji Someta, *Apología e historia: estudios sobre fray Bartolomé de Las Casas*, p.128.

在结束本书第3、4、5节的评述之前，还应对那个时期的"西班牙式民主"做一点分析。西班牙内外学者在此问题上的多重视角反映出命题本身的复杂性、特殊性。

比较一致的认识是：在那个时代，"唯独西班牙曾有勇气就欧洲涉足西印度是否合法、是否公正展开过大规模辩论[1]。"

在"西印度总档案馆"里，研究者发现除大量公开反对"宗教裁判所"和高利贷的陈述，还有直接点名指责"王室在新世界错误"的上报。一份长达109章专门反映印第安人待遇问题的呈报显然被西印度事务院仔细批阅过……大量教士递送的材料或直呈国王和西印度事务院，或通过拉斯卡萨斯转递。拉斯卡萨斯晚年居住在巴利亚多利德这座城市的圣格雷戈里奥修道院，他的屋子里堆满了这类信件、文书，他在《遗嘱》中要求将之按地区、时间分门别类存放，以便"假如上帝决意毁灭西班牙，人们或可看到，因我等对西印度造成之毁灭，上帝之判决是公正有理的"[2]。

本篇评述涉及了西班牙朝廷1512年颁布的《布尔戈斯法》，除此之外所颁布的重要法律还有1501年的《给省长奥万多的训令》、1542年的《新法》、1573年的《关于发现的法规》，均可看作对来自美洲殖民地申诉的回应。

资料提示，拉斯卡萨斯、蒙特西诺斯等人有机会直接与国王面谈。拉斯卡萨斯措辞严厉的大部分著述在早期没有遭到出版阻拦。1536年，正值尼加拉瓜省长罗德里格·德·孔特雷拉斯[3]发起

---

[1] Gustavo Gutiérrez: *En busca de los pobres de Jesuscristo: El pensamiento de Bartolomé de Las Casas*,p. 19.
[2] Lewis Hanke, *Estudios sobre fray Bartolomé de Las Casas y sobre la lucha por la justicia en la conquista española de América*,p.196.
[3] Rodrigo de Contreras, 1502—1558, 尼加拉瓜"征服者"与总督。

向中美洲的军事远征之际，拉斯卡萨斯在当地布道台上的慷慨陈词居然致使女王决定将远征推迟两年。1550年巴利亚多利德辩论会上争议未果，国王宣布停止继续"征服"直至会议得出结论为止，此举被当代西班牙历史学家阿梅里科·卡斯特罗[1]称为"西班牙人抵达的光荣顶点"。[2]

综合各方面研究的看法，可以这样分析：相对于后期崛起的英、法、德、荷等欧洲殖民主义大国，借"哥伦布西航"抵达美洲之际的西班牙仍然没有走出中世纪。时代的主题是基督教帝国，而不是民族国家利益。统治性的思想是托马斯·阿奎那的神学主张。这种意识形态在政治理论上统一了基督教共和国理念与现世共和国理念，主张王权来自人民。西班牙经过漫长的"收复失地"战争，结束了八个世纪的伊斯兰文明统治，在天主教的旗帜下建立起统一王国。因此，使基督教精神成为统治的依据，是王室和宗教界耿耿于怀的情结。

身为疆域跨四海、"神圣罗马帝国"国王的查理五世（在西班牙称"卡洛斯一世"），企图使古罗马的帝国政策为自己的殖民政策戴上道德正义的面具，同时殖民初期的经济余裕也使之具备客观条件。西班牙王室试图给世界一种"良政"[3]印象，这个词第一次出现于1542年所颁布的《新法》前言中。17世纪初，秘鲁印卡贵族后代费利佩·瓜曼·波马·德·阿亚拉写了一本图文并茂的《第一部新编年史及良政》[4]，后来闻名世界。有意思的是，"良政"在

---

[1] Américo Castro, 1885—1972, 西班牙历史学家、文学评论家，西班牙内战之后，深入研究西班牙文化根源。
[2] Lewis Hanke, *Estudios sobre fray Bartolomé de Las Casas y sobre la lucha por la justicia en la conquista española de América*, p.310.
[3] 原文 Buen Gobierno, 直译为"好政府"。
[4] Felipe Guamán Pomade Ayala（1535—1615）, *El primer nueva crónica y buen gobierno*.

美洲历史上经常被批评者借用，20世纪末出现的墨西哥萨帕塔民族解放军游击队，也别出心裁地寻求"良政"的真谛。

随着统一基督教帝国分化为民族国家、资本主义经济规模的迅速发展、欧洲内部民族战争以及整个欧洲与奥斯曼帝国对抗带来的财政压力，情景不再[1]。于是在费尔南·布罗代尔[2]的史书里，17世纪的菲利普二世（按西班牙语译名为费利佩二世）就成了一个埋头于公文堆的"技术官僚"。"良政"和民主让位于政治、经济、财政上的民族利益。

刘易斯·汉克在《关于拉斯卡萨斯以及西班牙征服美洲过程中围绕正义的斗争的研究》里引述多方学者的研究，提到了另一个视角，即延续八个世纪的伊斯兰文明因素。比如，他引述19世纪苏格兰政治家兼作家罗伯特·邦廷·坎宁安·格雷厄姆（Robert Bontine Cunningham Graham）写道：佩德罗·德·巴尔迪维亚[3]与查理五世说话的方式所具有的：

> 独立与民主风格应该是西班牙人从与摩尔人长期接触中接受来的，后者充分理解苏丹与一个沙漠里赶骆驼者之间的区别，但赶骆驼的从未忘记自己也是一个人，作为人，他与任何人一样都是亚当的子孙。同样，尽管巴尔迪维亚在所有的信笺上亲吻"天主教国王殿下神圣的脚和手"，这丝毫没有妨碍他气宇轩昂地陈述自己的权利。[4]

---

[1] 参阅 Hidefuji Someta, *Apología e historia: estudios sobre fray Bartolomé de Las Casas*, pp.43-51。
[2] 费尔南·布罗代尔：《菲利普二世时代的地中海和地中海世界》，唐家龙、曹培耿等译，商务印书馆，1996年。
[3] Pedro de Valdivia, 1500—1553, 率领"征服"智利的西班牙殖民军首领。
[4] Lewis Hanke, *Estudios sobre fray Bartolomé de Las Casas y sobre la lucha por la justicia en la conquista española de América*, p.196.

汉克在另一处写道，不可忽视一种重要的历史特殊性，即作为罗马人和阿拉伯人法学思想真正继承者的西班牙人所具有的法学思维方式；汉克同时指出"阿拉伯人统治西班牙时期的思想影响从来没有得到充分研究"。他还在长篇注释中引述其他学者，提及维托里亚的思想与阿拉伯正义战争理论间的关系，以及伊斯兰神秘主义与中世纪经院哲学的关系。[1]

　　一直有"两个西班牙"的说法。宗教裁判所加十字军铁骑的一面和人道主义传统的一面，在许多历史关头都以极度夸张的方式——戈雅绘画"黑色时代"的方式——呈现给世界。

---

[1] Lewis Hanke, *Estudios sobre fray Bartolomé de Las Casas y sobre la lucha por la justicia en la conquista española de América*, p.140.

6

"细致地介绍古巴岛之情形"
——全面介绍一个岛屿

《西印度史》第三卷 第二十二章、第二十三章、第二十四章

"尚有一类鸟，据我所知，除古巴岛之外，在西印度各群岛与大陆地区均无有存在。此类鸟形状相同，大小如鹤，其颜色始似鸽子般洁白，次第渐而变红，及最后则无一根羽毛非红，异常悦目。此鸟变红之际，场面壮观，五百至千只聚集成堆，如染有红赭石印记之羊群。"

——《西印度史》

译文

第二十二章
关于古巴岛之规模与地理

在言及西班牙人抵达古巴岛[1]及在古巴岛之所作所为前，似应先描述该岛之规模，其地理、外貌、性质、物产，以及其本土居民之习俗与宗教。《西印度史》一书未铺陈伊斯帕尼奥拉岛之上述细情，唯因需占甚大篇幅，而《辩护史》[2]一书具体描述过伊斯帕尼奥拉岛，亦泛泛介绍过古巴岛；因之，在此我们将**细致地介绍古巴岛之情形**。

从陆地丈量，古巴岛长约300里，自空中或水面丈量则不足此长度。自岛屿最东端之玛侬西（Maicí）至岛屿之三分之一处，岛屿之宽度约为55至60里，尔后向西逐步变窄，直到岛屿之最西端，宽度减少20里左右。古巴岛位于北回归线20.5到21度之间。整个岛屿多为平地，然亦有起伏丘陵与成片树林。自东部之玛侬西向西30余里，有高耸之山脉。岛屿最西三分之一处，亦有高山，中部山峦不高，山中流出之美丽河流，或北向流淌，或向

---

[1] 拉斯卡萨斯曾在《西印度史》第三卷第二十四章写道："这应属1508年之事，塞巴斯蒂安·德·奥坎波（Sebastián de Ocampo，1470—1514，确信古巴系岛屿的西班牙探险家）曾于那年沿古巴岛测量、航行，其时尚不知古巴乃是岛屿抑或大陆，因为1504年哥伦布曾意图绕古巴岛航行，除此之外，1508年前并无人涉足其地。"借这段文字为此处注释。
[2] 即《辩护史概要》（Historia apologética sumaria）。拉斯卡萨斯在《西印度史》一书中常将之简称为《辩护史》，详情参阅本书序。

南蜿蜒。河中鱼类繁多，以鲻鱼（lizas）与鲱鱼为主，此等鱼群漫游于江河大海之间。

古巴岛中部之南岸，多有毗连小岛。我在第一卷已提及，哥伦布于第二次抵临此地时发现此片小岛，遂命名为"女王花园"。古巴岛中部之北岸亦有成片小岛，数目略少，迭戈·贝拉斯克斯[1]将其命名为"国王花园"。古巴岛中部南岸有河，水流湍急，印第安人称之卡乌托河（Cauto），河岸风光秀丽，水中甚多鳄鱼，吾等曾误称为蜥蜴，后者其实生长于尼罗河里。鳄鱼经常被人提及，或许它们于海中长大，沿河流游至其上游，路经河流者务须十分当心，尤在夜幕降临之后于岸边行走者，因鳄鱼会上岸爬行，并把熟睡之人或无备之辈拖入河中，咬杀并食之罄尽，其袭击之目标，常为行走或骑马者。西印度凡有鳄鱼之地，均有此类情景发生，尤其在南岸大陆地区，鳄鱼食人现象时多时少，随地区不同，鳄鱼之凶猛程度取决于其饥饿程度。

此四岛[2]之中，鳄鱼仅在古巴岛，且仅在该岛南岸此河之中才有出没，其余数岛从未出现鳄鱼。在古巴岛及其余岛屿之北岸均无鳄鱼，大陆地区应为例外，比如在库玛纳河（Cumaná）及其南边之河流，有许多鳄鱼。往昔约五十年前，伊斯帕尼奥拉岛南岸尽头之萨尔瓦铁拉－德拉萨瓦纳村庄（Salvatierra de la Sabana）附近，曾出现一条鳄鱼，我不记得是否为人击死。

须顺带言及，古巴岛诸多河流及浅溪中，多有黄金，其标准

---

[1] Diego Velázquez，1493年随哥伦布去美洲，1511年受哥伦布之子迭戈·哥伦布的派遣"征服"古巴岛。
[2] 根据本节下文，应该指伊斯帕尼奥拉岛、古巴岛、圣胡安岛、牙买加岛等四岛。

是，每卡斯特利亚诺[1]值450马拉维迪[2]；尚有一种金子更纯，克拉更高，值470马拉维迪，据说此种金子唯在山中或流向沙瓜港（Xagua）之河流中可以找见；另有一种，含金度不高，一个比索合一个杜卡多[3]，因其含有许多铜之成分。

上文已述，古巴岛多山地，人可以在树荫下行走300里不见天日。树木种类繁多，一如伊斯帕尼奥拉岛，有芬芳、发红、粗壮如壮牛之雪松，印第安人以此树制作大型独木舟，可载五十至七十人于海上航行，古巴岛昔日曾长满此类雪松。另尚有安息香树，吾等未曾见过此种树木。若站立于山顶，可以感受其散发之清新香气，实乃奇妙之事，恰如在人身旁燃点起美妙绝伦之安息香一般。此种感觉系山区之特有，乃太阳升起之际，大地蒸汽将印第安人夜间燃烧安息香树木之气味烘托至山顶所致。印第安人夜间燃火并非因天气寒冷，仅因略有凉意，彼等并不若我等用床，唯用吊床而已。

有树一种，所结果实名沙瓜丝（xaguas），该词第一个音节发长音，此果如小牛之肾一般大小。沙瓜丝青涩之际、未受挤压之前便行采摘，放置房间一隅，三四日待其成熟，尔后便如灌蜜一般鼓涨，内瓤虽果肉不多，但其味较抹蜂蜜并加调料后之梨更甜美，真不知将其与何种水果相比！

古巴岛尚有甚多野生山葡萄藤，藤上长满山葡萄，某些地方仅于方圆一弩之地，便可采得一百或两百卡尔加[4]山葡萄。此类葡萄味酸，可用以酿酒。我曾饮此种葡萄酒，并非过酸。因之，此

---

[1] 原文castellano，为古金币名称，合0.46克。
[2] 原文maravedís，为西班牙古币。
[3] 原文：que valía ducado el peso。ducado，使用至16世纪末的西班牙金币。
[4] 原文carga，1卡尔加合150~200升。

地若种植葡萄，只需有足够之日照与风力，定可培植酸度适中之葡萄。然此地之葡萄藤生长于山地林木中，难获日晒，且不通风。如我前述，古巴岛长约300里，人可在树荫下行走300里不见天日，且漫山遍野均有葡萄藤，故我等常曰：谁曾见过如此延绵300里之葡萄园！所见之山葡萄藤，枝条粗壮，较人腰还粗。此言并非夸张，亦非稀罕。上文已云，此地雪松及其他树木均异常高大，此类树木予以古巴岛湿润之气候，及丰饶肥沃之土壤。

古巴岛较之伊斯帕尼奥拉岛更为凉爽，气候亦更温和，乃属一健康之岛屿。岛屿拥有众多优良港湾，封闭严密，能安全停靠数量众多之大船，恐人造之港口也难以媲美。尤其在其南岸，如圣地亚哥城之港口，呈现为十字形；而沙瓜之天然港口，窃认为世上无双，其形状大致如下：

船只自此狭窄入口驶进，若我未曾记错，入口之宽度为射出一弩之距离，港内有10里之海面，三座小岛，抵达其中一二岛，有桩可系船使其免于摇动，故因此港有山环绕，船泊其处，若置室内。

彼处鱼类众多，以鲻鱼为主，印第安人以芦秆插入水中，在连接海洋之港湾内拦出一片渔场，可围捕两万至五万条鲻鱼，一条也休想逃脱，印第安人随欲而捞捕，不欲捕捞则放置其间，一如鱼塘育养。

古巴岛之北岸，亦有良港，最佳者称卡雷纳斯（Carenas），今称哈瓦那港。此港湾更加优良，容量甚大，即使西班牙亦少有如此港口，抑或世上拥有如此良港之地方并不甚多。哈瓦那港接近古巴岛之西端，自哈瓦那向东20里，尚有一港口，称为"马坦萨斯"（Matanzas），但此一港之安全性及封闭性不佳。岛之中部亦有港称"太子港"（Príncipe），亦在良港之列。近最东端，另一港湾名"巴拉科阿"（Baracoa），亦未属低劣。这些港湾之间尚存若干不菲之停泊处，然仅可停靠不大之船只。

古巴岛鸟类繁多，有鸽子、斑鸠，也有如西班牙一般之野石鸡。古巴岛石鸡较小，除却胸脯，其余部位几无筋肉。除在此古巴岛，石鸡并不见于伊斯帕尼奥拉岛或其他岛屿。此外，鹤亦唯在古巴岛及大陆尚存。尚有一类鸟，据我所知，除古巴岛之外，在西印度各群岛与大陆地区均无有存在。此类鸟形状相同，大小如鹤，其颜色始似鸽子般洁白，次第渐而变红，及最后则无一根羽毛非红，异常悦目。若新西班牙[1]（总督区）之印第安人能捕及此鸟，定会如获至宝，因彼地印第安人系实为罕见之羽毛饰品工匠（世上其他各地至今未闻有如此能工巧匠）。此鸟变红之际，场面壮观，五百至千只聚集成堆，如染有红赭石印记之羊群。此种鸟平时并非如鹤一般飞翔，几乎总是将长腿扎入海水，脚站在土中，而水不能淹及其羽毛。其行如斯，乃因其食草为生，或亦食海中小鱼，且饮海水。若有印第安人将其饲养于家中，便喂之以木薯饼[2]，或在盛水食盆中，撒一小撮盐。

古巴岛尚有极多鹦鹉，形态可掬，其全身羽毛均呈深绿，唯喙部及前额些许羽毛为红色，与伊斯帕尼奥拉岛之鹦鹉不同，后者嘴喙之羽为白色，或基本无羽毛。在古巴岛，五月以后新生鹦

---

[1] 原文为Nueva España，即殖民时期的墨西哥一带，当地印第安人的羽毛手工艺精湛。
[2] 原文为cazabí，亦作casabe，西班牙美洲本土食物，在殖民时期的加勒比一带很流行。

鹉即可食用，或烧或烤，较同期之田鸫及其他鸟类更美味。印第安人以下述方法捕鸟，万无一失：一名十岁或十五岁男孩爬攀树上，手持活鹦鹉一只，将少许草叶盖其头顶，男孩以手叩击鹦鹉头部，鹦鹉即发哀鸣。天上飞翔之无数鹦鹉闻之被困同类发出之声，便全数飞来落于此树。其时男孩取一细长木棍，上缚细绳，木棍端部系一活套，慢慢套住一只只鹦鹉脖颈，鹦鹉误认此木棍为树枝，并不躲闪。男孩扯动绳索，将鹦鹉抓入手中，拧其脖颈，掷于树下。如此，其乃随心所欲，任意捕取，直至见树下堆满无法负回，方才作罢。诚若男童欲捕之千万，亦无不能，唯因群鸟如欲起飞，但闻被困之鸟哀鸣，则作罢而不离其树。

另有一种鸟，飞翔时擦地，印第安人名之"皮亚鸟"（biaya），中部音节发长音，此鸟印第安人可跑步追及，若我记忆无误，亦可以狗抓得。以此鸟煮汤，汤色橘黄[1]，味道鲜美，吾等曾用之替代雉鸡。岛上尚还有一种猎物，非常有用，数量亦多，印第安人名之为"瓜米尼基纳赫"（guaminiquinaje，倒数第二个音节发长音），其大小若怀抱之幼犬，肉亦鲜美。如我前述，这种猎物数量极多，可两人分食一只，至少三人食两只足以饱食。捕杀这类猎物乃用棒击其足，若有狗则更易，因其奔跑不速。古巴岛尚有与西班牙类似之猪，已被捕杀净尽，恰如伊斯帕尼奥拉岛上硬毛鼠之命运，后者系另一种猎物，其状如鼠，尤其尾部。

古巴岛曾有巨大之蛇，如今亦应存在。此类蛇腰身之硕大如粗壮之人腿，身体极长，皮生褐纹，反应迟钝，若被人踩踏，便将自身盘卷，并不知人之踩踏。另有鬣蜥，实为形若蜥蜴之蛇类，身有花纹，大若怀抱之犬。据吾辈人云，此蛇美味，甚于雉鸡，

---

[1] 原文 caldo como azafranado，可以译为"藏红花色的""橘黄色的"。

唯并无人可说服我食此蛇肉。

古巴岛鱼类繁多。无论南岸北岸，均有大量鱼类。有与卡斯蒂利亚一样之鲻鱼及重牙鲷，亦有身躯硕大之鲱鱼、领针鱼及其他鱼类。岛南岸有大片小岛，前文已述，被命名为"女王花园"。于此片小岛与古巴岛间，因海流缓慢，生有成千上万之海龟，海龟之捕捞规模巨大。海龟身大，如护胸之盾，甚至大若皮盾。一海龟之重量，包括肉与脂肪，约有四阿罗瓦[1]，即一担[2]。海龟肉味道上佳，亦很健康。海龟油如母鸡油，色甚黄，融化后如金液一般。麻风病人、患有疥疮一类病者，均可以海龟油涂抹以清除之。一只海龟足以使十名男子饱食。一只海龟产蛋五百至六百枚之多，大小如鸡蛋，无硬壳，仅一层薄皮。海龟自海中上岸产卵，产下之后将其卵埋于沙中，任由太阳照射沙粒孵卵。最终，自每一卵中均有一幼龟爬出，幼龟均能凭本能爬向大海。

海龟捕猎之法如下：印第安人利用一种海员称为贴鱼[3]、大小若肥沙丁鱼之小鱼，于鱼尾系一根极细小绳，长30至50西班牙咩[4]，绳之长短依需要而定，复将小鱼扔至海中。小鱼能于海中寻找海龟，及至便贴于海龟腹部之壳。印第安人估算时辰已到，便慢慢收紧绳缆，终能将一担重之海龟宛若拖拉一小南瓜般从海中拉出。小贴鱼无论贴于何处，但凡贴上，便不复脱开，唯将其弄碎。印第安人便以此法抓获众多海龟，一步一捕，终了便宰杀之，出肉能及百头奶牛。某日，三四百印第安人抵达我处，抬来如许海龟肉，向吾等出示。前述言及印第安人于海中围出渔塘，养育

---

[1] 原文 arroba，1阿罗瓦合11.5千克。
[2] 原文 quintal，1担合46千克。
[3] 原文：vez reveso。
[4] 原文 braza，1西班牙咩合1.6718米。

鲻鱼；于此片小岛之间，其人亦用芦秆做成围栏，将五百至千海龟围拢，任其逃脱不得。

除此之外，古巴岛上亦能于各处目击与木薯饼有关之作坊，古巴岛食物及日用物产之丰富，西印度群岛别无一处可与之相比。

第二十三章
与古巴岛有关之事物

如前已述古巴岛之规模、地理、特点及其物产，以下将依照前述，言及该岛居住之人群。

古巴岛最初居民与卢卡约人[1]居住之众岛屿上本土居民相同无异。哥伦布发现古巴岛人并与其交往多日之后，察觉彼等异常简朴，平和善良，赤身裸体，不知伤害他人，彼此善意相待，此点于第一卷已有甚明确之阐述。及后，主要乃自西班牙人役使并压迫伊斯帕尼奥拉岛之本土居民后，该岛居民有迁去古巴岛者。到达后，彼等或自愿或被迫便于古巴岛定居下来，并开始统治古巴岛前述提及之西波涅人（ciboneyes，倒数第二个音节发长音）。据吾等当时估计，伊斯帕尼奥拉岛人移居古巴岛尚未满五十年时间。

渐之，能见之古巴岛本地人即已与伊斯帕尼奥拉岛人相差无几，但西波涅人除外。古巴岛人如前文所述，非常谦恭朴实，拥有自己之国王与首领，每村庄均有二百至三百间家屋，每屋住人甚多，恰似伊斯帕尼奥拉岛此地之习惯。人们和平相处，未曾记得听闻或目击村庄间之械斗，或头领间发生战争。恰如我之所记，其食物及日需物品非常充足，有很多作坊，皆很整齐，任何物件均皆充足，吾等亦因此得以果腹，上述皆我等亲眼所见。

我尚言及，古巴岛印第安人之舞蹈和歌曲，比之伊斯帕尼奥拉岛更为轻柔，歌唱更嘹亮悦耳。彼等并无宗教，故并无寺庙、偶像及祭品，亦全无偶像崇拜之属，唯有如我于《辩护史》一书

---

[1] 原文：los Lucayos。卢卡约人是加勒比海水域巴哈马群岛的本土居民，如古巴岛上的西波涅人一样，是泰诺人（taínos）的分支。

中提及之如伊斯帕尼奥拉岛所有之方士（sacerdote）、巫师或医生。印第安人以为，此等人可与魔鬼对话，或使魔鬼为其解答疑难，答复彼之许愿。为了具有资格目击魔鬼显灵或与魔鬼对话，此等人有能力连续三四个月或更长时间禁食。其间他们并不进食，唯喝些许草叶汁，维持生命，以保灵魂不离躯体而去。直待其以饥饿自残、自我折磨至瘦骨嶙峋之际，即获资格与能力，使地狱之魔鬼显灵，且与其对话。魔鬼值显灵之际，亦能回答质疑，所谓天气如何、疾病能否痊愈、是否能有子嗣、已生之子能否存活，以及诸多所提之问。此等人即为彼等之神，一如世上诸不识真正上帝存在之国度流行之习俗。人皆惯于借若干男女巫师乃至方士，彼等称之"男皮蒂奥"（pythio）或"女皮蒂奥"（pythia），后者与魔鬼达成协议，魔鬼或附其身，或为显灵。如此，彼等从魔鬼处得知答复，通过自然手段或凭借经验，借魔鬼之口告知求祈者即将发生之事，譬如几日后将可降雨，诸如此类。需指出，魔鬼向来善于拉拢异教之徒，将其驭为主要或直接之工具，继而行骗于其他之众。魔鬼之笼络异教徒，皆挑选有迷信倾向者，于百般行骗、获得彼等之信任后（求主宽恕其之罪过），让其与己达成明确或不言而喻之合约，强迫彼等就范且唯命是从。我在《辩护史》中于此多有论述，揭露魔鬼如何以此种方式凭借奸诈、狡猾、欺骗以操纵人类。

如世上一切无助之族群，古巴岛之印第安人出于天性，出于信念，通过这些人（伊斯帕尼奥拉岛与古巴岛人用彼等语言称其为"贝侬克"，behiques，中间之音节发长音）于当地人中传迷信，行算命，以枝条为器，张扬偶像崇拜。我辈当时尚处在深入了解印第安人之阶段，尚未为之疗救。昔日于伊斯帕尼奥拉岛，亦曾有这等人士，我已于上述书中言及于此。古巴岛之"贝侬克"，或曰方士、医师，以吹气之法，或其他仪式，甚至自牙缝说话，如此给人治病。

西班牙人则以印第安人迷信且与魔鬼交流为借口，对印第安人施以亵渎，认为因印第安人迷信，自己便更有权力窃夺印第安人之财产，压迫乃至杀害印第安人。印第安人上述缺陷，源于古老异教之盲目、错误、迷信及偶像崇拜造成之极大无知，西班牙当年所陷之愚昧也并未在其下。此类无知，吾辈昔日并未能避之，今日亦常见于我方人员，且与巨大之恶意相伴，恶意与无知被彼等利用来伺机为其残暴行径加以辩护。诸君须知，本应思考之问题是：凡教理与上帝之箴言缺失之地，其居民无论如何文明、聪慧，乃至身为基督徒，终将被遗忘并日益堕落。诸君可凭经验知晓，凡经常实施布道之地，人多能克制欲望，守身谨慎，处于良好秩序之中；布道愈多之地，人之行为亦可愈善。然于罕行布道或毫无布道之地，其人之大部放荡、散漫、礼崩乐坏，渐之其心灵对精神事物丧失敏感，宛似牲畜野兽。若上帝不欲庇护某个民族，其给予之最大灾难与鞭挞，即为不许其听到上帝之言语与布道；上帝乃借先知之口威胁道："我将为大地降下饥荒，此非面包之饥荒，而系上主言说之饥荒"云云。[1]

因之，对印第安人上述缺陷无须惊讶，亦不应厌恶，因上帝之恩惠与教理未达之处，人有缺陷或有罪孽并不值惊愕，反之若无此罪孽缺陷，倒是有理由和原因感到恐慌。

古巴岛印第安人对于上天及其他事物乃被创造一事，有若干了解，其曰三人创世，其中一人来自某地、另一人来自某地云云，均属大谬之语。我告之彼等，其三人乃呈现为三位一体之真正上

---

[1] 原文系拉丁文：*Mittam famem in terram, non famem panis, sed audiendi verbum Dei.*

帝。彼等亦听闻洪荒，亦知道洪水曾使世界毁灭。彼地七十余岁长者均云，曾有一男子得知洪水即来，便造大船，自己登船，并将家人牲畜搬上。遂后其送出乌鸦一只，唯乌鸦因食腐烂之尸体，未能归回。其又送出一鸽，鸽子后唱歌飞回，且携回一有叶之枝，此叶看似奥沃（hovo）[1]之叶，又并非奥沃。此男子离船之后，用古巴有之山葡萄酿酒。该男子生有两子，一日该男子酒醉，一子嘲笑，并对另一子曰："我等径直过去收拾他吧。"（Echémonos con él）然此子责备其兄弟，并以物为父亲遮盖身体。男子酒醒后，知一子无耻行径，即加以诅咒，并祝福另一子。古巴岛之印第安人乃为嘲笑其父之子后代，因而身裸不衣；而西班牙人乃是未曾嘲笑乃父之子后代，因而均穿着衣服，并且骑马。此番话系某七十余岁之印第安人讲与西班牙人加夫列尔·德·卡夫雷拉（Gabriel de Cabrera）听之。起因如下：某日，卡夫雷拉与此印第安人口角，辱之为狗；印第安人云："你为何与我口角，且辱我为狗？吾等难道并非弟兄？汝辈祖先造大船避洪水之男子一子，而吾辈祖先乃其另一子。"此印第安人后又当着众多西班牙人之面如是理论，其主人，亦即卡夫雷拉，将此等话写入书中，公之于众。多年之后，他本人对我讲述了此事原委。彼乃谨慎诚实之士。

由于遭受了与本伊斯帕尼奥拉岛相同之经历，古巴岛之习俗与法律延续时间不长，无论最初抵达古巴岛之吾辈，抑或蹂躏了古巴岛之后来者，对此均不了解。唯可十分肯定者，我等初抵彼岛之时，印第安人与其首领及国王正平和有序生活在彼等之村庄，恰似远古时期古罗马人最初之生活于"国王手下"[2]，并无法律，自

---

[1] 原注"De haya"，即欧洲山毛榉。
[2] 原文为拉丁文：manu regiu。

我管理，一切依仗国王之意愿与开明，彼时该岛之印第安人即如此生活在正义与和平治下。

如居民之间能和睦相处，每人均对自己生活感到满意，此即一王国、一城市，或一村庄存有公正并实施公正管理、民风淳朴之明证及迹象；盖因据亚里士多德及圣奥古斯丁于其《上帝之城》一书第二卷第二十一章中所言，若缺乏公正，任何人群即便一家人，亦不能长久生活于一处。我等所见伊斯帕尼奥拉岛、古巴岛及其他西印度群岛之印第安人，于大村大镇聚众而居，即便我等对其了解有限，仍有理由推断，彼等原来或生活于其长者之公正治下，抑或彼等天性如此，不会冒犯伤害他人。

我于《辩护史》中提到，伊斯帕尼奥拉岛、古巴岛、圣胡安岛、牙买加岛四岛以及卢卡约岛之居民，并无吃人肉、反自然之罪孽、盗窃及其他恶习。对于食人肉这第一点，至今未有任何人相信。而对第二点即反自然罪孽，凡接触过并了解印第安人群者，亦均不相信。唯有奥维多[1]，对他从未见过亦从未了解之事所写之历史，自吹自擂，将令人作呕之恶习，强加于他并未目击之印第安人。他声称印第安人均为鸡奸者，措辞如此轻巧与信口雌黄，宛似说印第安人之肤色比西班牙人稍深一般。我所述之事，均属真实，我曾于古巴岛生活多年，见过亦认识许多印第安人，我同西班牙人，以及同与哥伦布一起初次踏上该岛之西班牙宗教及各

---

[1] Gonzalo Fernández de Oviedo y Valdés（1478—1557），西班牙殖民主义首领，1513年首次作为"黄金冶炼督察员"（veedor de la fundición del oro）到达美洲的达连（今巴拿马连接哥伦比亚北部一带），后数次赴美洲担任殖民地官职，并被任命为宫廷史官。他本来打算写一部野心勃勃的美洲百科全书，其著述 Historia general y natural de las Indias 虽然细腻地刻画了当地的自然风貌，但他坚决维护殖民主义事业，用恶毒语言描述印第安人，是拉斯卡萨斯的主要论敌。

类人士均曾交谈，亦包括身在哥伦布首航之列之我父[1]。然我从未听说，从未疑惑，亦从未感觉他人说及、猜疑或感觉到印第安人有此恶习。此外，即使西班牙人说些什么，印第安人不懂我辈语言，对其所云亦无有感觉，对我西班牙人亦从未怀疑。我反而几次听闻那些压迫过印第安人，并最终杀害印第安人之西班牙人说过："啊，这些人若是基督徒该是何其善良之辈！"此类西班牙人深知印第安人本性善良，并无恶习。当我曾有意了解此事并向可能了解并猜疑印第安人有此恶习之人询问时，彼等总答曰，不记得有此恶习，或从未猜疑有这类恶习。我曾询问过之人中有一老妇，她乃印第安人，做过酋长或首领，与第一批抵达彼处之一名西班牙人结婚。一次当我为她做忏悔时，尝试问她于西班牙人抵达之前，当地男人是否有此恶习或污点，她答曰："神父，并无此事。若印第安男人干此等事情，我等女人会将其一口口吃掉，此种男人亦无法活至今日。"

我等在古巴岛，唯见过一印第安男子穿女人裙子，自腰及膝。那时我等稍有怀疑其是否与此恶习有关，但我等未去调查。抑或可能那印第安人与其他一些印第安人从事女人活计，因而着装如斯，但并非出于那类可憎目的。希波克拉底[2]和盖伦[3]曾描述过某些西徐亚[4]人，因经常骑马而患病，为治病，曾从身体某些部位

---

[1] 原文："……traté con los españoles y con religiosos y españoles que con el primer Almirante la primera vez vinieron, y con mi mismo padre que con él entonces vino……"。根据一些资料（如 Manuel Giménez Fernández, *Breve biografía de fray Bartolomé de Las Casas*,p.8），拉斯卡萨斯的父亲1493年参加了哥伦布的第二次美洲航行。所以，上述引文里的 entonces 也可以做模糊理解。
[2] Hipócrates，古希腊医师、西方医学奠基人。
[3] Galeno，即 Claudio Galeno Nicon de Pérgamo，古罗马时代影响了整个医学史的希腊医学大师。
[4] 原文：cithio。可能指 scythians，有译为西徐亚人、西古提人，一般指斯基泰人，公元前8世纪至公元前3世纪的草原游牧民族。

之静脉血管放血，结果最终无法如男人般与女人行事。知晓自身此缺陷后，彼等便日渐改变习惯，从事起女人活计，然不是为了其他卑鄙目的。在古巴岛和西印度群岛其他地方，如有此类人，便可能出于此种原因，或因固有之风俗习惯等，但均非出自卑鄙目的。

奥维多断言，古巴岛、伊斯帕尼奥拉岛之印第安人均为鸡奸者，更有甚之，他还将整个西印度居民包括在内。我确信，此等言论如果述之以书，今日无论他身在何处，其所书写之内容均应令他不安，愿上帝令其良心遭受谴责！他严重诬陷这些岛屿乃至整个西印度之印第安人，诽谤他们罪孽深重，称呼彼等为畜生。言及印第安人，奥维多但凡张口，便恶意伤人，这些诋毁几几乎传遍世界。数天前他胆大妄为所出版之《历史》[1]，乃是虚假之历史，却使世人遭误导而加以信任。其制造之巨大伪象及围绕印第安人所散布之众多虚假言论应使他愧对世人之信任。可叹如今世人，凡印刷之物，不论内容，只需新颖有趣，迎合其世俗心理，支撑俗见，便不假思索；唯因其一向之习惯，乃宁信其恶，不信其善。若奥维多《历史》一书于书眉明记该作者曾如何征服、掳掠、残害印第安人，如何将其驱至矿山劳作致死，乃印第安人残暴之敌，恰似人所传云，其本人亦已自供，则至少对明智者及谨慎之基督徒而言，其书乃无可置信且毫无权威之作。

---

[1] 即 Gonzalo Fernández de Oviedo 所著 *Historia general y natural de las Indias*，贡萨洛·费尔南德斯·德·奥维多：《西印度通史与自然史》。

第二十四章
古巴岛居民之品质

如我前文所述，古巴岛印第安人如伊斯帕尼奥拉岛人一样平和善良；我以为，不妨说于此一点上超过了伊斯帕尼奥拉岛之居民。我于第一卷中提及，值哥伦布及与他同行之基督徒发现这一土地之时，国王为他们提供住处并款待他们多日，不知尚有什么比此更能说明印第安人之良好品质。同样如我于第二卷第六十章描述，当阿隆索·德·奥赫达[1]一行自大沼泽地半死不活爬出之际，古巴岛库埃依瓦省或村（Cueíba）之印第安人曾如何善良、慈悲地将其收留。印第安人本可将彼全数杀死，且不留痕迹；而哥伦布于圣诞节港（puerto de la Navidad）丢失船只之时，瓜卡纳加里国王亦本可将他杀掉。

古巴岛印第安人亦如此对待安西索学士[2]、萨穆迪奥及瓦尔迪维亚[3]。当时安西索被逐出（南美：译注）大陆，如人们所形容，他唯余一只船，几名船员，异常孤独落魄。玛卡卡（Macaca，中间音节为长音）省抑或村之一名酋长或国王特别将其亲切收留。若我记忆不误，此村位于南海[4]之岸，其地有一港口，距圣地亚哥15到20里。此国王或酋长自称"指挥官"[5]（他用此名字之缘由容留后述），他及其属民为安西索一行人做了诸多好事，即使安西索家人亦不可及。在安西索之前来此地之西班牙人（当时所有自大陆来

---

[1] Alonso de Hojeda，1466—1516，西班牙航海家、殖民者、政治家，因在最初的两次探险活动中"发现"并命名委内瑞拉而闻名。
[2] 安西索学士，参阅第4节"归顺令"，第56页注释[3]对其人的注释。
[3] 原文：Zamudio，Valdivia。后者可能指Pedro de Valdivia,1500—1553，智利"征服者"。
[4] 原文 mar del Sur，指太平洋。
[5] 原文 Comendador，指拥有"委托封地"的军事集团长官。

此之落魄之辈均于古巴岛靠岸）皆受到相同待遇。其时有一海员患病，我猜他因不能与他人同行乘船赴伊斯帕尼奥拉岛，便滞留于上述酋长之上述村庄。

此船员学了些许印第安人语言，他以其所知基督教知识，为酋长及其属民讲了有关上帝之事，曾专门教彼等信仰圣母，告之圣母乃上帝之母，并于生育之后仍为处女。船员将随身所携画于纸上之圣母像示于印第安人，酋长向他要圣母像，他反复为众人念诵万福玛利亚之祷词，劝导酋长建一圣母教堂。教堂得以修建，里面尚有一祭坛，后日彼等尽其所能，用棉制品等将圣母教堂装饰一番，并在教堂内摆放诸多盛有饭与水之罐子，以为圣母无论日夜一旦饥饿便需食饮。此海员尚教酋长及其属民每日早晨与下午问候圣母，向之祈祷。酋长携众人入教堂后双膝跪地，垂首合掌，虔诚念云："万福玛利亚，万福玛利亚，圣母玛利亚，帮助我等吧！"彼等人多之际，除此几句，并不会齐声念诵其余祷辞。海员痊愈之后，亦来伊斯帕尼奥拉岛，但印第安人却将这一习惯延续下来，圣母崇拜与诵祷念经持续不断。后日，值安西索学士与其他西班牙人去该村时，自称"指挥官"之酋长对其欢颜携手，将其领至圣母教堂，酋长指圣母像曰，她太伟大，曰彼等均热爱她，唯因她乃上帝之母，圣母玛利亚。酋长及属民对圣母极为崇拜，为圣母创作了甚多歌曲舞蹈，遍遍歌诵圣玛利亚。据安西索言，印第安人目睹圣母为其所创造之显迹，于是与过去有隙之村庄言归于好。

佩德罗·马蒂尔[1]在其《年代之二》（Década 2.）第六章写给

---

[1] Pedro Mártir，即 Pedro Mártir de Anglería，意大利裔西班牙学者（1459—1528），受"发现"美洲的启发，写作了系列篇《新世界年代》（*Décadas de orbe novo*）。

教皇利奥十世信中，亦提及上述情况，此乃他于巴利亚多利德[1]听闻之于安西索本人。……[2]

酋长之"指挥官"一名乃有如下缘起：他听闻西班牙人云，经洗礼成为基督徒乃甚为有益，于是要求洗礼。我不知谁予之洗礼，唯闻洗礼中将为之起名时，他问及统治伊斯帕尼奥拉岛之大首领姓名。人告之曰"指挥官"，他即说，我亦欲求此名。由此看来，阿尔坎塔拉（Alcántara）大指挥官统治伊斯帕尼奥拉岛时，古巴岛之酋长已是基督徒。这应属1508年之事，塞瓦斯蒂安·德·奥坎波曾于那年派遣该大指挥官沿古巴岛测量、航行，其时尚不知古巴乃是岛屿抑或大陆，因为1504年哥伦布曾意图绕古巴岛航行，除此之外，1508年前并无人涉足其地。抑或哥伦布曾于1504年抵达其土，让人为印第安酋长施洗，因其随行人员中有随军神父，神父为之取了基督徒名字，后日，酋长又按阿尔坎塔拉大指挥官之名为自己取了姓名。然而我以为此事不大可能，因哥伦布于1504年抵达古巴岛时，正为暴雨风向之不利而纠缠。1508年后，除远征军副统帅（哥伦布之子），再无其他大指挥官统治过伊斯帕尼奥拉岛。情况亦可能如下，即1509年后从大陆地区来此之某个神父，亦可能系某一世俗人士，大胆为该酋长施洗，又因酋长喜欢大指挥官之名，遂为其如此命名。

我已论及，古巴岛之印第安人生性善良，彼等不仅款待阿隆索·德·奥赫达和安西索，亦款待所有于其前或之后自南美大陆涉渡来岛之西班牙人。由此可见，佩德罗·马蒂尔所云情节显然与事实不符。须知，当科尔梅纳雷斯（Colmenares）与凯塞多

---

[1] Valladolid，西班牙地名。
[2] 此处引用了佩德罗·马蒂尔在致教皇此信之结束处的一段文字，为拉丁文，本节译文略去。

（Caicedo）这两个检察官[1]（彼等系自达连被派至卡斯蒂利亚[2]），抵达古巴岛时，于海边发现了巴尔迪维亚[3]被巴斯克·努涅斯[4]第二次派至伊斯帕尼奥拉岛时所乘之三桅帆船，船之碎片浮于水中。彼等由此判断，系印第安人杀害了船员；然实乃船只可能于海洋之中迷失方向，事实抑或如我猜测，船只迷途，人员溺死，其后暴风雨将船吹至后来被发现之位置。

即使古巴岛印第安人确实杀死了巴尔迪维亚及手下船员，即使假设前述库埃依瓦村之印第安人杀死了阿隆索·德·奥赫达等人、名唤"指挥官"之酋长及其手下杀死了安西索一行以及所有此前抵达彼处之西班牙人，那么，印第安人之所为亦属正义。彼等将这些西班牙人作为享有残忍专横恶名之人杀掉属正当行为。对彼等西班牙人，印第安人早有听闻，知悉彼等摧毁了伊斯帕尼奥拉岛及卢卡约等诸多岛屿，正是为躲避西班牙人所行之专制与恐怖奴役及其压迫杀戮，这些岛屿之印第安人方逃至古巴岛。此间情委，本书第二卷第六十章已有说明。综上，印第安人有十足理由害怕西班牙人必会同样对待他们，其后西班牙人所为也确如此，彼等陷偌大古巴岛于荒无人烟，其行径与在伊斯帕尼奥拉岛如出一辙。古巴岛之印第安人本可毫不费力便将西班牙人杀尽，然彼等并未如此行动。此亦说明，非如某些人之判断，古巴岛印第安人并未杀害巴尔迪维亚和尼奎萨[5]。

---

[1] 原文：procurador。
[2] 原文 Castilla，似指中美洲原称 Castilla del Oro 的一片地区。
[3] Pedro de Valdivia, 1550—1553，主要在南美探险和"征服"的西班牙殖民者。
[4] Vasco Núñez，即 Vasco Núñez de Balboa，1475—1519，西班牙探险家及"征服者"，第一个看见太平洋东海岸的欧洲人。
[5] 即 Diego de Nicuesa,1478—1511，西班牙探险家及"征服者"，曾与拉斯卡萨斯在 1502 年同船到美洲，1510 年至 1511 年任中美洲地区贝拉加 Veragua 第一任长官，其死因疑似与西班牙殖民者间的冲突有关。

佩德罗·马蒂尔尚云，之所以未找到尸体，系因凶手将尸体抛之海中，或喂食附近海域之食人族加勒比人[1]。此话毫无事实根据，如确有此类加勒比人存在，也从未发现其从居住遥远之瓜达卢佩（Guadalupe）与多米尼克（Dominica）海域，下行而至古巴岛。瓜达卢佩与多米尼克乃位于圣胡安岛（San Juan）以东，我以为，其族甚至并未下达伊斯帕尼奥拉岛左近，至多偶尔至此现身。其向佩德罗·马蒂尔报告此事之人，乃信口胡言，随意猜想。

奥维多笔下诸多有关古巴岛印第安人恶劣习俗之描写，均非他亲眼所见，他一贯如此。我乃第一批到达古巴岛之人，并于彼地滞留数年时光。我从未见到，亦未听人言及有人曾见过此类恶俗。本书已述并将再度言及，古巴岛乃于极短时间内即被野蛮摧毁，因之印第安人无有可能在此段时间表现彼等习俗，西班牙人亦不可能于此间目睹之。自我等西班牙人踏上古巴岛，岛上居民无一日喘息，他们每日劳作不歇，精疲力竭，余下时间唯能呻吟，哀叹其不幸与灾难。奥维多云，值某人结婚时，其首领、要人、平民、下层人及所有被邀请宾客，都将先于新郎，与新娘交媾。我以为，告之奥维多此情之人并未说实话，因当时根本无暇令印第安人表现此一习俗。即便属实，世上确有一些古老国度，因不知上帝之存在，而有如斯习俗，如我于《辩护史》全书逐一辟析。因而，于某些不识上帝教义及恩典之人身上，即便发现如此缺点，或其他诸类更严重之缺点，亦不足为奇。

---

[1] 原文：caribes que comen carne humana。加勒比人，西班牙人抵达时居住在小安的列斯群岛和南美北部一带的本土居民，相传为勇武的部落，其食人肉的传闻并不能得到普遍实证。现当代英语中概念化了的"食人生番"（cannibal）一词很可能经西班牙语为中介、源自这个美洲词语的本土发音。这也许是殖民主义、种族主义染指语言的一个例子。

评述

这一节文字是第三卷第二十二、二十三、二十四连续三章的全译，均围绕古巴岛。

拉斯卡萨斯在第二十二章开头的一段话清楚地说明了专题写古巴岛的出发点：

在言及西班牙人抵达古巴岛及在古巴岛之所作所为前，似应先描述该岛之规模，其地理、外貌、性质、物产，以及其本土居民之习俗与宗教。《西印度史》一书未铺陈伊斯帕尼奥拉岛之上述细情，唯因需占甚大篇幅，而《辩护史》一书具体描述过伊斯帕尼奥拉岛，亦泛泛介绍过古巴岛；因之，在此我们将细致地介绍古巴岛之情形。

《荒野的喊声》之序解释过《西印度史》和《辩护史》由原来的一部书分为两部书的原因。《西印度史》是一部编年史，《辩护史》是一部对印第安文明进行全面描述和辩护的单卷巨著。为了弥补读者无法了解《辩护史》的缺憾，这里选译的对古巴岛的全面描摹也可以看作一个微缩的《辩护史》。

顺便说及，拉斯卡萨斯1502年抵达美洲，1547年最终返回西班牙，半生身处美洲大陆，步履抵达伊斯帕尼奥拉岛（今海地岛）、古巴岛、圣胡安岛（今波多黎各岛）等加勒比岛屿、北美墨西哥、南美北部（今委内瑞拉、哥伦比亚一带）、尼加拉瓜、危地马拉等中美洲一带，其中尤以伊斯帕尼奥拉岛和古巴岛为长期生活、最为熟稔之地。在居住三年之久的古巴岛，他目睹殖民入侵者对本土居民的血腥屠杀，致使彻底改变立场，因而，他在特殊的意义上对古巴岛"情有独钟"。

自"新大陆发现"以来，洋洋洒洒描写"新大陆"新奇事物的各种史书接踵出现。拉斯卡萨斯在第二十二章里勾勒了古巴岛的自然风貌：以图形说明的各处天然良港、晨曦中冉冉升腾的安息香树气味、绵延三百里的山葡萄、少年利用鸟类共情巧捉鹦鹉、须三四百人抬扛的巨型海龟等，描述之详尽，观察之细腻，文笔之流畅，说明他深谙流行的套路。但是，即使是描写自然，拉斯卡萨斯的字里行间满溢赞美、温情和善意，结尾一句"古巴岛食物及日用物产之丰富，西印度群岛别无一处可与之相比"，显然是为描写日后该岛的"毁灭"做铺垫。

拉斯卡萨斯还远远未能预见到，被殖民主义者利用美洲"天时地利"造就的"种植园经济"，将对整个美洲大陆造成难以复苏的环境史上的浩劫，乃至与革命史之间产生怪圈般的纠缠与死结。

接下来的第二十三章开始写"人"。彼时不少史家也写人，但或像写作了《卡斯蒂利亚人在大洋海各岛屿及大陆地区的活动通史》首席宫廷史官安东尼奥·德·埃雷拉，把卡斯蒂利亚人当作主角，或像贡萨洛·费尔南德斯·德·奥维多[1]等人一样，把印第安人当作"物"，归于"自然"部分描写；或猎奇，或诋毁，即便被研究者充分肯定的贝尔纳迪诺·德·萨阿贡[2]，也明确表示，了解印第安文化的意图就是为了传教。萨阿贡曾组织他的印第安人学生在实录墨西哥城陷落后幸存者口述的基础上于 1555 年写成《新

---

[1] 上文已提及，奥维多为宫廷历史学家，著有《西印度通史与自然史》，因本《荒野的喊声》第 8 节将对他专做评述，此处注释从略。
[2] Bernardino de Sahagún, 1499—1590，其人真名为 Bernardino de Rivera, Ribera o Ribeira，方济各会教士，用墨西哥印第安人的纳华语和西班牙语写了许多书。

西班牙事物通史》(Historia general de las cosas de Nueva España)。但是用萨阿贡自己的话说,他描写印第安人的风俗的目的是:

> 为了于宣教中击败偶像崇拜,为了解它们是否确实存在,也必须知晓彼等在行偶像崇拜之时如何操作,如若对此不知,一旦彼等于吾等面前大搞偶像崇拜,吾等也将浑然不知。[1]

拉斯卡萨斯在第二十三章前几段对印第安人和平村落的描写完全是为了用事实印证古代圣贤关于"公正社会"的论断,他用多年亲历证明"上述皆我等亲眼所见"。他认为是殖民者搅乱了原有秩序,殖民者迫使伊斯帕尼奥拉岛居民离开家乡,来到古巴岛,而后续抵达的伊斯帕尼奥拉岛人又欺负了古巴岛原始居民西波涅人。

论及岛上印第安人中存在巫师巫术等"生活习惯与信仰",拉斯卡萨斯分析:

> 印第安人上述缺陷,源于古老异教之盲目、错误、迷信及偶像崇拜造成之极大无知,西班牙当年所陷之愚昧也并未在其下。此类无知,吾辈昔日并未能避之,今日亦常见于我方人员,且与巨大之恶意相伴,恶意与无知被彼等利用来伺机为其残暴行径加以辩护。

在另一处提及被奥维多污蔑为恶习的新婚夜风俗时,拉斯卡萨斯也为印第安人做了类似辩护;此类辩护每每以"世上确有一些古老国度"的平等态度开头。

对此,刘易斯·汉克认为,拉斯卡萨斯比"进步论"之父

---

[1] 引文参阅 Enrique Domingo Dussel, *El encubrimiento del otro, hacia el origen del mito de la modernidad*, p.96。

让·博丹[1]更早意识到这一现代理论。汉克还提及，约翰·巴格内尔·伯里[2]在1932年出版于纽约的《关于进步的思想》(The Idea of Progress)一书中，将拉斯卡萨斯的理论与16世纪占统治地位的思想进行了极为重要的比较。

对印第安人食人肉、鸡奸等殖民者渲染的所谓反自然恶习的驳斥，仔细读来，言辞有理，逻辑明白，并可从中再次读到拉斯卡萨斯注重第一手资料的调查研究方法。尤其是对所谓"鸡奸"恶习的澄清，因为这是殖民者中伤本土居民以便造成侵占有理的主要依据之一。

如果我们再仔细一点阅读，会发现，拉斯卡萨斯在澄清了对印第安人的无理污名后，转而谴责西班牙人的"无知"和"恶意"，并认为：

凡教理与上帝之箴言缺失之地，其居民无论如何文明、聪慧，乃至身为基督徒，终将被遗忘并日益堕落。

也就是说，文明的基本标准是仁慈和公正，而不是其他，正像后世秘鲁人冈萨雷斯·普拉达所说：

哪里没有正义和仁慈，哪里就没有文明；哪里宣布生存竞争是社会法则，哪里就充斥着野蛮。如果保留着一副老虎的心肠，获得亚里士多德的智慧又有什么用呢？如果长着一颗猪的灵魂，像米开朗琪罗一样有艺术天赋又有什么意义呢？将艺术或科学之光洒满大地，不如让仁慈的蜜汁渗入大地腹心。如果在一个国度

---

[1] Jean Bodin，其名法语为 Juan Bodino Jean Bodin，16世纪著名法国哲学家、法律学家、政治学家、经济学家。

[2] John Bagnell Bury，1861—1927，英国历史学家、文献学家。此处内容参阅 Lewis Hanke, *Bartolomé de Las Casas, letrado y propagandista*, p.75。

里，行善已从义务变成习惯，仁慈的行为已成为一种本能的反应，这样的社会才能被称为高度文明的社会。[1]

这是古今有识之士对西方中心论和线型历史发展观的前瞻性批判。

本节可以看作展示《辩护史》的一个微缩例子。《辩护史》融870页文字于267个章节中，外加许多边注。拉斯卡萨斯运用丰富的知识，将印第安文化与古希腊、古罗马文化进行比较，不时肯定前者的优越性。但是，据刘易斯·汉克所统计，至20世纪中叶，《辩护史》是"最不为人知、阅读最少"[2]的一部书。随着欧洲中心论的被批判，《辩护史》又被学术界赞为"第一部比较民俗学""比较文化人类学"的范例。

如果人类学这个学科真有存在理由，那么，《辩护史》就是一部最早诞生的"被压迫者的人类学"——就像20世纪60年代在这块美洲的土地上最先诞生了"被压迫者的教育学""解放神学"……

第二十三章译文中还有一点可评之处：

拉斯卡萨斯对印第安人关于"三位一体""诺亚方舟""诺亚的两个儿子"的口述抄录，可以看作印第安人对基督教文化的再造，亦可借此揣摩文化的"平行比较"[3]可能；而印第安人利用基

---

[1] 引自González Prada（冈萨雷斯·普拉达，1848—1918，秘鲁诗人、散文家，政治家），*Nuestros indios*（《我们的印第安人》），原文载于1908年在利马出版的《斗争的时刻》报（*Horas de Lucha*），转引自《关于拉丁美洲的思想》（Coordinación de Humanidades de la Unión de Universidades de América Latina: *Ideas en torno de Latinoamérica*, UNAM, México, 1986）。

[2] Hidefuji Someta, *Apología e historia: estudios sobre fray Bartolomé de Las Casas*, p.133.

[3] 比较文学中有"影响研究"和"平行研究"之说，前者指有传播渠道的类似，后者指在不同区域发生的无客观联系的人类共性现象。

督教传说对辱之以"狗"的西班牙人的反戈一击既真实，又是一则黑色幽默。

这类可能被"学者"们在显微镜下当作文化"碰撞"实例（case）研究的细节，是拉斯卡萨斯丰富阅历中的点滴；无心做学者状的修士，念念不忘的是他的"辩护"使命。不能说"学者"没有搜集与积累资料的功劳，但比起拉斯卡萨斯的人格，两者间的区别在于前者缺少人情，当他们把研究对象物化的同时，自身也陷入了异化。

第二十四章连举三例说明印第安人"待人宽厚"。关于西班牙船员死亡一事，拉斯卡萨斯不仅分析情况，做出并非印第安人杀害的结论，并且勇敢地提出"即使系印第安人之所为亦属正义"的、建立在道德与逻辑基础上的结语。这种站在历史高度对印第安人"造反有理"的辩护在《西印度史》中有多处例证。

结束这一节评论之际，可以引述秘鲁解放神学家古斯塔沃·古铁雷斯的一段结语：

拉斯卡萨斯的一生是一场巨大的努力，他试图从印第安人的视角出发，这就意味着承认印第安大地上的居民是与西方人不同的人群，他们的特性应该受到尊重，他们的声音应该被倾听，他们认识事物的方式应该被理解。也许正因为他做出了这样的努力，许多世纪以来他被许多本国同胞看成是一个怪人。努力站在印第安人的角度，使他远离了自己周围的同胞，但或许使他接近了遥远的印第安国度，使自己成为后者的邻人。[1]

---

[1] Gustavo Gutiérrez: *En busca de los pobres de Jesuscristo: El pensamiento de Bartolomé de Las Casas*, p.41.

7

"这事就发生于即将烧死酋长之前"
——阿图埃伊酋长

《西印度史》第三卷 第二十一章、第二十五章

"当酋长被绑上木桩,即将遭遇火刑之时,一方济各会教士对其说,他最好于死前接受洗礼以便作为基督徒死去;酋长答曰:'何以要如基督徒般死去,他们是坏人。'神父则答道:'作为基督徒死去可上天堂,于天堂可常见天父之容颜,享受欢愉时光。'酋长再问道,基督徒也上天堂吗?神父答曰好基督徒上天堂。最后酋长说不愿意去彼处,因为彼处乃基督徒所去并生活之处。这事就发生于即将烧死酋长之前,接着,他们点燃了柴火,将其烧死。"

——《西印度史》

译文

第二十一章

在讲述迭戈·贝拉斯克斯[1]一行人出发与旅途上之情形前，有必要先叙述古巴岛上所发生之事。谈及古巴岛，我们须知，由于受到西班牙人之迫害与折磨，此岛[2]上之印第安人如我于第二卷所述，能逃亡者均已逃往山中，能藏匿于大地腹心者，也均纷纷藏匿。由于伊斯帕尼奥拉岛之瓜阿瓦（Guahaba）地区离古巴岛最近，从一头至另一头仅18海里[3]，许多印第安人均乘本书第一卷中提及之木头小船，逃至古巴岛。

在来自瓜阿瓦地方之逃亡者中，有一当地酋长，其印第安语之名为阿图埃伊（Hatuey，其中字母 e 发长音），他系一谨慎且勇敢之人。他在古巴岛上离伊斯帕尼奥拉岛端部或岬角最近、一个用彼等之语言称作玛依西（Maicí，最后一音节发长音）之地，或者附近一省份，建立了基地，此举也许曾得到当地人应允，也许系通过武力，但更像曾得到应允，因为玛依西一地多数居民均来自伊斯帕尼奥拉岛，而古巴岛之原始古老居民如我于本书卷一与卷二所提及之卢卡约人一样，系真正的人类，宛如吾辈之父亚当未曾以原罪污染彼等。他们单纯之极，善良之极，无有任何陋习，

---

[1] Diego Velázquez，1465—1524，1511年占领古巴岛的西班牙殖民军统帅，古巴岛第一任总督。本书第3节注释曾有介绍。
[2] 指伊斯帕尼奥拉岛。
[3] legua marina，海里，来自古罗马的计量单位，1海里约合5555米。

127

一旦真正认识上帝,他们也将虔诚之至。古巴岛本土之原始居民便是这样,其族印第安名称为西波涅(ciboneyes,倒数第二音节长读)。从伊斯帕尼奥拉岛上逃去者,或曾得到彼等应允,或凭借武力拿下该岛,将岛上居民置于其统治之下,以其为仆,但没有以其为奴。于整个西印度,吾等从未发现或很少发现自由人与奴隶,乃至与奴隶之子在待遇上有何区别;绝大部分地区如此,除非在新西班牙[1]与其他一些地区,人们习惯于以活人祭祀其神灵,一般被献祭者系由战俘而沦为奴隶之人,然古巴岛居民并未有这种习俗。

那一阿图埃伊酋长曾从西班牙人残酷奴役下逃亡,被迫离开故土与己之领地,因而了解西班牙人习惯;由于害怕某日西班牙人会跨海及至古巴岛,他似乎常派遣一些探子,后者常给其带来故岛消息。终于他似乎得知西班牙人即将来临之决定。

获知此消息后之某日,酋长召集其全数手下,大约为武士,开始对彼等宣讲,让其回忆往昔西班牙人如何迫害伊斯帕尼奥拉岛上之印第安人。酋长曰:"你们已知使我们落难之基督徒系何等人,他们强占吾之土地,剥夺吾之权力,俘虏吾之人民,夺走吾之妻与子,杀死吾之父母、兄弟、亲戚与邻居,杀死一地或一村之国王、酋长,杀死其管理之所有臣民,毁灭其家园与族群。如若吾等未曾逃脱,离开吾之土地,来到本岛,吾等亦会被斩尽杀绝。汝等可知吾等遭遇如此迫害原因何在?可知他们何故如此行事?"众人答曰:"因为他们残忍心坏。"而酋长却答曰:"我来告之汝等原因,全因他们拥有一大人,对之极其喜爱,我来出示与汝等看。"于是,酋长取出一以棕榈叶制成之密闭小篮,这种

---

[1] 殖民时期的殖民地总督区之一,即今日墨西哥一带。

小篮在印第安语言里称"阿瓦"（haba），篮里装满或装了一部分金子。酋长曰："看，此即其拥戴之大人，他们为其效劳，对其爱戴无比，为其奔走，为其而使我们忧伤，迫害我们，杀死吾等父兄、同胞、邻里，抢夺吾等全部财产，为了这一大人，这些人追踪我们，虐待我们。汝等已听说他们要来到本岛之消息，其来此之目的即寻找这位金子大人，为寻找金子，挖出金子，他们必然让我们劳作，必然残害我们至精疲力竭，就像此辈在你我之故乡所作所为。因此，让我们在此为其大人过节跳舞吧，让其在西班牙人来后告诉他们或命令他们不要残害我们。"大家都同意，说好吧我们为他跳舞过节；于是，众人开始跳舞唱歌，直到疲惫为止，因为彼等之习俗即跳至累竭方止。从黄昏至天明，通宵达旦跳舞歌唱不息；所有舞蹈都和着歌声，就像在我们这边之伊斯帕尼奥拉岛一样。五百个到一千个男女，手足动作一致，尽管全身摇摆，毫发不离节拍，较之伊斯帕尼奥拉岛，古巴岛上之舞蹈以其歌声柔和而胜之。

一行人就这样面对装满黄金之小篮又跳又唱，直至精疲力竭。这时阿图埃伊复又对众人说道："我们绝不给彼基督徒之大人留下任何存身之处，哪怕我们将金子吞进肚肠，他们也必将之扯拉出来。因而让我们把金子扔至此河中，任其流淌于水下，这样他们复向何处找寻？"众人照此行事，把金子抛入河中，淹没于水底。此事系后来我等从印第安人处得知，且在我方西班牙人之中广为传述。

另一些关于这位阿图埃伊酋长之显赫事迹，我将于下文合适章节讲述。

第二十五章
关于西班牙人登陆古巴岛

前文已述吾等所理解之古巴岛、于岛上所发现之情景,以及居住于岛上之人群,现我将叙述基督徒登陆该岛之情形(本人未曾与彼[1]同行,而是在四五个月份之后于另一次进发中登上该岛)。

此时,迭戈·贝拉斯克斯带领其三百人马从这边伊斯帕尼奥拉岛之萨瓦那(Sabana)出发,若我记忆确切,彼等最后于1511年,在一称作帕尔马斯(Palmas)之港口登陆。此港已处于古巴岛之本土或接近本土,这里正处于前述从伊斯帕尼奥拉岛逃来之阿图埃伊酋长占据之地,如前二十一章所述,阿图埃伊曾召集居民,向他们展示基督徒所爱戴之大人即是金子。

阿图埃伊等人得知我方人员到来,并知晓其到来之后果唯有奴役、折磨与毁灭,对此彼等中许多人曾于伊斯帕尼奥拉岛亲眼所见,亲身经历。众人决定依理智于人所授采择一案,大自然亦会对动物乃至无感之物于此有所教诲,即:当其生命面临危害、死灭之际,必当——防卫。于是众人奋起,以其赤裸肚皮及弓箭之属简陋武器,进行防卫。所谓弓箭仅稍强于孩童之玩具,箭头并无毒草,或因彼地无有毒草,或因彼等不自近处射箭,唯很少情景下方自五六十步之远扣弦。他们仅自远处拉弓发射,因为其最重要之武器,即是逃离西班牙人而已,他们总避免近距离与西班牙人拼斗。而西班牙人,只要一有机会,无须鼓动亦无须教导他们如何行事。

印第安人有利之处乃是所处之整个地区均为山林,此等山林

---

[1] 应该指"征服"古巴岛的西班牙殖民者首领迭戈·贝拉斯克斯。

马匹奔驰无术。当印第安人一声长啸出迎西班牙人时，往往即被西班牙人之剑乃至火绳枪所伤，或为其马匹追及，他们唯可选之措，即逃亡并消失于可藏匿之山林中，彼等即这般行动。印第安人有时于险要山隘守候西班牙人，但射箭无果，从未杀死过人，我以为亦从未伤及任何人。如此二三月后，印第安人决意举众藏匿。于是西班牙人如往昔所做，漫山遍野对其追捕。此举被西班牙人称为"看护庄园"（ranchear），此乃西班牙人之间一著名、常挂嘴边、喜爱之至之用语。每逢遇见印第安人之群，他们都随心所欲，以利剑和匕首杀死男人、女人甚至孩童，并将其余捆绑，带至迭戈·贝拉斯克斯帐前，后者则随意将其分配予其手下，不是充作奴隶，而是将其当做如奴隶甚至劣于奴隶之奴仆永久为彼等服务。唯一不允许其将分得之印第安人再次出售，至少不可明目张胆地买卖。然而私下里，在这一地区，以不值钱之实物换取印第安人乃司空见惯之事。这些被给出之印第安人，西班牙人用一常用词称之为"物件"（piezas），如曰："我仅有如此几件，我还需要如许件数"，恰如谈论牲畜之头数。

酋长阿图埃伊于伊斯帕尼奥拉岛早已领教过西班牙人种种造孽之举，发现与其打斗无济于事，他决定谨慎从事，逃匿藏身于乱石草岗之间，备受痛苦和饥馑，一如众多为能逃脱而含辛茹苦以此方式度日之印第安人。每当捕获印第安人，西班牙人总要先询问系何许人也（他们历来先打探并处理头人与要人，断定只要头目死亡，令余人就擒便非难事）。得知消息后，众多小分队纷纷遵从迭戈·贝拉斯克斯命令，竭尽快捕之干练能事，追随其行踪之后，为此奔波多日，凡活捉印第安人，必对其加以威胁，折磨刑讯，令其告白酋长阿图埃伊藏身之处；后者纷纷答曰不知，任其拷打折磨拒不开口。最终，西班牙人从被俘者处获悉阿图埃伊之行踪，将其抓获。

西班牙人以"犯上"[1]之罪名陷酋长阿图埃伊为囚,而他从伊斯帕尼奥拉岛逃亡至古巴岛仅为活命而已;为躲避如此恐怖、残忍、暴虐之迫害,作为一位并未侵犯任何他人之当地国王与首领,他被剥夺了权力、尊严与地位及其臣民,西班牙人判决将他活活烧死。

为使这桩不公正之处决免遭神圣正义之报复,为使它被神圣之正义忘却,于处决之时曾发生一醒目而又可悲之情景:当酋长被绑上木桩,即将遭遇火刑之时,一方济各会教士对其说,他最好于死前接受洗礼以便作为基督徒死去;酋长答曰:"何以要如基督徒般死去,他们是坏人。"神父则答道:"作为基督徒死去可上天堂,于天堂可常见天父之容颜,享受欢愉时光。"酋长再问道,基督徒也上天堂吗?神父答曰好基督徒上天堂。最后酋长说不愿意去彼处,因为彼处乃基督徒所去并生活之处。**这事就发生于即将烧死酋长之前**,接着,他们点燃了柴火,将其烧死。

此即西班牙人对那些反抗者所做之判决,罪名仅系印第安人试图逃脱西班牙人邪恶且非人道之暴行,而后者却具有充分理由反抗西班牙人,消灭、杀死极其无理、凶恶残暴之首要敌人。此即那些名为基督徒或装扮成基督徒者献给上帝之荣誉与敬意,上帝以自身之血救赎其允诺之选民,赐其福祉,而他们却血染那个本可以获得拯救之教外人。阿图埃伊说因基督徒去天堂,所以他不愿上天堂。此话难道不能引申为"既然天堂被给予如此众多之恶人作为永居之所,所以定非好去处"吗?

阿图埃伊落入此情此景。当其明白西班牙人从伊斯帕尼奥拉

---

[1] 原文为拉丁语:*lesae maiestatis*。

岛登陆古巴岛系有备而来，便召集众人并告诫彼等西班牙人何故如此残忍狠毒，原因非金子莫属，此乃他们爱戴崇敬之上帝。酋长似乎非常了解西班牙人，作为一谨慎且善分析之人，他为两者间之战事担忧，而随西班牙人来临的，绝非福利、好处或慰藉，最终即是降临于酋长本人之这番命运。

评述

这是一个悲凉的故事，悲凉得让人们希望它只是一则传说。然而经过了半生时光，它在我的心里非常真实。

那年在古巴岛巴拉科阿（Baracoa）[1]，我们还听到过另一则相似传说。那里有一条河叫尤穆里河（Yumurí）。有人说，这个词是"Yo morir"（我去死）的变形。一个被西班牙人追杀到悬崖的印第安人说："你们不要再追，我自己去死。"于是跳下了悬崖。我们寻到了尤穆里峡谷。那是一个十分壮观的地点。向几个上了岁数的老人探询，其中一个答道："从小听说，有比我们老的人当年被西班牙人追赶至此，为了不被活捉，跳下了悬崖。"

2010年上映的西班牙与墨西哥合拍的电影《雨水危机》打破了零的记录，第一次在大众传媒上重现了阿图埃伊被殖民者烧死这一史实。不过，如果从民众抗议纪念"哥伦布发现新大陆五百周年"的1992年算起，它迟到了二十年。1992年，我曾有幸在美洲，目睹了印第安人的无声抗议和墨西哥城市民的自发声援[2]。然而，我专门去看"纪念"电影时，看到的只是一场讲述殖民者内讧的影片。

---

[1] 巴拉科阿今天是古巴关塔那摩省的一个城市。哥伦布1492年在巴拉科阿登陆，它是西班牙人在古巴建立的第一个居民点。古巴第一任殖民总督迭戈·贝拉斯克斯的报告中提到阿图埃伊被烧死在一个叫亚拉（Yara）的村子里。开始人们认为亚拉是巴拉科阿的一个村子，现在一般认为亚拉在古巴格拉玛省（Granma）亚拉河边的亚拉村，所以现在两处都有阿图埃伊塑像。
[2] 参阅索飒《丰饶的苦难》（2003年广西师范大学出版社版），第69页，第一章《原罪》第四节"1992年：500周年的喷发"。

给真实以更有利证据的，是有良知的史家留下的文献。如果没有拉斯卡萨斯在《西印度史》及《西印度毁灭述略》中对阿图埃伊的记载，阿图埃伊恐怕还是一个在印第安人集体无意识里、在冷漠的天空中飘荡的孤魂。[1]

阿图埃伊是一个对"浩劫"的报信者。他从已遭涂炭的伊斯帕尼奥拉岛来到古巴岛的东角，即我们抵达的巴拉科阿一带。虽然他或许用古老的"武力"占领了该地（拉斯卡萨斯这一笔使史料显得更真实），但他是一个"逃亡者"。

他给本地居民带来了一个重要消息："基督徒所爱戴的大人是金子……哪怕我们将金子吞进肚肠，他们也必将之扯拉出来。"

他们为其效劳，对其爱戴无比，为其奔走，为其而使我们忧伤，迫害我们，杀死吾等父兄、同胞、邻里，抢夺吾等全部财产，为了这一大人，这些人追踪我们，虐待我们。

所以，阿图埃伊带领众人围着装有金子的小篮"跳舞过节"，盼望基督徒的"大人"使他们免遭痛苦。

阿根廷神学家杜塞尔在《论对"他人"的遮盖——寻找现代性神话的源头》一书中分析过，印第安人的节日和舞蹈是充满含义的仪式，是他们的语言。南美的瓜拉尼人曾把"节日"献给早期殖民者，以为就此达成了和平相处的永久条约。[2]

本土居民对待金子的态度再次与拉斯卡萨斯关于金子是"虚假财富"的评价相呼应。他们把金银首饰扔进河流湖泊，留下了

---

[1] 殖民者迭戈·贝拉斯克斯曾在报告中提及烧死阿图埃伊一事；但从正面描述阿图埃伊，并多次写入书中，使之流传的，主要是拉斯卡萨斯。今天在古巴格拉玛省亚拉地区仍然有一个传说：行人在夜晚能看见一束微光，那是阿图埃伊留恋家园的幻影。
[2] Enrique Dussel, *El encubrimiento del otro, hacia el origen del mito de la modernidad,*, p.124.

殖民者淘河寻宝的传说。墨西哥地区的阿兹特克人崇爱五光十色的鸟类羽毛，他们在自己的史书里记载，寻找金子的西班牙人把美丽的羽毛弃落一地：

> 他们像猴子一样地举起金子，好像变了一个人，好像心都被照亮了。他们看来确实渴望这样东西。他们像群饿猪一样渴望金子……他们焦急地抢过金子做的旗子，从这边摇到那边，从这边看到那边。他们讲的全是野蛮的语言。[1]

安第斯山的印卡人视璀璨的金子为"太阳的眼泪"，借着黄金的低熔点和良好延展性将之打制成精美的饰品；然而他们没有铁器，因此手持落后的武器。哥伦布的航海日记里，遍布"黄金"的字样；究竟谁是偶像崇拜者，谁是拜物教的信徒呢？古典的拉斯卡萨斯则以为，"福音以至天然哲学之真谛，乃将金银之属视为粪便"[2]。

本节文字的真实感见于许多细节，如西班牙人把进山追捕逃亡的印第安人称为"看护庄园"（ranchear），将被分配到手的印第安人用一常用词称之为"物件"（piezas），恰如谈论牲畜的头数。这些史料只能来自一个殖民者阵营内部的知情人。直到五百年后的 2008 年，我们第一次抵达古巴岛，在听人讲述黑奴制情景时，ranchear、pieza，这两个见证奴隶制的词再一次出现。它们像西班牙语里的 caníbal、英语中的 cannibal（食人族）一样，在词源学、语意学的层面，浸泡在殖民主义、种族主义的泥淖中。有兴趣深究的读者，可考证"加勒比"一词的变异。

---

[1] 引自阿兹特克人史料《战败者的目光》，参阅索飒《丰饶的苦难》（2003 年广西师范大学出版社版），第 12 页。
[2] 见本书第 5 节。

拉斯卡萨斯在阿图埃伊一节再次为反抗者辩护,指出西班牙人给阿图埃伊横加的"犯上"罪名不过是"从伊斯帕尼奥拉岛逃亡至古巴岛仅为活命而已",印第安人的所谓反抗也就是逃进深山老林:

众人决定依理智于人所授采择一案,大自然亦会对动物乃至无感之物于此有所教诲,即:当其生命面临危害、死灭之际,必当——防卫。

然而,对于这样"一位并未侵犯任何他人之当地国王与首领,他被剥夺了权力、尊严与地位及其臣民,西班牙人判决将他活活烧死。"

最后便有了阿图埃伊酋长临死前表示不愿进天堂那永恒的一幕。在电影《雨水危机》中,导演还超越史书记载,给阿图埃伊加了一句台词:"我憎恶你们的宗教!"

影片中,当四周围观的印第安人用自己的语言呼叫着"阿图埃伊"的名字时,殖民者问教士:"他们喊叫什么?"教士说:"你们使他永垂青史!"

《西印度史》中没有这一段,但有史书记载:"1572年当秘鲁印卡人年轻的王子、起义者图帕克·阿马鲁[1]被西班牙人砍下头颅时,库斯科(Cusco)广场上密密麻麻的印第安人发出一片悲鸣,像长空里滚过了一阵雷。"[2]

---

[1] Túpac Amaru,印卡人王子,继承其父印卡王曼科·卡帕克二世(Manco Capac II)领导的反对西班牙人的起义,1572年在秘鲁库斯科中心广场被西班牙人处死。
[2] 参阅索飒《丰饶的苦难》(2003年广西师范大学出版社版),第2页。

8

"奥维多乃印第安人之首要敌人"
——殖民主义者文人

《西印度史》第三卷 第一四二章、第一四三章、第一四四章、第一四五章

"奥维多在其《西印度通史与自然史》一书中凡言及印第安人，必竭尽全力加以亵渎羞辱。诸君从下文可以了解，彼有幸撰写此书之最终目的，乃于全世界范围内彻底诋毁印第安人，其书也早已谬种流传，欺世盗名，使人无端厌恶全数之印第安人，不以其为人类，并因此为奥维多及其同党所犯可怖之反人类罪行开脱。"

——《西印度史》

译文

第一四二章

奥维多[1]之后,复出一名为戈马拉[2]之人撰写历史,此人系前文所述之德尔巴利耶(Del Valle)侯爵供养之家庭神父兼仆人。戈马拉采用了奥维多在其《西印度通史与自然史》一书中有关教士拉斯卡萨斯之所有不实之词,并新增许多匪夷所思之内容,以下将有涉及。

我已两次言及**奥维多乃印第安人之首要敌人**,并于前述二十三章简要描述,此处有必要再次谈及奥维多浑然不知其所言而对印第安人所做之放肆污蔑,揭露其如何对未曾目睹之事物居然振振有词,心怀毒意,肆加渲染,强做伪据,且前后相悖出尔反尔,虔诚基督徒何以能笃信其诚意,接受其所陈?更有甚者,他以绝对口吻,将肮脏且恶劣可怕之习俗,强加于此大陆人数众

---

[1] 全名为 Gonzalo Fernández de Oviedo y Valdés,1478—1557,贡萨洛·费尔南德斯·德·奥维多,王室西印度宫廷史官,著述甚多,其中《西印度通史与自然史》(Historia general y natural de las Indias)被译为多种语言,流传世界,其中诋毁印第安人的描写引起拉斯卡萨斯极大愤怒。直至今日,在网页介绍上仍有许多对奥维多的高度赞誉之词,尤其从学术层面;但有些百科词典的词条内容开始发生变化,如 EL PEQUEÑO LAROUSSE ILUSTRADO,1981 年版称他的 50 卷《西印度通史与自然史》"非常客观",而 2006 版开始称他是"西班牙人的辩护者、印第安人的死敌"。
[2] 弗朗西斯科·洛佩斯·德·戈马拉(Francisco López de Gómara,1511—1564),从未到过美洲,作为"征服"墨西哥的殖民统帅埃尔南·科尔特斯的家庭神父与传记作者,他根据殖民主义者的叙述写作了他的《西印度通史与对墨西哥的征服》(Historia general de las Indias y conquista de México),最初于 1552 年出版于西班牙萨拉戈萨。

多之各个国度，令人竟以为全体印第安人均无能力接受信仰、教义与美德，以为其无一例外如同野兽，宛似上帝之子并未为之牺牲，宛似天意[1]如此厌恶所有印第安人，乃使其中无一人可成为增光于天主之选民。奥维多在其《西印度通史与自然史》一书中凡言及印第安人，必竭尽全力加以亵渎羞辱。诸君从下文可以了解，彼有幸撰写此书之最终目的，乃于全世界范围内彻底诋毁印第安人，其书也早已谬种流传，欺世盗名，使人无端厌恶全数之印第安人，不以其为人类，并因此为奥维多及其同党所犯可怖之反人类[2]罪行开脱。

....

正如《西印度史》多次表明，为消灭印第安人，我方西班牙人采取两种方式，其一为称为"征服"之邪恶战争[3]；其二为分配制（repartimientos），为粉饰其二之举动，它亦被称为"委托监护制"（encomiendas）。贡萨洛·埃尔南德斯·德·奥维多于两者均有染指，且不以为耻，反炫耀不已，以此为荣，吹嘘其拥有印第安人并曾驱之入矿井一如暴君。谈及如何掘金，奥维多在其《历史》第八章云："我曾于大陆地区（Tierra Firme）及黄金卡斯蒂利亚州[4]让我属下之印第安人及奴隶为我掘金，等等。"此为奥维多本人之语。彼所言之奴隶，并非从父辈所继承，亦非在与柏柏尔、摩尔人征战中所俘，且又非黑人，因根据上文似乎其时尚不允许

---

[1] 原文：Providencia divina。
[2] 原文：inhumanidades。
[3] 此处表明拉斯卡萨斯不同意"征服"的提法，而称之为 guerras nefandas。
[4] 原文 Castilla del Oro，系历史地理名称，16世纪初指中美洲的一片地区。

将黑人带入西印度群岛。[1]因此可见，其所说奴隶乃是印第安人，奥维多违反公理与正义，令其日益变为奴隶。他称分得之印第安人为"吾[2]之印第安人"，并以暴力令其降服……

审慎基督徒读者可从上文推断，奥维多在诋毁印第安人一事上是否能在某个恰恰自相悖忤之审判中成为忠实可信、高于任何其他人[3]之见证人，读者也可推论其《历史》一书中反对印第安人之言辞，其中有几多值得信任。令人震惊不已之处在于，他在《历史》第一部分之前言中，以何等连篇累牍之傲慢言辞，试图说服国王及所有读者，相信其《历史》真实可信、未离真理一分，不像西班牙国内那些吹嘘文笔，却未曾冒一丝风险，只写出童话般历史之人。奥维多抨击那些作者并未眼见仅道听途说，好似他本人对所涉本岛[4]及其他岛屿内之事务真曾目击一般。然他在圣多明各城并未滞留多年，与身在塞维利亚写作相差无几。如前述，奥维多仅在大陆地区住过五年，他目睹且参与了对那块陆地之施虐与破坏。因他之所作所为及他为人帮凶之毁灭行径，确可给予他一见证人称号。然他于此类恶行三缄其口，唯诋毁印第安人，并为同党之残忍、野心及贪婪开脱辩解。故其所写文字，除有关达连（Darién）一事，其余均系从水手及造孽于此一地方之歹徒口中得知，彼等仅讲述其喜闻之事，譬如："我们征服了彼处，制服了企图守土之狗。我们令其为奴，分其土地，将其赶入矿井。"彼

---

[1] 关于奴隶问题，本书第9节将在评述部分详细涉及。自古代及中世纪，奴隶的形成是一个历史过程。拉斯卡萨斯在这里提及"继承""摩尔人战俘""黑人"等几种历史上已经存在的奴隶，目的是指明奥维多将印第安人当作奴隶的美洲现实问题。
[2] 原文 sus，奥维多在这一段文字中，以单数第三人称"他"来指代自己，故中文译为"吾"。
[3] 原文为拉丁文：*omni exceptione maior*。
[4] 此处指伊斯帕尼奥拉岛。

等也许尚对其说："我等杀了成千上万之众，我等纵恶狗将其撕为碎片，我等以匕首捅刺无论男女老幼，我等将印第安人不分性别年龄塞进茅屋，活活烧死。"如此之描写，确实在奥维多之《历史》中并不多见；然而那些人假如对奥维多说，印第安人均系偶像崇拜者，以十人行活人祭，后又说曾用万人，并将其并不知晓（除非彼等自身如共谋参与了这类事）之可憎恶习强加于印第安人，此类谎言在奥维多之《历史》中随处可见。奥维多非但没有指出此系谎言，反而断言其《历史》真实可信，并言上帝使其远离圣贤亚里士多德所指出之危险：说谎之嘴，杀死灵魂！

第一四三章

奥维多在其《历史》之第五卷序言中写道："自哥伦布抵达西印度及第一批基督徒纷至沓来之后，至1535年又过了四十三年。此地从未缺少过热忱服务于上帝并将此事铭记在心之宣教者与教士，因此彼等印第安人应已懂得向他们劝诫多次之拯救彼等灵魂一事。然印第安人终乃一些偏离正道之徒，并不愿理解天主教信仰，欲使其成为基督徒真似捣碎生铁一般艰难。彼等外壳亦如生铁一般坚硬，或莫若说，其脑袋也那般铁硬，因彼等并无外壳，亦无脑袋，并非如其他常人，而唯有如此粗硬且厚实之头盖骨，乃至若基督徒与之交战，吾等第一忠告即是：'切勿刺其头颅，否则将折断自己之剑。'恰如其头盖骨无比厚硬，彼等理解问题亦像畜生一般顽固不化且具恶劣倾向，恰如下文讲述其礼仪与习俗时将展示之内容。"此即奥维多之原话。

哪怕所说属实，又有谁能如奥维多，诋毁一个拥有无数国度之新大陆，且用一己之著书欺瞒整个旧大陆呢？如只诋毁某一人名誉，揭露了此人之罪孽（既然诋毁者自言其所述确实），如果这罪名将给被诋毁者造成重大损失（损失已铸成则更糟），那么诋毁者便犯下不可饶恕之重罪，其人必须为此赔偿全部损失；而奥维多竟将如此可怕之罪名加于如此不计其数之人群、如此绵延无边之村镇，如此人口密集且奥维多闻所未闻、未曾目睹之省份、地区，奥维多该当何罪，其必须付出之赔偿孰能计量？由于彼之诋毁致使所有印第安民族陷入对整个基督教文明之仇恨与恐惧，而抵达斯土之吾国人及其他国家人众，亦将因此随处陷入战争，屠戮印第安人如灭杀臭虫。因同一原因，彼等对印第安人犯下各种各样、花样翻新之残酷罪行，彼等对那些赤身裸体、赤手空拳之印第安人之所作所为，即便饥肠辘辘之猛虎野兽对同类之老虎熊罴猛狮，或对他类之动物亦难能做出。奥维多对如此众多之人群所加之如此繁多之罪名乃不属实，对业已发现之众多民族，以信口雌黄肆无忌惮之方式，将各等各色丑陋习俗强加于全体名上，此渲染之举反使印第安人得以从恶名下解脱。

仅从偶像崇拜一事，我等便可理解奥维多所言之印第安人恶习究竟如何。各个民族，或多或少，很多民族仅仅在极低程度上，于尚未有人对其指出谁乃真正上帝并给予其关于真正上帝之知识前，都曾陷入过偶像崇拜，固奥维多抑或应当考虑，当上帝之子降临此世、摘除无知之阴霾、将福音之光送与世人之前，其本人之祖先及世人处于何种状态？

第一四四章

奥维多说印第安人天生闲散，带有恶俗，不喜劳动。关于恶俗前文已有辩答，此处再作补充：假使在上帝御前，西班牙人之恶习罪孽不比印第安人之习俗罪过更令人憎恶，不比后者更配受地狱永恒之火之惩罚，则上帝将何其喜悦（然此非真实也）！关于其很少劳作，我完全同意，因彼等生于良好地理环境与自然气候之中，土地松软宜人，兼之在我第一本书《论使万国之人趋向真正宗教之唯一方法》第四章中所陈述之其他天然原因，印第安人天生如王室弟子一般纤弱。彼等赤身裸体，所吃甚少，食物稀薄，然足以维持生存并不可思议地繁衍后代；因之我等便得以目睹其寄寓之无边无际村落。彼等只需花费少许力气便可获取大量各种所需之物。在满足基本需要之后，便以大量剩余时间（因为彼等毋需为发财致富或为积累长子继承财产折磨灵魂）从事无邪活动，若玩一种出汗很多之球类游戏，跳舞唱歌，随舞蹈歌吟历史与往事。因并无崇拜之偶像，故不行活人祭及其他宗教仪式，在其人群间，几乎全无或鲜能见到偶像崇拜之迹象，正如我在以西班牙语[1]写作之题为《辩护史》一书中所做之陈述。于农业渔猎之余，彼等也从事精巧之手工技艺。彼此之间时而也因土地边界或酋长权力范围等发生争斗，但此等争斗如同儿戏，很易平息。因此其人并不闲散，亦不具有如奥维多所污蔑之懒散素质，然奥维多之口舌与手指，从未放过任何一缺陷与恶习。事实上，如此生活方式之所表现，并非恶习，而乃美德之标志；它表明，相对于进入本岛[2]及其他岛屿以来生活于此之西班牙人，印第安人之生活（除去关于基督教信仰一点）更合乎自然理性，奥维多对其本应赞扬，而非谴责与诋毁。

在谈及所谓印第安人乃忧伤之众时，奥维多将人之自然天性

---

[1] 原文romance，指源自拉丁语系罗马语族的语言。因《辩护史》有拉丁文和西班牙文两个版本，这里应该指相对于拉丁语的西班牙语版本。
[2] 指伊斯帕尼奥拉岛。

与毋需指责之本性说成恶习；更需说明，印第安人大多乃身具血性且快乐人群，凡多思之人均可根据这片土地之地区特征及其对人产生之影响理解此点，如此风土使人易于欢快，喜歌乐舞。奥维多言彼等为猥琐胆小之辈，然而人并非因其如印第安人那般谦卑平和温顺，即应被他人视作猥琐之辈。猥琐之徒应是那些不知羞耻、浑身恶习、罪孽深重之辈；关于此道，上帝知道我等如何高明于印第安人！印第安人曾有之某些习惯，在基督徒看来乃属毛病，至今亦仍有某些习惯确实不登大雅，若坐姿小便，在其他男女面前下气，然只需接受信仰，轻易便可得以纠正。然而在彼等之间，并无放纵他人与自己妻室有染，亦不任由自己同样行为，也无其他类似不名誉行为。此类行为，抵达此地之我辈基督徒却不敢自诩未曾有过。

至于胆小，绝非恶习，而系自然之事。胆怯乃来自善意与高贵之血液，此等人既不愿伤及他人，亦不愿为人所伤。唯有当一人应从事一高尚举动之时，却因畏于死亡或重伤之危险，不敢行此高贵之举时，如此胆怯方为恶习。如，当某人见其国家遭受奴役、灭亡或重大灾难，却因畏惧死亡放弃支援与抵抗，于必须奋起保卫乃至献身之际望而却步，或由于畏于伤及自身，而犯下罪孽做出恶举。西班牙人拥有大量种类繁多之利器，尤其是拥有马匹，想骑即骑，而印第安人赤身裸体武器短缺，于暴政压迫之下劳作，忍受伤害及不公正之待遇，日渐衰亡；然其大多数仍敢于野战之中，向其压迫者与毁灭者勇敢拼斗，哪怕利剑挑破其肚肠，奔马绊倒其双腿，冲来之骑士刺中其身（一名骑兵一小时可杀万名印第安人）。此等印第安人与雄狮、与世界历史上最勇猛之男子不分伯仲。自诩大陆地区之长官、处处行窃、将印第安人充当奴隶使其死于矿坑之奥维多抑或可自问，弗朗西斯科·贝塞拉、胡安·德·塔维拉，以及巴斯克·努涅斯[1]等许多人究竟如何于战斗间为印第安人所杀？值西班牙人于本岛发动之战中，赤身裸体之印第安人以其奋争及勇武业已创建伟大功绩，如我于本书卷二所提及某些事例。尤应提及，勇者标志之一乃不惧死，而不惧死则需勇士具备某一天性，即血气方刚；因天性可被自我感觉，故凡具有此种天性之人洞视自身漫溢可支撑性命之体液精华，因而具有自信。显而易见，印第安人系热血之人，天性不怕死即此标志，如吾已述，过往业绩已充分表明并证实其乃天生勇猛之人。印第安人之悲剧仅在缺少武器与马匹；若其拥有武器及马匹抵御凶残，断不至有如此大量死伤，其毁灭者亦难矜夸，奥维多亦不敢编写如此之多诋毁文字。关于印第安人之勇武及其天然成因，诸君可参阅我之《辩护史》，亦可参看前述《论使万国之人趋向真正宗教之唯一方法》第四卷。

第一四五章

奥维多妄言全数印第安人人品低劣。然其人于哲学少有研究，于印第安人更疏于体验，对西印度众岛之任何一种语言一无了解。语言不通，何以能知晓印第安人之陋习并草率判断？唯有借助神启，或大量交谈并与此大陆居民长期相处予以判断，方能知悉其

---

[1] 这里提及数人分别为 Francisco Becerra，1545—1605；Juan de Tavira；Vasco Núñez de Balboa, 1475—1519，西班牙探险家及"征服者"，第一个看见太平洋东海岸的欧洲人，此人曾在本书第6节被提及。按上下文的意思，这几人应死于印第安人之手。因不能确定，故将此段原文实录于下："Y debiera de preguntarse Oviedo, que se jacta mucho de capitán en la Tierra Firme, andando a robar y hacer esclavos para matar en sus minas, cómo le fue a Francisco Becerra y a Juan de Tavira y Vasco Núñez y a otros muchos que los indios quitaron peleando las vidas."

内里。即便如此，亦不可如奥维多一般妄加判断，随口浪言，好似其对此拥有真知灼见。

奥维多还称印第安人缺乏记忆力，此言错矣，一如他此前其他误断。奥维多且语多矛盾，明眼人皆知印第安人均记事即如铭刻，陈年旧事一旦入心，便如同书写记录，对此吾将列举奥维多本人言语为证。此人在其《历史》一书卷五第一章云，印第安人之以歌咏方式记录历史，以歌咏记录战争与和平年度之往事，随歌咏之延续，彼等便不至忘记所曾经历之伟大业绩或历史事件。如此铭记脑海之歌谣，已替代保存记忆之书写。彼等亦以如此方式，唱数其酋长与首领之谱系、所建之功业、所历之不祥时代，尤其著名之战绩，等等。以上乃奥维多之原话。故印第安人并非若奥维多所言，记忆低下。

再有一明显例证。当印第安人以合唱接受基督教教理之际，印第安人一天之内便可听会并复唱内容，即使十名强于记忆者二十天内亦难以做到。印第安人天生具备良好（非一般好，而是格外好，超越许多其他民族）之对外及对内感受力，凡印第安人，不分类别[1]，几乎全数如此，例外实属罕见（对此，在我以西班牙语写作之《辩护史》及以拉丁文写作之《论使万国之人趋向真正宗教之唯一方法》一书里均有证据）。亦因此彼等必具有善解之特质，奥维多对此知之甚少，他从不与印第安人直接接触，从未花费一点时间用于有益于印第安人之事，唯如对待牲畜一般对之使役，其盲目一如其他西班牙人。

奥维多尚污蔑印第安人为说谎者。倘若奥维多与其他西班牙人未曾如此频频欺骗印第安人，倘若印第安人之谎言并非由西班

---

[1] 原文为拉丁文：*a toto genere*。

牙人促成，天主将何等喜悦！吾以为，毋宁自杀，印第安人亦断不敢谎言，相互欺骗，更遑论向其首领妄说。然在已被毁灭之地，印第安人以往对西班牙人曾说过谎言；在现今人迹尚未灭绝之地，印第安人亦对其说过谎言，此行为均由其一贯所遭受之羞辱、非人奴役、残酷暴政所致。若不以说谎、伪装诸种方式取悦西班牙人，平息其旷日持久之怒火，彼等印第安人实难逃脱万般苦难及恶劣遭遇。对西班牙人自身之连篇累牍的谎言，印第安人体会良深，从不相信彼等许诺当真，若干印第安谚语实可发人深省。西班牙人（不止一次）问及印第安人，是否已变为基督徒，印第安人答曰："大人，本人现今已然略像基督徒，因我已略会说谎；他日，若本人更能说谎，则将更似一基督徒。"诸如此类印第安说法，均为羞辱西班牙人之警句。后者以其坏榜样，使我基督教信仰遭受可悲损毁，并使印第安人纯净心灵污染殆尽。此一土地之上所遭类似事情，尚可历数无穷。

奥维多称所有印第安人均无常性，凡能有逃脱之术，便不愿在此使其生命耗尽之地狱般生存及劳役中坚持，亦不愿坚守美德与基督教信仰。奥维多无资格谈论其所见，亦无资格理解其所闻，无论其如何措辞，均无法减缓此类针对印第安人之日日累积、不合真相的亵渎。

奥维多且又射出毒箭一支，即称：许多印第安人因不愿劳动及自寻消遣而自杀。许多印第安人之自杀系属事实，然绝非缘于自娱，这一诋毁不证自明。如吾前述，彼等心间竟似生出一支射向己身及他人之毒矢，由之更可见西班牙人暴政之残酷，何其骇人听闻，令人憎恶以至无法承受，以至这般温顺、忍让、承受着凡人不能忍受之遭遇的印第安人，为逃离苦难，竟然选择此种自杀，并视之为较小痛苦。为证明此论，奥维多须应作答：可曾听闻于西班牙人抵达本地区并对该地人群压迫施暴之前,有过印第安人缘于消遣而自杀之事!印第安人承受如许闻所未闻非人遭遇,我国同胞令如此辽阔地域人烟断绝,因之,一未曾认知真实上帝之人,相信可脱离此世,去往一处令魂灵温饱、欢乐且有歌舞、肉体可获休息之彼岸居住,对此何其惊讶之有?此世死亡不断,于是渴望并努力离去,为求另一世界之欢乐而匆忙自杀,对此何其惊讶之有?且不止简单之纷纷自杀,人们尚未曾知道,在本岛及古巴岛,一些人以自缢之法,另一些人则以饮入某种带毒汁液自戕!

评述

殖民主义政治进程与殖民主义意识形态如两个拉手并进的魔鬼，互相提携；或舆论在先，开辟途径，或大功告成，再归纳为理论。

以种族主义为例。在古代和中世纪，人类不平等的理论并没有表现在种族优劣上，更非专门针对黑种人。加纳政治思想家克瓦米·恩克鲁玛[1]认为"奴隶制不是种族主义的产物，恰恰相反，种族主义是奴隶制的产物"。法国学者菲利普·奥德莱尔和弗朗索瓦兹·韦热斯[2]指出，"贩奴的发展导致一种非洲人是劣等人的观念，到18世纪，这种观念已经广为传播，而在两个世纪之前这种观念根本就不存在"。[3]

另一个例子是英国伦敦人类学协会与非洲殖民化进程的关系。19世纪中叶，欧洲列强开始瓜分非洲：

> 1863年成立的英国伦敦人类学协会并非是时间上的巧合，因为该协会不仅在对非洲历史和非洲人的研究中坚持种族主义立场，而且为公然要求在非洲建立殖民地的资产阶级的经济欲望进行意识形态辩护。该协会的创始人詹姆斯·亨特[4]曾公然声称，人类学最重要的真理就是"人类不同种族之间明显的心理和道德区别"。

---

[1] Francis Nwia Kwame Nkrumah, 1909−1972.
[2] Philippe Haudrère, 1940−2021.
[3] 张宏明（中国社会科学院西亚非研究所）：《近代非洲思想经纬》，社会科学文献出版社，2008年，北京，第22至23页。
[4] James Hunt, 1833−1869.

他还在一篇题为《黑人在历史中的地位》(1863年)的报告中公开论证了黑种人在智力上低于欧洲人。[1]

本书第4节引述过黑格尔的有关言论,美洲只是他的第一个思想猎物。黑格尔关于"非洲不是一个历史的大陆""黑人是缺乏意识的自然人"等言论,使近当代非洲学者对他"带有一种清算性的民族情绪"。

塞内加尔学者阿马迪·阿里·迪昂(Amady Aly Dieng)称"黑格尔思想是欧洲奴役非洲的殖民主义政策的理论根源",而其本人则是"殖民帝国主义最大的思想家"。喀麦隆学者马西安·托瓦(Marcien Towa)认为,"黑格尔的哲学思想构成了一种西方殖民主义真正的意识形态,并且这种意识形态在黑格尔那里是以最深奥和最思辨的形式出现的"。[2]

应该从这样的角度来看待本篇评述所针对的"伪学者"。

他们虽然远没有达到黑格尔式的深奥,但他们开创了这样一种类型。拉斯卡萨斯与他们的较量是殖民主义进程中意识形态领域里的第一场斗争。

拉斯卡萨斯说他们因"诋毁一个拥有无数国度之新大陆"而犯下了"可怖之反人类罪行",此结语一点没有夸张。文人作为杀人不见血的帮凶和共犯丝毫不能在历史法庭上免责。

作为维护正义的学者,拉斯卡萨斯一生最大公敌的具体代表是已经在本书中陆续出现的塞普尔韦达、奥维多、戈马拉,本节译文批驳的主要是奥维多。

---

[1] 张宏明:《近代非洲思想经纬》,社会科学文献出版社,2008年,北京,第116页。
[2] 张宏明:《近代非洲思想经纬》,社会科学文献出版社,2008年,北京,第114页。

奥维多留给历史最鲜明的记忆就是那段污蔑印第安人顽固不化的恶语：

彼等外壳亦如生铁一般坚硬，或莫若说，其脑袋也那般铁硬，因彼等并无外壳，亦无脑袋，并非如其他常人，而唯有如此粗硬且厚实之头盖骨，乃至若基督徒与之交战，吾等第一忠告即是："切勿刺其头颅，否则将折断自己之剑。"恰如其头盖骨无比厚硬，彼等理解问题亦像畜生一般顽固不化且具恶劣倾向，恰如下文讲述其礼仪与习俗时将展示之内容。

相对于后来的"科学化"表述，这听似可笑的辱骂是思想祖先。自17世纪逐渐发展起来的体质人类学被种族主义、殖民主义者利用的事实，折射着这种对"劣等人"蔑视的历史基因。在拉丁美洲现代化过程的思想论战中，玻利维亚的 N. 安特洛曾以解剖学家的口吻说："一个印第安人或印欧混血人的大脑一般比一个纯种白人的大脑要轻 5~7 甚至 10 盎司；从生理角度看，在人类的进化过程中，这种脑体与一个今天已经衰老的人类心理阶段相一致。"[1]

拉斯卡萨斯对奥维多的批驳表现出紧急的心情。本书"前言"提及，1526年奥维多的《西印度通史与自然史》问世并急速在世界流传，这是促使拉斯卡萨斯1527年下决心写作《西印度史》的重要原因。他清楚，紧随白纸墨迹的，将是美洲本土居民鲜血的迸溅。

在欧战中长大、在"十字军""收复失地"烟尘中挥刀舞剑的16世纪西班牙武夫自诩勇敢的骑士。针对奥维多关于印第安人

---

[1] 索飒：《拉丁美洲思想史述略》，云南人民出版社，2003年，第140页。

没有男子汉勇武气概的说法，拉斯卡萨斯从哲学意味上对"弱者"的捍卫，是一种内含基督教仁慈的人道主义直觉：

人并非因其如印第安人那般谦卑平和温顺，即应被他人视作猥琐之辈。

…………

至于胆小，绝非恶习，而乃自然之事。胆怯乃来自善意与高贵之血液，此等人既不愿伤及他人，亦不愿为人所伤。唯有当一人应从事一高尚举动之时，却因畏于死亡或重伤之危险，不敢行此高贵之举时，如此胆怯方为恶习。

同时，他又在此篇文字和《西印度史》全书以殖民主义者阵营匪夷所思的激情赞美正义之战中赤身裸体的印第安勇士，并在本篇提出了一个极为重要的历史判断："印第安人之悲剧仅在缺少武器和马匹。"

关于印第安人以自杀自娱的驳斥也非常重要；须知，在20世纪70年代出版的欧洲书籍里，仍然写有加勒比群岛印第安人有懒惰基因、自杀取乐成癖的内容。

拉斯卡萨斯对奥维多言论的逐一剖析，也体现了欧洲大陆的良知长久以来对自身文明的反省。针对奥维多污蔑印第安人"天生闲散"，拉斯卡萨斯写道：

（印第安人）在满足基本需要之后，便以大量剩余时间（因为彼等毋需为发财致富或为积累长子继承财产折磨灵魂）从事无邪活动，若玩一种出汗很多之球类游戏，跳舞唱歌，随舞蹈歌吟历史与往事。

在比较中，他更加大胆地提出：

相对于进入本岛及其他岛屿以来生活于此之西班牙人，印第安人之生活（除去关于基督教信仰一点）更合乎自然理性，奥维多对其本应赞扬，而非谴责与诋毁。

虽然拉斯卡萨斯的时代已经产生和酝酿着欧洲对自身文明的反思，但是思想者没有近距离直面"野蛮人"。拉斯卡萨斯身处一个充满血污、丑陋、黑暗的复杂世界，他的言论不是浪漫主义的书斋想象，而是体现了成熟的良知。

拉斯卡萨斯的冷峻观察被一代代知识人意识、咀嚼。非洲19世纪民族主义先驱爱德华·威尔莫特·布莱登（Edward Wilmot Blyden）对非洲"村社"的分析[1]，20世纪秘鲁学者何塞·卡洛斯·马里亚特吉（José Carlos Mariátegui）在著名的《关于秘鲁国情的七篇论文》中对安第斯山印第安人共同体的观察思索[2]，与拉斯卡萨斯的判断连贯成思想的长流。

奥维多虽然有过美洲经历，但经历并不能直接导向真知，更重要的是立场；所以，拉斯卡萨斯直接揭露了奥维多欺压印第安人并自我吹嘘的"奴隶主"角色：

他从不与印第安人直接接触，从未花费一点时间用于有益于印第安人之事，唯如对待牲畜一般对之使役，其盲目一如其他西班牙人。

他指出，奥维多：

于哲学少有研究，于印第安人更疏于体验，对西印度众岛之

---

[1] 张宏明：《近代非洲思想经纬》，社会科学文献出版社，2008年，北京，第176页。
[2] 何塞·卡洛斯·马里亚特吉：《关于秘鲁国情的七篇论文》，白凤森译，商务印书馆，北京，1987年。

任何一种语言一无了解。语言不通,何以能知晓印第安人之陋习并草率判断?唯有借助神启,或借大量交谈并与此大陆居民长期相处予以判断,方能知悉其内里。即便如此,亦不可如奥维多一般妄加判断,随口浪言,好似其对此拥有真知灼见。

因此,他明确判定:

奥维多无资格谈论其所见,亦无资格理解其所闻……

拉斯卡萨斯的结论是:

(奥维多)有幸撰写此书之最终目的,乃于全世界范围内彻底诋毁印第安人,其书也早已谬种流传,欺世盗名,使人无端厌恶全数之印第安人,不以其为人类,并因此为奥维多及其同党所犯可怖之反人类罪行开脱。

拉斯卡萨斯与奥维多是判若两界的人。

秘鲁神学家古斯塔沃·古铁雷斯以自己几十年实践"解放神学"的丰富经历,理解了拉丁美洲最早的一位"解放神学"先驱。他指出,就像早期基督徒与不信教者的接触一样,就像拉梅内神父[1]与法国大革命产生的碰撞一样:

与非基督教世界的接触,使拉斯卡萨斯对上帝在这个世界的行为更加敏感,使他能够肯定一些人类的价值,并从中看到通向宗教真理的不同方式。[2]

…………

---

[1] 费利西泰·罗贝尔·德·拉梅内,Félicité Lamennais,1782—1854,法国神父,作家,基督教社会主义代表人物之一。
[2] Gustavo Gutiérrez: *En busca de los pobres de Jesuscristo: El pensamiento de Bartolomé de Las Casas*, p.376.

思考并不是在讲一门功课的课堂上产生的（当然这种思考过程也是严肃的和令人鼓舞的）。但是，在拉斯卡萨斯身上所发生的，是另一种思考过程。他对于信仰的理解来自远离发达神学理论中心的西印度本土居民每天的苦难现实。他试图以福音精神照亮这些现实，并以这样的方式理解应该怎样做一个基督徒。[1]

---

[1] Gustavo Gutiérrez: *En busca de los pobres de Jesuscristo: El pensamiento de Bartolomé de Las Casas*, p.379.

9

"运来黑人以使印第安人获得自由之当初建议,绝非谨慎之举"
——黑奴问题及甘蔗种植

《西印度史》第三卷 第一〇二章、第一二九章

"虽然他原以为黑奴系合法被俘,然运来黑人以使印第安人获得自由之当初建议,绝非谨慎之举。他不能确定自己在此事上所陷入之无知与好意是否能于神圣审判面前得到宽恕。"

——《西印度史》

译文

第一〇二章

本章继续讲述曾于第一百章叙述之事情经纬。掌玺大臣[1]以西班牙国王之名义吩咐卡萨斯教士[2]，后者第一件所做之事即奔赴各修道院，告诉众教士、修道院长、副院长（彼等对卡萨斯所斡旋之事已有所闻）这件看来上帝托付事务之进展情形，对此项事务之成功，众人都寄予美好期许，并恳请上帝指引卡萨斯教士之各类言辞文字，完成己之意愿，为彼处人民谋求福祉。

卡萨斯开始并完成申请书之书写，在圣哲罗姆修会[3]修士们业已开始之基础上提出构思与内容顺序，补充些许顾及西班牙人之利益与住宅以及促进印第安人获得彻底自由等在他看来原文本缺少之内容；此外，还呈告了如何向伊斯帕尼奥拉岛转移农民——该岛首先考虑，然后是其他岛屿，固因该岛无数本土居民已荡然无存。对该岛移民之方案以如下方式实施：对于愿意移居该岛之农民，国王负责彼等从家乡出发至塞维利亚之饮食，不分老幼，付给每人每天半个雷阿尔[4]；到达塞维利亚之后，安排其住

---

[1] 原文 cansiller，为中世纪掌管王室大印的官员。
[2] 作者在此章一直用第三人称的"卡萨斯教士"自称。
[3] 原文 los frailes de San Jerónimo，即圣哲罗姆（347—420），早期西方教会教父，《圣经》学家，《圣经》拉丁文本的译者。圣哲罗姆修会是公元 14 世纪在西班牙建立的天主教隐修会。
[4] 原文 Real，雷阿尔，旧时西班牙及其殖民地通用的货币名称。

在贸易署[1]，并为其提供每天 11 或 13 马拉维迪[2]膳食费用，以使食乳之婴儿及其父母茶饭不缺。亦将为其购买由塞维利亚至伊斯帕尼奥拉岛之船票，并提供航行期间所需食品储备。抵达岛屿之后，继续负责其一年饭食，直至其能自食其力；如若反复尝试，其自觉一年后无力继续耕种，一年之后，王室将为其提供借贷，直至其能够还债为止。由于西班牙国王在西印度有一些农场，有印第安人与一些数量并不很多之黑人于彼处为国王劳作，这里称之为庄园（estancia），可以将之转让于赴这些农场安顿之垦殖民，农场里其余值钱之物均归垦殖民所有，然不包括必须获得自由之印第安人，彼等可于一些时日内以自由之身维持耕作或放牧。此外，垦殖民尚可得到垦殖所需之犁与锄头及所需之土地。倘若患病，彼等将会得到救治，药品亦由国王负担。此外，这些人在其居住地所获得之收益可世袭，其子孙可以像在帕伦西亚（Palencia）主教管区那样论功行赏。王室还许诺了其他多种极具诱惑力之好处以鼓励人们赴斯土定居。

伊斯帕尼奥拉岛上一些西班牙人得知卡萨斯教士之目的，又鉴于圣多明各之宗教人士不愿宽恕那些拥有印第安人却不愿还其自由的西班牙殖民者，彼等便问卡萨斯教士能否从国王处得到许可，允许其从卡斯蒂利亚带十二个黑奴过来，如此便可释放彼类印第安人。考虑于此，教士于备忘录里请求国王允许西印度之西班牙居民从西班牙本土带来十二个左右黑奴，西班牙人遂能靠他们维持田间耕作，从而让印第安人成为自由人。请求允许向西印度运送黑奴之呈文首先系由卡萨斯教士提出，当时他并未自悟葡

---

[1] 原文 Casa de Contratación，建于 1503 年，设于西班牙塞维利亚，旨在协调、垄断与美洲殖民地的商贸及航运。
[2] 原文 maravedí，马拉维迪，西班牙古币。

萄牙人抓捕与贩卖奴隶之不义；当教士省悟此点之后，方觉无论世上有多少奴隶，自己当初都不应递交那封呈文，因为他从来认为奴隶系不公正与暴虐之产物，此于黑奴抑或于印第安人，道理无彼此之差别。

卡萨斯教士为使生活于此一陆地之西班牙人得以不依赖印第安人而生存，进而使印第安人获得自由所递交之呈文、所采取之措施均得到掌玺大臣与托尔托萨[1]红衣主教阿德里亚诺（后成为教皇）[2]之赞许，故因教皇与其他所有佛兰德斯人[3]均已获知了全情。当被问及往这些岛屿运送多少奴隶为宜时，卡萨斯教士答曰他也不知，为此，当时还向塞维利亚贸易署之官员们发送了国王诏书，要求他们商讨所需奴隶之数量。所得答复为，针对伊斯帕尼奥拉岛、圣胡安岛、古巴岛与牙买加岛四岛当时之状况，约需四千黑奴。得知此一回复，便有西班牙人为获私利，将消息告诉布雷萨[4]之地方长官，后者请国王恩准将转运奴隶之许可给予他，此人为佛兰德斯绅士，我推断其地位显赫，经常随国王出入宫廷，且身为西印度事务院成员。此人一开口，国王便将许可证给予他。随后，热那亚人又以两万五千杜卡多[5]的价格将许可证买走，并要求国王八年之内不再发放任何许可证。

这一恩准给西印度诸岛居民造成巨大损失。因岛上所有西班牙人均很贫穷，卡萨斯教士所发出之申请黑奴呈文系为了西班牙

---

[1] 托尔托萨：Tortosa，西班牙塔拉戈纳省的城市。
[2] 阿德里亚诺，Adriano de Utrechet，曾为西班牙国王卡洛斯一世家庭教师，卡斯蒂利亚摄政者，或曰掌玺大臣，后为教皇哈德良六世（1522—1523年在位）。
[3] 佛兰德斯是历史地理名称，位于古尼德兰南部，包括今比利时、荷兰、法国部分地区；因血统继承关系，西班牙国王卡洛斯一世同时也是神圣罗马帝国皇帝查理五世，与佛兰德斯人有千丝万缕联系。
[4] 原文：Bressa，此处仅按西班牙语规则音译，确切所指不明。
[5] 杜卡多：ducado，西班牙古金币。

人之共同利益，这一许可本应为免费之恩惠；然而，此后热那亚人以高价向岛上西班牙人兜售许可证及黑奴，据估计，热那亚人从中获利二十八万至三十万杜卡多，这些钱均出自岛上西班牙人衣兜。申请许可证之举本是出于对印第安人利益与自由之考虑而筹划安排，然所有这些却未给彼等带来一丝好处，最后印第安人仍惨遭囚禁直至被杀戮殆尽。卡萨斯教士与国王交涉，要求陛下由国库还给布雷萨地方长官那两万五千杜卡多：因为向西印度诸岛屿之移民业已开始，如若终止，将可能产生因失败而造成之巨大损失与不利，且从今往后势必仍将面临诸多不便与损失，相比之下，两万五千杜卡多这个数目实为低廉；然由于国王那时并无充足经费，且未能详尽领会其意，因而完全未采纳卡萨斯之建议。

第一二九章

伊斯帕尼奥拉岛上之西班牙居民进入另一种生产，即寻求制糖，原因在于彼等发现这片土地非常适于甘蔗生长。第二卷中曾提及有一来自拉维加[1]之人名阿希隆（Agilón），他系该岛，乃至整个西印度地区首个加工蔗糖之人。他使用木制工具榨得甘蔗汁，虽榨取结果因器具简陋而不甚理想，但毕竟也算得上真正乃至优质蔗糖。此举大概发生在 1505 年或 1506 年。后一圣多明各城之人贝略萨（Vellosa）获悉榨取法后，于 1516 年左右对器具进行了改进，成为该城第一个制糖者，他制出质量更高、色泽更白之蔗糖，他还首次制成糖果条[2]，我亲眼见过此物。他出生于贝尔兰加

---

[1] 原文 la Vega，今多米尼加共和国中部城市。
[2] 原文 alfeñique，此系一古老词语，辞源学有梵语—波斯语—阿拉伯语—西班牙阿拉伯语的发展谱系。

镇[1]，系一名外科医生，故被称作贝略萨学士。此人专心致志于这一产业，终于研制出一种甘蔗榨汁机[2]，此系由马匹拉动如磨一样之机器[3]，其中放入甘蔗，便可通过挤压榨出甘甜汁液用于制糖。

处于该岛之圣哲罗姆修会神父们充分见识了贝略萨学士通过制糖业走出之发达路径，发现大有可图，为了鼓动更多人投身蔗糖业，便同检审院法官以及国王之官员一起斡旋从国库借贷500金比索（peso de oro）提供给贝略萨，让其立即开始制造大大小小榨糖机。据我所知，因为机器造价昂贵，随后国库又为此支付了更多贷款。自此开始，一些居民如法炮制，也开始制造这种由马匹带动来碾榨甘蔗之榨糖机，另有一些资金雄厚之人则着手制造动力更大之水力榨糖机，这种机器可以压榨更多甘蔗，榨糖能力强于三台马匹带动之普通机器。这类机器越造越多，如今仅在本岛（伊斯帕尼奥拉岛：译注）就多达三四十台，在圣胡安岛及西印度其他一些地区也被采用，然而蔗糖价格并未因此而降低。值得注意的是，最早仅在瓦伦西亚有蔗糖，随后在加那利群岛[4]出现蔗糖，蔗糖厂达七八座之多，我认为没有如许多，彼时1阿罗瓦[5]仅涨至1个杜卡多多一点，随着蔗糖厂在西印度地区大量出现，1阿罗瓦蔗糖合2个杜卡多，而蔗糖厂仍在与日俱增。

在制糖机发明之前，有一些靠印第安人血汗谋利之西班牙人，发觉印第安人口越来越少，便希望派人赴卡斯蒂利亚获得购买黑

---

[1] 原文 Villa de Berlanga，西班牙卡斯蒂利亚-莱昂自治区索里亚省的一个小镇。
[2] 原文 trapiche，辞源上来自拉丁语与混居在摩尔人中的西班牙人（mozárabe）之语言，原意为榨油机，用来指压榨油橄榄和甘蔗一类作物的机器。
[3] 原文 ingenio，原意为聪明、计谋，转义为机器。在拉丁美洲，人们用该词称呼甘蔗园、榨甘蔗机、蔗糖厂。
[4] las islas de Canaria，位于西班牙西南部、非洲西北海域的群岛，15世纪沦为西班牙殖民地。
[5] 阿罗瓦：arroba，西班牙等国的重量单位，约等于11.502千克。

奴之许可。尚有一些人，如前第一百〇二章所述，他们向巴托洛梅·德·拉斯卡萨斯教士许诺说若能为其带来十二个黑奴，或为其获得许可证买到十二个黑奴带至本岛，就释放所掌控之印第安人，还其自由。拉斯卡萨斯教士了解了此意；如前所述，由于国王收回了统治西印度之权力，教士获得很大支持，改革措施得以实行[1]；因此，他得以说服国王同意岛上西班牙殖民者从卡斯蒂利亚运些黑奴过来，以此换取彼等印第安人之自由。正如第一百〇二章中所述，西印度事务院根据塞维利亚官员之意见认为国王应颁发向伊斯帕尼奥拉岛、圣胡安岛、古巴岛、牙买加岛等四岛输送四千名黑奴之许可证。得知这一许可获批，彼时有一些正在西班牙宫廷逗留之西印度地区西班牙人，当中不乏其将此事告知随国王而来之布雷萨地方长官，通过他向国王索要这一许可。这位地方长官系佛兰德斯绅士及国王心腹之一，此人向国王提出索要许可证请求，并且获准，随即转手以两万五千杜卡多卖与热那亚人，同时他还向国王提出诸多附加条件，其中之一即八年之内不得签发向西印度地区运送黑奴之任何许可证。此后，热那亚人将许可证逐一出售，一个黑人至少卖至 8 个杜卡多。由此，拉斯卡萨斯教士原本为帮助西班牙人得到救助以便在此地扎根并归还印第安人自由之努力成果却被出卖给了商贩，这对印第安人之福祉与解放造成之障碍不容小觑。当这封呈文发出后不久，卡萨斯教士便后悔，他因为在此事上欠考虑而自责，因为如之后其所目睹所询查，事实表明，囚禁黑人与囚禁印第安人同样不义；虽然他原以为黑奴系合法被俘，**然运来黑人以使印第安人获得自由之当初建议，绝非谨慎之举**。他不能确定自己在此事上所陷入之无

---

[1] 指 1512 年颁布的"布尔戈斯法"。

知与好意是否能于神圣审判面前得到宽恕。

彼时伊斯帕尼奥拉岛上已有十至十二个属国王所有之黑奴，曾被带来于河口建造要塞；要塞完工后其他工程源源不断，因有了运送黑奴之许可证，陆续运至伊斯帕尼奥拉岛上之黑人约有三万人，而据我估计，运至整个西印度地区之黑人总共超越十万人，然而印第安人并未因此获得境遇之改善，更遑提获得解放。卡萨斯教士无法继续就此事斡旋，国王不在国内[1]，西印度事务院官员不断更换，对本应明晓之法律日益懵懂无知，此状正如本《西印度史》多次所提及。

因蔗糖厂如雨后春笋般不断涌现，对从事生产之黑人之需求量亦日益增加，为维持运转，一台水力榨糖机需至少八十人，普通之榨糖机每台也需三十或四十人，国王之税收收入也因之而来。由此又出现如下情况：由于葡萄牙人多年前就开始在几内亚从事劫持黑人之勾当，并极其不公正地将其变为奴隶，当看到我方急需奴隶并以不菲之价格向其购买时，彼等竭尽所能，以各种下流、凶残方式，加紧对黑人之劫持与囚禁。除此之外，几内亚本土人发现有人如此贪婪地寻求黑奴，便相互不义开战，或通过非法手段相互偷盗，然后卖与葡萄牙人。由此可见，除了我方自身所犯下之购买黑奴罪行，我们也是导致葡萄牙人与几内亚本土人犯下罪孽之根由。

买卖许可证之收入连同向国王缴纳之税收，均被皇帝用来在马德里（Madrid）与托莱多（Toledo）建造阿尔卡塞尔王宫（Alcázar），得益于这些资金，两项工程均已完工。

---

[1] 西班牙国王卡洛斯一世系欧洲哈布斯堡家族与西班牙王室结合的后裔，他同时是神圣罗马帝国皇帝查理五世，兼任欧洲十数国国王，经常不在西班牙国内。

从前，于未建立蔗糖厂之前，我等以为伊斯帕尼奥拉岛上之黑人，除非被吊死，一般不会死亡，因为我等从未见过黑人因病死去；较之几内亚本土，这片土地对于黑人如同对于甜橙树，环境确实更为自然。然而，自从将奴隶们投入蔗糖厂之繁重工作后，自从他们喝下生产糖浆所剩之汤水后，便有人倒毙、腐臭，甚至引发瘟疫，黑人每天大量死亡。于是，只要有机会，彼等便为逃脱监禁结队逃跑，揭竿而起，杀死西班牙人，手段凶残，使该岛上小村落不得安宁，给伊斯帕尼奥拉岛平添又一灾祸。

除了上述情况，尚有一景不应忽略不提，即狗群之泛滥，它们带来之破坏与损失更是无以计数，无法估量。该岛上曾有无数野猪——由于它们不吃谷粒，而靠啃食植物娇嫩根茎与可口果实生长，比如那些山毛榉果实及肥猪树（guácima），故而彼类野猪之肉质比绵羊肉更加健康、鲜美，它们出没山林，漫山遍野皆可开展美妙、欢乐且收益丰厚之狩猎，但是狗群将之破坏殆尽。群狗于捕食野猪仍未餍足，又袭击牛犊，且常常动作于牛犊刚从母牛腹中生出尚无力自卫之时；无论过去抑或现在，乌泱狗群已给这片土地造成极大破坏，其于未来将造成之恶果亦可想而知。人们对所经历之事以为偶然，然我等理应回想，此岛于发现之初乃人群济济，然我等将此人群杀害，将其自大地之脸面上连根拔除[1]，使岛屿恶狗野兽横行，它们对我等之侵害与骚扰真乃天罚与必然[2]。

---

[1] 原文：extirpamos de la haz de la tierra。
[2] 原文：por juicio divino y fuerza forzada。

评述

"新大陆"开启了近代重大的人口迁徙。杀戮、劳役、瘟疫、恐惧造成印第安人口锐减，劳动力严重缺乏。尤其在16世纪初殖民者开始在今加勒比群岛地区引进甘蔗种植、发展制糖工业，需要大量季节性工，劳动力进一步严重匮乏。

此即本节译文开始部分的背景。为了使印第安人恢复自由，也让西班牙人能生存下去，拉斯卡萨斯提议国王以优惠条件运送西班牙人到美洲开垦土地，希望造成和平共处、共同开发的局面，即非"殖民主义"的"殖民"。其中他犯下了一个在特定历史条件下，与殖民主义有本质区别的严重错误，即接受开始种植甘蔗的伊斯帕尼奥拉岛殖民者的提议，向国王请求向美洲输送12个黑奴，以换取印第安人的自由。正因此，他在《西印度史》（以及其他场合）中数次诚实地叙述，沉痛忏悔。此事发生在1517年左右。

1495年，哥伦布从加勒比地区抓获500名年轻印第安人并将他们作为奴隶押送回西班牙，同年6月，又有300名年轻印第安人沦为奴隶。本书第2节叙述了拉斯卡萨斯反对哥伦布将自由的印第安人像奴隶一样抓走的内容。

但是涉及欧洲原有的奴隶、涉及黑奴，历史由来已久，情况要更复杂一些。

西班牙及欧洲社会在相当长的时间里在奴隶问题上沿用历史传统，认为战争中捕获的俘虏可以充当为奴，买来的奴隶可以继续役用。西班牙历史学教授亨利·卡门的研究可做参考：

延续着希腊和罗马的古老传统,格拉纳达[1]战争的部分战败者也被迫沦为奴隶。"变俘为奴"是穆斯林和基督徒在地中海一带的战争中经常采用的手段。"奴隶"只是暂时失去了人生自由,并不代表着地位的永久改变,他们成了中世纪晚期西班牙国内已有的少量奴隶(多为撒哈拉以南非洲的黑人)的重要补充。[2]

西班牙王室在1501年9月的敕令中已开始允许使用黑奴,1502年第一批非洲黑人奴隶被贩运到西印度群岛。所以本节文字中有"原以为黑奴系合法被俘"的表述。

事实上,最早在非洲从事奴隶贸易的欧洲人是葡萄牙人。1415年,葡萄牙人占领摩洛哥的休达,拉开了欧洲人对非洲大陆旷日持久的渗透、扩张的序幕。1441年,第一批非洲人被贩运至里斯本,从此开启了近代奴隶贸易强迫非洲人向海外移民的先河。此后,每年都有数百到数千名不等的黑人奴隶被贩运到海外。为了使殖民、扩张和奴隶贸易合法化,罗马教皇尼古拉五世在1454年颁布特别训令,同意葡萄牙国王阿方索五世有权在非洲地区夺取土地和奴役异教徒。两年后,新任罗马教皇卡利西斯三世再次颁布训令,将葡萄牙在非洲的行为定义为传播基督教的一次十字军东征,换言之,葡萄牙人所从事的非洲奴隶贸易有利于基督教的传播,是将异教徒转化为基督徒的一种手段。罗马教廷的态度从某种意义上说为欧洲人从事奴录贸易提供了必要的法律依据。[3]

---

[1] Granada,西班牙15世纪穆斯林政权最后控制的地区,此处所说的战争可能指基督徒夺取格拉纳达的战争,或于其后镇压穆斯林再次反抗的战争。
[2] 亨利·卡门:《西班牙帝国:走向全球霸权之路1492—1763》,罗慧玲译,中信出版社,2023年,北京,第19页。作者亨利·卡门(Henry Kamen)系西班牙高等研究委员会荣休教授,英国皇家历史学会会员。
[3] 张宏明:《近代非洲思想经纬》,第24页。

对于这种与役使印第安人同样反人道的行为,拉斯卡萨斯根本不可能去"肇始"。一旦意识,追悔莫及:

> 他从来认为奴隶系不公正与暴虐之产物,此于黑奴抑或于印第安人,道理无彼此之差别……他原以为黑奴系合法被俘,然运来黑人以使印第安人获得自由之当初建议,绝非谨慎之举。他不能确定自己在此事上所陷入之无知与好意是否能于神圣审判面前得到宽恕。

1544年拉斯卡萨斯最后一次返回美洲大陆前夕,发现在西班牙南部存有不少印第安人奴隶。为了解救其中一名女奴,他上书王室请求干预,恳请王室关注"这些印第安人以及所有人——全世界的人民——的自由"。[1]

拉斯卡萨斯还在多次论述人的自由时使用了"无论肤色"的表达。

有心的读者注意到《西印度史》第一卷第十七至二十七章是全书的"非洲章节",叙述了黑奴制度起源。这几章是拉斯卡萨斯后来补写的:1547年他最后返回西班牙时曾于葡萄牙的多明我会修道院停留,听说和搜集了大量葡萄牙人贩奴的劣迹。

古斯塔沃·古铁雷斯在仔细阅读了大量拉斯卡萨斯的文字后指出,在涉及非洲的文字中,拉斯卡萨斯谴责了对非洲大陆本土居民的抢劫——"无论他们是摩尔人还是印第安人,是黑人还是阿拉伯人"。在这里拉斯卡萨斯甚至提到了摩尔人,尽管在那个时代,基督徒对摩尔人普遍持敌对态度。古斯塔沃·古铁雷斯认为,

---

[1] 所引原文为"la libertad de los indios y de todos los pueblos del mundo",参阅 Lewis Hanke, *Bartolomé de Las Casas, letrado y propagandista*, p.145。

甚至在这个问题上,拉斯卡萨斯也有着非常重要的思想转变。[1]

猛醒后的拉斯卡萨斯于16世纪中期写下了上述文字,而奴隶制却变本加厉。17世纪末,美洲大陆许多(持中世纪神学观的)传教士已经提出对黑奴贸易的谴责,但在17世纪的欧洲(如荷兰、英国),一些思想"新颖"的法学家、思想家如格劳秀斯、霍布斯、洛克等,对奴隶制都没有提出批评。这里可以引述乌拉圭已故作家爱德华多·加莱亚诺在杂文集《镜子》里的一节讽刺文字:

这位哲人(指洛克)在写作《人类理解论》一书时,用他的积蓄投资了皇家非洲公司的大宗股票,为人类理解做出了新的贡献。这家属于英国王室和"勤奋、理智的人"的公司,其主营业务是在非洲抓奴隶然后卖往美洲。根据皇家非洲公司的说法,他们的努力保证了"长期、充足、价格适中的黑奴货源供应"。[2]

直至18世纪末奴隶制才最后从法律上死亡,而欧洲贩奴国家取消奴隶制的最深动机依然是可疑的,那时,奴隶制已经进入了不利于资本主义经济发展的阶段。[3]

拉斯卡萨斯在黑奴问题上的一次失误不仅被渲染了,而且被刻意扩大着,目的是掩盖真正的罪人。这一点,坚决捍卫拉斯卡萨斯历史地位的严肃研究者都予以恰如其分的辩护;而借题发挥、将拉斯卡萨斯说成贩奴历史第一人的,基本上都是对批判殖民主义制度闪烁其词之辈。

---

[1] Gustavo Gutiérrez: En busca de los pobres de Jesuscristo: *El pensamiento de Bartolomé de Las Casas*, p.465.
[2] 爱德华多·加莱亚诺(Eduardo Germán María Hughes Galeano,1940—2015)《镜子》,张伟劼译,广西师范大学出版社,2012年,第210—211页。
[3] Gustavo Gutiérrez: *En busca de los pobres de Jesuscristo: El pensamiento de Bartolomé de Las Casas*, pp.458—459.

阿根廷学者恩里克·杜塞尔写道，尽管人类历史上有过种种奴隶现象，但是如此大规模、有组织的奴隶贸易和奴隶制度是"商业资本主义特有独有的结果"。[1]

在当年的重要奴隶贸易地点古巴，德高望重的黑人问题研究专家费尔南多·奥尔蒂斯[2]曾为《西印度史》的一个版本写过序，他专门撰文否定关于拉斯卡萨斯是西印度黑奴引进者的说法。他的结论是，如果说拉斯卡萨斯是"印第安人的使徒"，那么也应该说他是"黑人的使徒"（apóstol）。[3]

古巴独立运动领袖何塞·马蒂（José Martí）有一篇散文题为《拉斯卡萨斯神父》，文中引述了拉斯卡萨斯的一句话："我愿以我的血来赎我出于对印第安人的爱而犯下的罪。"[4]

无论是当代美国学者刘易斯·汉克，还是日本学者染田秀藤都持同样态度。后者称拉斯卡萨斯是"第一个坚决批判葡萄牙人在非洲兴起黑奴制的非正义性的欧洲人"。[5]

我们从这两节中还意外地读到了一些重要史料，它关乎16世纪欧洲早期金融资本的发展情形。拉斯卡萨斯在两节中几乎重复提到了同一情节。可以简述如下：

一些可疑的西班牙人得知身兼十数国欧洲国家国王的卡洛斯一世同意为向美洲输送黑奴而发放许可证的内情后，便向身为佛兰德斯贵族的布雷萨（意大利北部城市？）的地方长官通风报信，

---

[1] Enrique Dussel, *El encubrimiento del otro, hacia el origen del mito de la modernidad*, p.186.
[2] Fernando Ortiz，1881—1969，古巴著名社会学家。
[3] Hidefuji Someta, *Apología e historia: estudios sobre fray Bartolomé de Las Casas*, p.16.
[4] José Martí,*El padre Las Casas,de Páginas Escogidas*（杂文"拉斯卡萨斯神父"，选自《何塞·马蒂选集》第2卷），Ed. de Ciencias Sociales, La Habana,Cuba,1974,II.
[5] Hidefuji Someta, *Apología e historia: estudios sobre fray Bartolomé de Las Casas*, p.16.

通过他向国王索要这一许可。此人由于与国王卡洛斯一世（也即查理五世）的特殊关系获得了许可证，同时还从国王处获得八年之内不得签发向西印度地区运送黑奴的任何许可的附加条件。随即，意大利热那亚人以两万五千杜卡多从此人手里购买了许可证，再以高价将许可证向本应无偿获得许可证和黑奴的美洲西班牙移民逐一出售。一个黑人至少卖到8个杜卡多，热那亚人从中获利28万至30万杜卡多。所以，西班牙历史学教授亨利·卡门认为：

> 纵观整个帝国历史，西班牙帝国的非洲奴隶贸易都是由国际金融力量主导的。[1]

拉斯卡萨斯本人并没有发觉爬出潘多拉魔盒并至今控制世界的金融资本怪物，但他记录中的佛兰德斯、热那亚等重要地点，以及对许可证的购买和高价转手出售、十几倍的牟利、对黑奴贸易及金融交易的垄断（八年之内不许再发放许可证），却是一幅幅拉洋片似的有关那个怪物的活生生的画面。

对于普通读者，这里提示的是一些特定欧洲地区的金融资本、金融头脑和金融手段。

半个多世纪以来，经过费尔南·布罗代尔（Fernand Branudel）、贡德·弗兰克（Andre Gunder Frank）等学者的研究，人们对西欧资本主义兴起过程的深究有了突破性的进展。除去其他一般被注意到的因素，金融资本鼓励战争、发行国家战争债券的高利贷金融活动也是积累巨大财富的方式[2]。贡德·弗兰克在《白银资本》里曾经说过：欧洲资本的原始积累，并非一般地来自物质生产和对

---

[1] 亨利·卡门：《西班牙帝国：走向全球霸权之路1492—1763》，第161页。
[2] 参阅贡德·弗兰克《白银资本》、费尔南·布罗代尔《菲利普二世时代的地中海和地中海世界》《十五至十八世纪的物质文明、经济和资本主义》。

雇佣劳动"剩余价值"之榨取（如马克思分析），它也来自地中海城市国家（热那亚等）向西班牙军事帝国所放债务。布罗代尔和弗兰克认为：地中海的银行家是欧洲乃至世界上最早的"资本家"。

掌控美洲金银的西班牙是重要的一环。但是，金融资本的中心并不处于徘徊于中世纪的天主教之国西班牙。正如流行的说法"西班牙挤牛，欧洲人喝奶"。布罗代尔在其《菲利普二世时代的地中海和地中海世界》中也引证其他学者的话写道："西班牙诸王国是'其他外国王国的西印度'。"本节选译中提到，拉斯卡萨斯听说向美洲输送黑奴的许可证被垄断高价出售后，曾向国王提出过制止和补救办法，但是，"由于国王那时并无充足经费，且未能详尽领会其意，因而完全未采纳卡萨斯之建议"。这个经费的缺额在很大程度上即西班牙国王对国际金融资本欠下的战争军费债务。

布罗代尔所说的"外国王国"就是 16 世纪几股主要金融势力，如：德国南部的富格尔家族（Fuggerei）、意大利的托斯卡纳佛罗伦萨商人、热那亚集团，以及法国里昂的金融商人。亨利·卡门的研究也表明：

在查理[1]的治下，银行家和银行业呈现出一种新的面貌。哈布斯堡王朝的西班牙是将国际资本和国际资本家强加给政府的最典型例子。最初查理同德意志韦尔泽家族（Welsers）的银行和富格尔家族（Fuggers）的银行合作，到后来，从大约 1560 年开始，热那亚的银行家也强势加入。[2]

卡洛斯一世因为四面八方的战争和争取"神圣罗马帝国"国

---

[1] 指神圣罗马皇帝查理五世，也即西班牙国王卡洛斯一世。
[2] 亨利·卡门：《西班牙帝国：走向全球霸权之路 1492—1763》，第 61 页。

王的野心，先后成为富格尔家族和热那亚的债务人。西班牙金银流出的渠道和去向有葡萄牙的里斯本、法国陆路、今比利时的安特卫普港及尼德兰、意大利的威尼斯及热那亚。这些地点曾是被西班牙在"收复失地"战争后驱逐出境的改宗与未改宗犹太商人的重要据点。

甚至哥伦布远航都有国际金融资本的影子：

在1492年于圣菲（Santa Fe）签下协定之前，他一直没有找到西航计划的资助。阿拉贡的犹太改宗者路易斯·德·桑坦赫洛（Luis de Santángel）帮助哥伦布让一切变成了可能。无论是当时还是后来，都有金融家愿意在海外探险事业上冒险：热那亚人和佛罗伦萨人是主要的支持者。[1]

关于国际金融资本对西班牙殖民探险者在进入美洲后资助和控制的详细情况也可以参考同一著作。[2] 这种金融渗透继续进入美洲殖民地的经济开发，"从引进非洲的甘蔗中提取蔗糖，与加那利群岛的情况一样，外国资本发挥着至关重要的作用。伊斯帕尼奥拉的制糖厂（包括蔗糖厂与精炼糖厂）主要由热那亚资本支持"。[3]

这类重要的史料没有很多人注意过，然而对拉斯卡萨斯的诋毁和诬陷却一代代流传下来。

此外，本节译文涉及了甘蔗的引进，蔗糖业的发展及其与奴隶劳动的关系。通观《西印度史》，美洲史上的重大事件，无论政治、经济，都被不仅正义而且严谨的史家拉斯卡萨斯记录在案，此节选译仅为一例。他还用抒情的笔调描写过珍珠的生成、河流

---

[1] 亨利·卡门：《西班牙帝国：走向全球霸权之路1492—1763》，第47页。
[2] 亨利·卡门：《西班牙帝国：走向全球霸权之路1492—1763》，第96页。
[3] 亨利·卡门：《西班牙帝国：走向全球霸权之路1492—1763》，第97页。

的轨迹，行文流溢出对"恩典"的赞美。他也以酷烈的风格记叙过虫灾、瘟疫以及本文涉及的狗灾，行间透露对"天谴"的神秘感悟。

10

"其欲统治之对象处于分裂状态时,暴君方更易于制服一方,及另一方"
——分而治之

《西印度史》第三卷 第一二二章

"不仅阿兹特克帝国,以秘鲁为中心的印卡帝国的陷落如出一辙。乌拉圭已故作家爱德华多·加莱亚诺在文集《镜子》中以'另外的武器'为题写道:

弗朗西斯科·皮萨罗和他的一百六十八名士兵打败了秘鲁王阿塔瓦尔帕的八万人的军队,毫发无损。他们是怎样做到的?

科尔特斯和皮萨罗这两个侵略者都懂得如何巧妙地利用被侵略者之间因仇恨和战争而造成的分裂,他们用根本不会兑现的诺言使他们的军队规模倍增,一步步逼近阿兹特克人和印卡人的权力中心。"

——《荒野的喊声》评述

译文

一如以往之惯行，戈马拉[1]就此说了许多空洞虚假之言，以便粉饰其主子科尔特斯[2]于那片土地之所作所为，如说科尔特斯通过玛里娜或玛林切[3]向人们询问当地头人情况等等。然如此重大交谈，何以能通过如此缺少经验之翻译顺利进行？她几乎只能说诸如"给我面包、给我吃的，你取走此物交换"[4]等少量当地语言中之共用词语，其余只用手势代之。戈马拉还说，科尔特斯得知当地头人相互结仇，为之高兴，故因若如此，他便能更好实现己之目标与想法。

须知，假借当地头人互有敌意（即便头人间真有分歧），实乃暴君科尔特斯之明谋暗算，即在他人或真或假之不和中寻找机会，以便更好地以暴君方式制服双方，科尔特斯之行为即如是。毋庸置疑，彼系一怀藏恶意行事之暴君，而所有暴君——根据圣贤[5]于《政治学》卷五之十一章所言——由于缺少理智，违背法律，亵渎正义，一旦发现其欲奴役之对象间确有这般不和，均窃窃自喜，如若无隙可乘，暴君亦将不惜在彼等之间制造不和，固因**其欲统**

---

[1] 弗朗西斯科·洛佩斯·德·戈马拉（Francisco López de Gómara，1511—1564），从未到过美洲，作为"征服"墨西哥的殖民者统帅埃尔南·科尔特斯的家庭神父与传记作者，他根据殖民主义者的叙述写作了他的《西印度通史与对墨西哥的征服》（*Historia general de las Indias y conquista de México*），初次于1552年出版于西班牙萨拉戈萨。本书第8节出现过同一脚注。
[2] Hernán Cortés，占领古代墨西哥的著名西班牙殖民主义者，本书序的脚注已提及。
[3] Marina o Malinche，玛里娜或玛林切，会数种原住民语言的印第安女奴，科尔特斯的翻译兼情妇，被印第安人看成是叛徒。
[4] 原文为：*daca pan, daca de comer, y toma esto por ello*。
[5] 指亚里士多德。

治之对象处于分裂状态时，暴君方更易于制服一方，及另一方。 暴君深知，若众人齐心合力，彼将更难于，甚至永无可能束缚对方、行其暴政，即使一时得逞，此暴政亦无法延续长久。

那位罗马统帅庞培（Pompeyo）即依照如此方式行事。他被罗马人派去攻打亚美尼亚（Armenia）国王提格兰（Tigrano）或叙利亚行政长官斯卡罗（Scauro）之时，得知犹地亚首领之间存有帮派旧恨，他们是阿里斯托布洛（Aristóbulo）及希尔卡诺（Hircano）两兄弟，二人均意欲独自统治耶路撒冷。庞培明白武力攻城，进而以暴君方式统治该城，并使之成为罗马帝国之进贡国之良机已然来临，乃以此不公正且暴君式手段得逞。自此，犹地亚城[1]及其犹太居民，均失去自由[2]。约瑟夫在其《犹太史》[3]卷三第八章中，巴勃罗·奥罗修[4]在其《Ormesta 世界历史》（*Ormesta mundi*）卷六第6章，佩德罗·科梅斯托尔（Pedro Comestor）[5]在其《白话圣史》（*Historia Scolástica*）关于玛加伯（或马加比）（Machabeos）[6]之卷二第7章，以及其他史家都证明了上述史实。

同样，科尔特斯亦非常乐于见到西印度土地头人间存在帮派、

---

[1] Judea，古代巴勒斯坦南部地区。
[2] 此处有一段拉丁文，内容应该与上文所介绍的雷同。
[3] 原文 *Antigüedades judaicas*，即本书第1节脚注所标明的 Hebraicas Antigüedades。
[4] Paulo Orosio，约公元四五世纪出生于葡萄牙的神父，历史学家，圣奥古斯丁的门徒，著有《七卷反异教史》（*Historia contra los paganos*）。关于此处提及的 *Ormesta mundi*，其释义繁多且没有最终结论，或许即指这部七卷巨著。此处的著作名称采用了模糊译法。
[5] Pedro Comestor（？—1178），生于法国特鲁瓦，卒于巴黎，神学作家。*Historia Scolástica* 系其为巴黎圣母院而作，约完成于1173年，是一种对《圣经》的白话意译，后成为中世纪巴黎大学和剑桥大学的神学教材，此处采用学者林国华的建议，译为《白话圣史》。
[6] 参阅199页注释2。

彼此不和，以便其获得借口欺骗世人，称自己援助一方，反对其对头，仿佛称职之法官，来听取双方陈述，并在充满矛盾之审判中，决定何方占理。就这样，科尔特斯于不知晓何方确实有理之情形下，随意选一方支持，且并不感到自身正犯下重罪。森波阿尔[1]之印第安人完全有可能说谎，称自己被蒙特苏马[2]武力征服并被迫向其纳税，而蒙特苏马正好也确使森波阿尔人陷入其臣民之境。科尔特斯援助一方，使另一方因蒙受破坏正义之罪名而陷入危险境地。无疑，科尔特斯一行已犯重罪，必须对被害一方所受全部损失做出赔偿；即或他所援助之一方乃是占理，他亦并不能因此免于获罪，此系底线。

科尔特斯及随其抵达特拉斯卡拉[3]之一行人马，他们之所作所为，便属这类恶行。待行文所至之处，吾将细述。事实上，只要有隙可乘，能获帮手，并得口实以达到最终目标，科尔特斯向来鲜有顾忌，其目标即降服印第安人，对其施以暴政并掳其财物。无论此方彼方，或弱或强，有理无理，均为其掠夺之对象。若其中确有一些无理占有者，科尔特斯仍不得据此自认法官，不可"依据法律"亦不可"实施"[4]裁判。他该做的唯有推论在彼等土地上实行统治之首领均为合法主人，因为法律与理智指向如此推断。即便一方抱怨另一方，亦不可随即相信其于争端之中居于有理地位。即使蒙特苏马国王违背公正，已成为森波阿尔印第安人之统治与压迫者，且有合法证据以核实此点，科尔特斯也无权以

---

[1] Cempoal，位于墨西哥韦拉克鲁斯（Veracruz）地区，本土民族托托纳卡人（totonaca）居住之地。
[2] Moctezuma，科尔特斯进入古代墨西哥城时的本土民族阿兹特克人国王。
[3] Tlaxcala，位于墨西哥中东部，特拉斯卡拉人是科尔特斯为攻占阿兹特克王国拉拢的主要盟友。
[4] 原文用了两个拉丁文短语：*de iurei*，de facto。

法官自居。

昔日罗马人之执政官提图斯·昆克修斯[1]以何种方式对待科林斯[2]及其他希腊城邦的居民呢？马其顿国王腓力（Philipo）曾压迫这些希腊居民使其奄奄一息；而被提图斯降伏后，腓力及麾下之马其顿人以为希腊居民必陷入罗马之奴役，然提图斯却于大庭广众之下宣称以本人之名义代表罗马人将科林斯人、洛克罗人、弗森塞人（phocenses）、优卑亚人、阿切奥人（acheos）、普提奥梯斯人、马哥内西奥人、帖撒洛斯人、佩尔特雷波人（perthrebos）[3]往昔所具有之自由，给予彼等。众人闻此宣言并知其真意后，纷纷上前向提图斯行吻手礼，以表谢意，并欢呼："提图斯，今日希腊之拯救者与保卫者。"喜悦之声轰鸣，滚滚声浪高亢，阵阵嘶鸣激烈，宛似飞箭之曳长空，乃使空中乌鸦亦栽入人群，坠落地面，唯又因无处落足，于是再度腾空。此事系由普鲁塔克[4]在书写提图斯生平中讲述。如若蒙特苏马确系不公正地征服了森波阿尔居民且剥夺其自由，而科尔特斯如提图斯那般对待森波阿尔人，那么后者理应向其感谢并赠予其拯救者与保护者之名。然科尔特斯反其道而行之，剥夺了森波阿尔人之自由，也剥夺了森波阿尔及许多人之大国君王蒙特苏马之自由；后者并非如科尔特斯所豢养之历史学者戈马拉以文字所宣扬，仅失去自由而已，彼等也失去了权力、荣誉乃至生命。众人皆知：如若科尔特斯照此行事长而久

---

[1] Tito Quincio，英语为 Titus Quinctius Flamininus，通常译为提图斯·昆克修斯·弗拉米宁，前229年—前174年，古罗马帝国政治人物。
[2] Corinto，即 Corinth，常译作"科林斯"或"哥林多"，位于伯罗奔尼撒半岛东北部地区，临科林斯湾。
[3] 原文：corinthios, locros, phocenses, euboicos, acheos, phthiotas, magnesios, thesalos y perthrebos。
[4] Plutarco，古罗马帝国传记文学家，以希腊文书写，其著述以《比较列传》（又称《希腊罗马名人传》或《希腊罗马英豪列传》）传世。

之，则每一位谨慎君子尤其基督徒，即应称其为暴君、他国之篡位者，以及众多外族之屠夫、毁灭者。本信史将对此逐一揭示。

科尔特斯及其一行人最终来到森波阿尔城附近，此乃一座大城，或有两三万居民，所有大屋均系石灰与石块修成。每座房屋都附有园圃，水流潺潺，全城似一花果园，一人间天堂。科尔特斯遣派三四骑兵，于入夜之时窥伺城市。印第安人用染有红赭石之灰泥铺地，并将地面打磨光亮，使其看去若涂有一层银面，星光之下熠熠闪亮；而骑兵以为地面罩有一层黄金或白银，复飞奔而归，禀告科尔特斯云，全城系由金银建造。一行人乃鱼贯进城，城内居民前来迎接。若干头领要人将科尔特斯与基督徒们引入城内，直至王宫。此时为老者与要员簇拥之国王走上前来，双方交语，彼此不通。国王令手下将来者安顿于尽容来众之巨室，后者得到多人款待与服侍。侍者尽其义务，将各位来者视作其父，科尔特斯一行停留十五日之久，足获休息。其间戈马拉云，有人向科尔特斯进谗，曰蒙特苏马如暴君对之欺凌。然恰似前述，此一切均系科尔特斯之诡计与恶意，他煽动离间，怂恿其勿向蒙特苏马纳贡。因惧怕西班牙人火枪及马匹，彼等唯从命一途。那时，彼等已尽知西班牙人在塔巴斯科[1]所制造之灾难。科尔特斯怀有何种心思前去引诱甚至命令彼等拒向蒙特苏马纳贡？他可曾审明此事之源由？他又何以能充当称职法官、对此调查且断以裁决？然此一小人，又复能做何等别样之选择！

---

[1] Tabasco，位于墨西哥南部。

评述

这里选译的一节与科尔特斯入侵墨西哥的历史有关,涉及了殖民主义者"分而治之"的策略。

不仅阿兹特克帝国,以秘鲁为中心的印卡帝国的陷落如出一辙。乌拉圭已故作家爱德华多·加莱亚诺在文集《镜子》中以"另外的武器"为题写道:

弗朗西斯科·皮萨罗和他的一百六十八名士兵打败了秘鲁王阿塔瓦尔帕的八万人的军队,毫发无损。他们是怎样做到的?

科尔特斯和皮萨罗这两位侵略者都懂得如何巧妙地利用被侵略者之间因仇恨和战争而造成的分裂,他们用根本不会兑现的诺言使他们的军队规模倍增,一步步逼近阿兹特克人和印卡人的权力中心。[1]

历史的例证俯拾皆是。2006年在我们访问墨西哥恰帕斯地区的恰穆拉村印第安人居住地时,了解到当地居民主要是索西尔人。索西尔人(tzoltzil)和塞塔尔人(tzeltal)是恰帕斯"高地"(Los Altos)[2]地区两个最大的讲玛雅语的印第安族群,各有三四十万人,他们在历史上自称"真正男子汉"。殖民时期,西班牙统治者采取"分而治之"策略,强化了两者间微小的区别,把他们划分在不同的教区,安上了不同的天主教保护神,以此分化勇武的部落,

---

[1] 爱德华多·加莱亚诺:《镜子》,第174页。
[2] "高地",恰帕斯州九大地区之一,是萨帕塔游击队在大本营拉坎敦(Lacandón)丛林之外的另一主要活动地区。

这样的分化政策遗留的毒素至今仍在发酵。

拉斯卡萨斯在这一段文字里运用了多年积攒的历史学识。年轻时开始的拉丁语修养，修道院提供的时光和精力，造就了他的博学。但是，将慈悯心付诸现实的愿望、正义的冲动和美洲现实，使他难以囿于静室，学问终于还是成了经世致用的利器。他在本节文字中借用古罗马将军庞培靠离间之术攻占犹地亚城为反面例子，借用罗马执政官提图斯·昆克修斯善待被征服的科林斯及其他希腊城邦居民为正面例子，意在当下，以历史针砭现实。

拉斯卡萨斯引用亚里士多德关于"凡意欲实施暴政之暴君"均会采取"分而治之"的论述，认为暴君不可能靠仁政、公正、民主治理，便只能靠统治者的谋略，即统治之"术"。然而这位西班牙修士也许并不知道，他的同时代人马基雅维利[1]已经在那个民族国家膨胀、殖民主义进军的新历史纪元，写出了实用主义国际政治经典《君主论》，将霸术手段肯定为必要的政治斗争技巧，作者本人也被称为第一位将政治和伦理学分家的政治思想家。

前述"归顺令"一节中提及萨拉曼卡学派的弗朗西斯科·德·维托里亚，他为褴褛之中的国际法提出的可以进行殖民战争的理由之一，即与对方一部的"结盟权"。科尔特斯的行为正是对这种"结盟权"本质的最好注脚。拉斯卡萨斯在本节文字中谴责科尔特斯：

以便其获得借口欺骗世人，称自己援助一方，反对其对头，仿佛称职之法官，来听取双方陈述，并在充满矛盾之审判中，决定何方占理。就这样，科尔特斯于不知晓何方确实有理之情形下，随意选一方支持，且并不感到自身正犯下重罪。

---

[1] 尼可罗·马基雅维利（Niccolò Machiavelli, 1469—1527），通常译为尼科洛·马基雅维利，意大利政治思想家和历史学家，其思想常被概括为马基雅维利主义。

拉斯卡萨斯所认为的科尔特斯等的"犯罪",正是现代思想家力图解构的政治伦理。19世纪身为作家的阿根廷总统多明戈·福斯蒂诺·萨米恩托(Domingo Faustino Sarmiento)向南部的潘帕斯草原推进现代化,围剿印第安人,这位近代文人总统讥笑拉斯卡萨斯式的感情和行为表现了一种"多余的仁慈"。美国当代著名历史学家、曾担任国会图书馆馆长的丹尼尔·J.布尔斯廷写了一本《美国人:殖民地的经历》,多次获奖。他在这本书里写道:"英国人的古代楷模肯定不是耶稣而是凯撒。"[1]这种理论和思维在中世纪末的《君主论》里就已经有了雏形。

拉斯卡萨斯在历史的旷野里奔走呼喊,新的时代价值观已经如风暴前的雨珠徐徐降落。在他微弱而坚定的喊声中,究竟飘荡着过时的老调呢,抑或永恒的初音?

拉斯卡萨斯判断科尔特斯等"犯罪"的根本原因就在于:

无论此方彼方,或弱或强,有理无理,均为其掠夺之对象。

拉斯卡萨斯在殖民主义式"国际法"的第一次历史实践中,一语道破这种以救助同盟者为名的离间战术:以支持受迫害一方为名,行占领统治全境之实。

拉斯卡萨斯进一步认为,"即或他所援助之一方乃是占理","即使蒙特苏马国王违背公正","科尔特斯也无权以法官自居"。

他首先谴责的对象是殖民主义者、他们的出发点,以及他们的行为本身。那么究竟应该怎样对待一国受暴君统治的现实呢?

拉斯卡萨斯并没有给出结论,只有循他的思想逻辑判断。他举出了古罗马长官提图斯的历史例证强调,首要的是给予全体人

---

[1] 丹尼尔·J.布尔斯廷(Daniel J.Boorstin):《美国人:殖民地的经历》,时殷弘等译,上海译文出版社,上海,1989年,第104页。

民自由。他的思想中有一种让历史沿着自然的道路循序进步的意识。拉斯卡萨斯在美洲的现实中预感到了殖民主义方式是一种巨大的扭曲，它将造成更大的暴政，留下无数隐患。

五百年的历史证明了拉斯卡萨斯的预感。1997年，我在参加未刊的三联人文地理杂志编辑工作时，采访过一位印度诗人，他专为杂志写了《殖民及其后遗症》一文，其中有一段话使我感触良深：

> 尼赫鲁说，200年的英国统治，是善与恶的交织。英国人觉得善多于恶，印度人却满眼只看到恶，它甚至使那一整段时间暗无天日……这当然只能怪我们自己，我们须为自己的过错受苦。但我无法原谅英国统治者，因为他们有意在印度制造分裂。其他的伤口都将治愈，唯独这伤口会使我们长久地痛苦……[1]

在今天，本来可以成立的"人权高于主权"之说，却由于世界政治环境的恶劣，成了帝国强权的一种借口。这使我想起墨西哥思想家何塞·巴斯孔塞洛斯（José Vasconcelos 1882—1959）20世纪30年代写过的一句话：

> 在当代，人们甚至没有察觉到让一时得势的帝国主义处理涉及人类命运的问题，包含着多少讽刺意味。[2]

这种觉察真像是拉斯卡萨斯五百年前之判断的时代新版。

有一种看破世相的中庸腔调，认为既然"分而治之"系历来统治之术，中国帝王也熟稔此道，那么殖民主义者的尝试又有何

---

[1] 利杜拉杰（Rituraj）:《殖民及其后遗症》，黄觉译，三联人文地理杂志，1998年试刊第2期（未刊）。
[2] 林方仁编："哲学的民族性与世界性"，《拉丁美洲散文选》，云南人民出版社，1987年，第93页至114页。

新鲜？

正如原始征战不可与现代帝国主义划分势力范围的世界战争同日而语，正如古代的货物交换、文明交往不可与资本主义金融势力玩转世界的"全球化"同日而语，正如古代的奴隶现象不可与跨洋的贩奴贸易同日而语，古代的帝王之术何以能有全球帝国主义"分而治之"战略如此深谋远虑，何以能有置他国他族及非我之大陆于几个世纪不能逃离厄运的恶意？

白人奴隶贩子及其教唆下的非洲奴隶贩子唆使部落间战争扩大化以图获得更多"货源"，致使"非洲人之间的战争升级为一种经常性的较为普遍的现象"[1]。以"阿拉伯的劳伦斯"被传诵的英国间谍利用阿拉伯民族主义情绪分化伊斯兰世界，为欧洲列强除去心腹大患奥斯曼帝国立下汗马功劳。英国殖民当局在对印统治时期暗中鼓励各种内部矛盾，直至酿成撤离印度前的"印巴分治"。以德国、比利时为主的欧洲殖民主义者肆意推行的"含米特"假说之于20世纪90年代的卢旺达种族清洗惨剧[2]，当今中东地区局势背后的殖民主义阴影，墨迹未干的"离岸平衡"文案，都是"分而治之"手段或曰谋略的百般演化。

历史现象确实似在重复，但半个千年以来的历史是一个变异的"怪胎"。不看到历史曾有过这样一个"裂变"，就看不透今天，而美洲的1492年几乎就是那个"裂变"发生的瞬间。

拉斯卡萨斯敏感地觉出了这一点，他的仁慈心地不能容忍谋术。被拉斯卡萨斯称作"道德犯罪"的暴政统治术不会永久于世，

---

[1] Lanciné Sylla, Triibalisme et Parti Unique en Afrique Noire, Paris, Presse de la F.N.S.P., 1977, pp.45-48. 转引自张宏明：《近代非洲思想经纬》第80页。
[2] 马雪峰：《大屠杀、含米特理论、族群身份以及其他——由〈卢旺达饭店〉（Hotel Rwanda）所想到的》，《西北民族研究》，2006年第1期。

人类最终会追回"政治"的原初含义,即对人类自身的正常管理。如果说"分而治之"是暴政的战略和手段,那么,团结和联合就应该是被压迫者的理想愿景和政治选择。

11

"小恩里克及其人马所进行之反对西班牙人的战争何等正义!"
——反叛者

《西印度史》第三卷 第一二五章、第一二六章、第一二七章

"小恩里克具备超乎寻常之警觉,敏捷、细心,竭力将自己及部下隐蔽好,仿佛一位终生闯荡的意大利船长。"

——《西印度史》

译文

第一二五章

彼时，伊斯帕尼奥拉岛上发生了一些大事，其一便是岛上印第安人日渐减少，而控制他们的西班牙人却不停命其劳作，使其忧伤。西班牙人中有一青年名曰瓦伦苏埃拉（Valenzuela），系圣胡安-德拉马瓜纳镇（San Juan de la Maguana）人士。此纨绔子弟从父亲那里秉承了西班牙人之邪恶暴虐性情，他有一块分封之土地，那片土地的酋长与首领名叫小恩里克[1]。小恩里克自幼于西班牙人居住的维拉帕斯镇（Vera Paz）之方济各修道院长大。维拉帕斯所属省份，在印第安人语言中称沙拉瓜（Xaraguá，该词最后一个音节重读）。沙拉瓜省曾系贝埃乔（Behechio，倒数第二个音节读长音）国王之属地，而贝埃乔国王则为伊斯帕尼奥拉岛上昔日五位印第安君主中之主要人物，此人详情，吾于第一卷与第二卷中已多有讲述。方济各会修士们教会了小恩里克读书识字，向其系统传输生活习俗。小恩里克天生记性好，能流利地说吾等语言，故其言谈举止，每每表现出从修士处获得之教益。小恩里克过去之领地，系被印第安人称作巴奥鲁科（Baoruco，倒数第二个音节发长音）之省份。巴奥鲁科在伊斯帕尼奥拉岛南部靠海之山里，离梅迪奥迪亚（Mediodía）南边那片海岸上之圣多明各港约有三十、四十、五十或七十里距离。

---

[1] Enriquillo, Enrique（恩里克）的缩小词。

这位巴奥鲁科省昔日酋长大人在天主教人士教育下长大成人，与一位名叫门西亚之印第安女子成婚，门西亚夫人出身印第安名门世家[1]；身为基督徒，两人在圣母教堂正门前举行了婚礼。恩里克高大优雅，身材匀称，相貌不美也不丑，但有一副沉稳、庄重面容。恩里克与领地上印第安人为上述名曰瓦伦苏埃拉之年轻西班牙人服役，仿佛欠其债务一般，当今人士亦说此乃法律规定。恩里克耐心地承受每日来自瓦伦苏埃拉之不公正奴役与欺负。在恩里克酋长所剩无几之菲薄财产中，留有一匹母马[2]，后被其主子，即那年轻暴君强行夺走。尔后，瓦伦苏埃拉依然不满足于强夺他人财产之行为，又企图强暴酋长之妻，破坏其婚姻；或因酋长恩里克有所察觉，或因酋长当面抱怨主人之欺辱，人们传言主人棒打了恩里克，兑现了谚语所说：受了欺负又挨打。

　　恩里克找到居住该镇之副省长佩德罗·德·巴迪略（Pedro de Vadillo）陈述所遭受之欺辱，然其在副省长处所得之庇护，亦即所有印第安人在西印度法官及国王之代理人那里寻得之一贯庇护，结果如下：副省长威胁恩里克，假如再来抱怨瓦伦苏埃拉，就要将其关进监狱甚至戴上枷锁。可怜人恩里克向司法代理人求告未果，遂被放出，他决定到位于圣多明各城之检审院告发所受之欺辱，彼时身无分文亦无处觅钱的恩里克衣衫褴褛、饥饿疲惫。检审院虽然授以关照之信文，然并未采取任何措施，仅将此信发还上述副省长巴迪略；此亦西印度各检审院乃至位于卡斯蒂利亚之皇家西印度事务院给予一切受辱之可怜人的慰藉——将状书批回原处，即转至污辱人之原凶、受害者之敌人。恩里克回到30里远

---

[1] 门西亚：Mencía，混血人，是伊斯帕尼奥拉岛上泰诺族印第安人女首领阿纳卡奥娜（Anacaona）的孙女。
[2] 据研究者分析，此马为骏马（corcel），象征昔日酋长身份。

之镇上，呈上其所得之批文。据传，巴迪略口头敷衍几句，并加之威胁。此时，恩里克之主人瓦伦苏埃拉已得知此事，因而恩里克所受虐待与恐吓有增无减，他肯定会遭受鞭打甚至杀害，各种事均可能发生，对此我毫不怀疑；由于主子欺凌奴仆之古老习俗、由于前者对后者之长久鄙视，由于西班牙人一贯肆无忌惮地奴役、残害印第安人，既不畏惧上帝亦不顾忌法律，恩里克长途行路之后本应得到安慰与休息，然其所得不是晚饭，而是棒打与掌掴。

小恩里克（目睹他自幼在方济各修道院长大的神父这样呼唤他，此为其缩小词之名字的来历）承受了新的凌辱，忍耐着，掩饰着。在每年数月一次劳力轮换之际，小恩里克负责往返安排印第安人前来服役；如有一人未能到来，该哭泣的、受苦受难的、遭监禁、辱骂、棒打、耳光与种种苦难者，乃是小恩里克。这年，得到了主人允许——其实这个印第安人更有理由充当其主子之主人——小恩里克去安排此事。他仿佛回到了旧时光阴，对心中升腾之正义，对西班牙人马匹难以攀登的他的那片嶙峋山地，对手下为数不多之印第安人充满信心；他决定不再为敌人做事，不再为敌人派送印第安人，并为此在自己土地上部署防务；西班牙人自那时至今日都称这种举动为起事[1]，而小恩里克及印第安人则被称为造反者、起事者[2]。其实，印第安人仅为逃避凶残敌人对彼等之杀害与摧残，如同母牛或公牛惶惶逃避屠宰场。因小恩里克未按时将印第安人带去为瓦伦苏埃拉服役，后者猜想小恩里克可能为所受之欺负而气恼，而造反，就像当时西班牙人所言，起事了，于是他带上手下十一人准备强行带回小恩里克加以惩治。及

---

[1] 原文：alzarse。
[2] 原文：rebeldes, alzados。

至小恩里克所在之地，瓦伦苏埃拉发现彼等早有预防，备有铁钉和鱼骨做成之长矛、弓箭、石头，及其他尽数能武装自己之武器。酋长小恩里克率领众人迎战，令瓦伦苏埃拉退回，因为他与手下印第安人毋须跟随瓦伦苏埃拉返回。瓦伦苏埃拉小子历来视小恩里克为奴隶，极端鄙视之，仿佛其乃广场上之粪便，西班牙人历来如此，对印第安人蔑视之至；瓦伦苏埃拉张口便骂小恩里克是狗，使用一切想到之脏话羞辱[1]他，并冲向小恩里克及其印第安人左右；印第安人也蜂拥而上，急促之中，杀死一两个西班牙士兵，并伤及所余之人，西班牙人转身逃跑。恩里克不思追踪，他放过西班牙人，并对瓦伦苏埃拉说："瓦伦苏埃拉，你应谢我，我不杀你们，快快离去，莫复前来，以自律为要。"

瓦伦苏埃拉与其人马返回圣胡安-德拉-马瓜那镇，不只是路过，而是其受损之傲气需时复元。随后，小恩里克起义消息响彻海岛，检审院筹划派人镇压，召集西班牙士兵七八十人追踪小恩里克。多日之后，西班牙士兵又累又饿，终于在一座山里见其踪影。小恩里克迎击敌人，杀死一些人，杀伤一些人。一败涂地之西班牙人垂头丧气，羞辱不堪，只得满含悲伤与耻辱回撤。

小恩里克之声望与胜利消息传遍全岛，众多印第安人纷纷逃离西班牙人之劳役与压迫，聚集于小恩里克麾下寻求庇护，就好像奔向坚不可摧之石堡以期逃生，此景正如所有忧伤之人、为债务所迫之人、心灵困苦之人纷纷投奔逃离扫罗（Saúl）暴政之大卫王，有《列王纪上》（Reyes）第22章所述为证："凡受迫害、负债、心中忧苦的人，都投奔到他那里，他便成了他们的首领；此

---

[1] 此处原文 deshonrarlo，此处有一个原书注释："En C.D.L.E. desnostarle."。这个词的正确拼写应该是 denostar。

时随从他的约有四百人。"[1] 正如此，全岛约有三百人投奔小恩里克，服从其指挥，而此前，据我感觉，他本人所统领之反叛者乃不足一百人。

小恩里克教诲前来投奔之众如何与西班牙人斗争，如何在彼等来犯时自卫。他禁止任何人出山袭击或杀害西班牙人，只许他们面对频繁来镇压与挑衅之西班牙人进行自卫并保护下属。**小恩里克及其人马所进行之反对西班牙人的战争何等正义！**前来投奔之印第安人都服从其指挥，推举其为统帅、为国王，此系何等正义之举！全海岛印第安人均有理由这样做，《圣经》里关于玛加伯王朝[2]之历史对此说明无疑，另有在西班牙流传之关于佩拉约王子[3]的史实，它们不仅证明了自卫战争之正义性，而且证明那些遭受污辱、伤害、杀戮之人，那些子民被折损、土地被掠夺之人，可以清算、惩罚施害者。由于同样原因，出于同样权利——根据自然法及人法之所有规定（暂且不涉及吾等之神圣信仰，此乃附加于天然自卫权的、基督徒面临的另一个命题），小恩里克及岛上那些所剩无几逃脱了西班牙人凶残魔掌及恐怖暴政之印第安人拥有无比正义之理由追击、消灭、惩罚、击溃他们之主要敌人[4]，即那些毁灭了如伊斯帕尼奥拉岛上曾经存在过的众多伟大国度[5]的西班牙人；故此，印第安人所进行或将进行之战争拥有自然法与人法

---

[1] 此处有误，这一段《圣经·旧约》经文应该在《撒慕尔纪上》而不是《列王纪上》；所引原文为拉丁文，此处译文参照天主教思高本《圣经》。
[2] Machabeos，英文为 Maccabean，天主教思高本《圣经》译作"玛加伯"，基督新教译作"马加比"，也译作"玛喀比"。该词来自约公元前2世纪领导犹太人反抗叙利亚塞琉古王朝的犹太祭司家族哈斯蒙尼家族成员之一，绰号"玛加伯"（或"马加比"），意思可能是"锤子"。
[3] Pelayo，公元8世纪西班牙阿斯图里亚斯国王，传说中抵抗阿拉伯人的英雄。
[4] hostes y enemigos，其中 hostes 在古代西班牙语中的意思有"敌人"的含义。拉斯卡萨斯习惯用两个近似的词语。
[5] 原文：grandes repúblicas。

所赋予之权利；人们常称之为战争者，并非战争，而是天经地义之防卫。恩里克作为印第安人之君主更有充分权利如此行事，因为彼乃岛上仅存之印第安人首领及君主。因此，他理应实施惩罚与清算，对所有发现之西班牙人执行正义惩治。

以上无可辩驳；有些既不明真相又不懂法律者言称，该岛君主乃卡斯蒂利亚国王，应该向彼寻求正义；这是阿谀奉承、胡言乱语，因为该岛固有之国王与首领，从未向卡斯蒂利亚国王称臣。自从该岛被发现至今，彼等受到非法暴虐统治，在残酷战争中死去，在极残酷之奴役压迫下消失殆尽，此情此景正如吾于《西印度史》第一卷及全书中所描述。此外，在这座海岛上正义从未得到伸张，岛上印第安居民从未得到赔偿，无论何处何地，但凡正义缺失，蒙受压迫与侵犯之众可以为自己伸张正义。此乃所有法官之座右铭，亦乃天理昭示于人之原则。如若卡斯蒂利亚国王在教廷应允之斯土按照理应之方式进入与利用，彼等对这片土地之最高普世王权就不会被取消；一切都应井井有条，不允许任何人随心所欲，而应以理性引导一切，正如上帝之各造化皆是由理智指引与安排。于此，吾已留下许多以西班牙语及拉丁语写下之长篇论述。

第一二六章

小恩里克手下之人未经其许可杀了两三个带着一万五到两万金比索来自大陆地区之西班牙人；据笔者估计，这些印第安人或尚未投靠恩里克，或系遵其吩咐防范西班牙人的印第安人巡逻队。彼等做了一些并非恩里克指示之坏事，恩里克没有因此对其惩罚，只是不允许彼等这样做。恩里克命令手下如遇见西班牙人，只夺武器，人可放走。搜集矛与剑，此系恩里克主要关照事情之一，在使用这些武器之过程中，彼等很快获得技巧，获得要领，仿佛是天天持刀砍杀之老兵。他们就这样与相遇之西班牙人拼斗，短兵相接，整日厮杀，场面让人心寒。在岛上许多次战斗中，前来对付小恩里克之西班牙军队全副武装，却被他打得落花流水，印第安人因此缴获了许多武器；且岛上起义之印第安人凡来投奔者，均会随时随地、尽其可能偷取主人武器带来。

小恩里克具备超乎寻常之警觉，敏捷、细心，竭力将自己及部下隐蔽好，仿佛一位终生闯荡的意大利船长。他在西班牙人可能来搜寻的每一个港口与地点，都部署了保镖及探子；每当从散布于野的保镖与探子处得知西班牙人出现之消息，就与随身的五十名武士，将妇女、孩童、老人——如有病人亦带上病人——以及所有非战斗人员，尽数带到10里或12里之外山里，彼等早在一些秘密地点，种下庄稼，备有食物。恩里克留下一个头领，系其侄儿，其人个头矮小，但勇气十足；此人率领所有战斗人员，前往等候西班牙人。待后者来临，印第安人个个如猛狮般拼杀，届时，精神抖擞之恩里克与其五十名武士选择合适方向，扑向西班牙人，刺中他们，杀伤他们，杀死他们；在多次对恩里克之围剿中，西班牙人尽管人数众多，但未有一次不被打得一败涂地，印第安人总是胜利。

某次，约有七十一或七十二名大败之西班牙人藏进山洞或石岩内，躲避追击之印第安人；印第安人发现此情，便想堆起干柴，点火烧死他们；但恩里克发令："我不想烧死他们，只想夺其武器，放了他们，让他们走吧。"于是手下照办，并因此而获得许多剑、矛和弩，印第安人彼时还不会使用弩。在此七十西班牙人中，有一来自圣多明各城圣多明各修道院之发愿修士，当其目击彼时惨

201

境，曾坚信无法逃脱，我便是从其口中得知上述书写之情景。恩里克之仁慈显而易见，他本可以将全体西班牙人尽数杀死，但他不愿意那样做，而是命令将其放走；如不是处在战争冲突之中，其中一名西班牙人也不会被杀死。

恩里克妥善安排好妇孺老弱、带领五十名随从突然现身之时，西班牙人还没有到达印第安人等待之地；恩里克警觉如此之高，总能第一个预感到敌人临近。他有令如下：每晚前半夜先睡好一觉，然后起身，带上两个年轻随从，俩人各持长矛。恩里克佩剑，我想有两把剑，因为在恩里克睡觉之吊床床头上挂着两把剑。他心里考虑着事情，口中念着玫瑰经，围绕营地踱步；因此他总是发现西班牙人来犯之第一人或第一批人，并唤醒全体人员。

出于安全之故，他还择取另一正确决定，采取防范措施。他布置手下于那片山区不同地点耕作，将草房盖在离田地三四十里远之处，草房相互间隔10里到12里，他根据情况让妇幼老弱或住此处，或住彼处，保证其能逃脱抓捕。彼处山里有许多野猪，恩里克之手下靠吃野猪肉为生，恩里克豢养许多狗以猎猪。他还吩咐饲养许多鸡，狗吠鸡鸣，敌人便难以发现彼等。他在一隐密地方设一小村，让两三个印第安人与其女人于那里养些狗、鸡，而恩里克与其手下则在远离小村之地区活动。当他派少数印第安人，两三人或四人出去钓鱼、捕猎或做其余事情时，这些人从来无法于原处复将其找到，亦无法确悉于何处能觅之。此做法之缘由为：西班牙人若抓住其派出之人，无一人能前来通知他，同时如西班牙人借拷打发现其曾居住之处，亦找他不到。当其派出多人时不会有此种危险，因为敌人难以将所有人抓住，他估计总有人逃脱，前来通知。

恩里克与其队伍发起之战争节节获胜，威名与英勇神功日益传播全岛，前来对付其之西班牙人无一次不溃败而退，全岛为之惊叹且慌乱。当西班牙人组织人马前去围剿之时，并非所有人均愿前往，检审院以判刑相威胁，一些人被迫从命。如此十三四年过去，其间，国王金库为之耗费八万或十万卡斯特利亚诺[1]。

第一二七章

名唤希瓜约之印第安人致使诸多西班牙人毙命，全岛为之战栗，其本人终被杀死。随后一名唤塔马约者起事，亦造成众多死亡与破坏——恩里克为此心情沉重，试图将其纳入帐下以免更多伤害，并获实现——恩里克多次被包围，其中一次，恩里克与西班牙统领得以对话并就和平及恩里克以交出黄金换取自由之事磋商，西班牙长官之有失谨慎，等等。

见恩里克得势之状，岛上所剩无几之印第安人勇气倍增，一名唤"希瓜约"（Ciguayo）之印第安人揭竿而起。此人应系希瓜约族人士，这一显赫族群居住并繁衍于造成"皇家湿地"之山区，山水流入北部海域，彼处乃全岛最北端之海岸；吾于本书第一卷对此人所述甚多。尽管也如众人般赤身裸体，希瓜约勇敢非凡。他获得了一支卡斯蒂利亚铁制长矛，我想乃为一把剑。不知其曾效力于哪一西班牙人，总之他离开他的压迫者，得到十至十二名印第安人拥戴，并开始与彼等一路袭击西班牙人，袭击矿山、牧场或农庄。彼等通常两人、四人成一小股，杀戮所有路遇之西班

---

[1] castellano，一种古金币名称。

牙人，因而使全岛陷入极度恐慌之中，连内地村镇居民亦感不安。于是，所有人均生活于对希瓜约之恐惧中。最后，一批西班牙人组成一支队伍，跟踪其多日之后将其找见。当西班牙人扑向希瓜约之时，他像一只从头到脚以铁武装起来之疯狗冲向西班牙人。所有人均卷入一场苦战。希瓜约退入一峡谷，于彼处继续战斗。一西班牙人用一短矛将其刺中，他带着刺入身体之短矛，像一英勇作战之赫克托耳[1]。终于，他因流血过多渐渐失去力量。西班牙人将其团团围住，于那里了结其性命。曾与其一起苦战、为数不少之同伴四处逃散。

希瓜约死后，复有一勇猛印第安壮汉造反，其名曰塔马约（Tamayo）。他动手组织另一支人马继承希瓜约之事业，于村镇外围袭击西班牙人。他于海岛造成很大伤害，带来巨大恐慌，使全岛为之震惊。他杀死了许多人，一些西班牙妇女亦在被杀之列，于牧场单独行动之西班牙人，只要与其路遇，均全数被杀。塔马约一心夺取或偷盗长矛与剑等武器，有时也见机偷取衣服。其绝妙作为实乃值得讲述，此岛流传三四则关乎鬼魂之故事。开始，仅三百西班牙人便制服海岛，致使百分之三四十印第安人死于战争或死于矿井下之可怕奴役劳作。而当塔马约造反之时，岛上已有三四千西班牙人，然仅两个印第安人各带十二或十五名同伴行动；且彼等并不一起行动，而是今天这伙，明天那伙分头行动，却使西班牙人心惊肉跳，即使居住于镇上亦惶惶不安。

这只能归功于神之审判，此判决意图向吾等展示三件事情：其一，这些印第安人并不因赤身裸体、生性温柔和顺而缺乏勇气，而不成其为男子汉；其二，假设彼等有如吾等手中之武器，有马

---

[1] Héctor，古希腊特洛伊王子，特洛伊第一勇士。

匹，有火枪，便绝不会允许吾等如今天这般将其从大地上铲除；其三，此乃上帝谴责与惩罚之征兆：上帝谴责吾等行为，如果吾等于此世之悔罪不成立，吾将于彼世为所犯之对抗上帝、反对邻人之重罪而受惩罚；《民长记》[1]第二、三章所写之内容应已说明此点，上帝并非想将人们从应许之地彻底消灭，而是希冀利用所余之人指出希伯来人之罪过并惩罚他们。[2]

尽管恩里克并不知希瓜约与塔马约等人起义并横扫全岛之消息，但岛上西班牙人普遍认为一切均系恩里克指挥，并因此倍感恐怖。得知希瓜约之结果与塔马约之行径，恩里克审慎考虑了事情原委，得知西班牙人认为一切均系由他指挥，因此忧虑重重；对于此点我深知内情。我将于下一部书里——如若上帝应允——详述。

恩里克手下有一名曰罗梅罗（Romero）之印第安人，系塔马约侄儿，他同意派人去寻找塔马约。后者当时于距恩里克百里之遥之雷亚尔港（Puerto Real）及拉雷斯-德-瓜阿瓦（Lares de Guahaba，倒数第二个音节读长音）一带村镇活动。侄儿罗梅罗请塔马约为安全之故投奔恩里克，提醒塔马约早晚也可能遭遇希瓜约之命运，即被西班牙人追踪直至抓住；侄儿转告，恩里克允诺善待塔马约，让其做自己所携来人马之头领，这样众人聚在一起将能更有力地自卫。塔马约终于被其头脑清醒之侄说服，携带许多矛与剑，以及偷盗之衣服前来投奔恩里克。恩里克则欣喜地将

---

[1] 原文：el libro de los Jueces。按基督新教的汉语译法，应该是《士师记》。
[2] 此处有一段拉丁语引文，事涉以上内容："Dimisit ergo Dominus omnes nationes has et cito subvertere noluit.Hae sunt gentes quas Dominus dereliquit ut erudiret in eis Istael; dimisitque eas ut in ipsis experriretur Istaelem utrum audirent mandata Domini, quae praeceperat,etc."。

其安顿，从此解除了塔马约给岛上带来之巨大危害。恩里克就这样将塔马约收容，阻止了一个对西班牙人极端有害之人再对他们做坏事，由此足见恩里克之仁慈及其稳重审慎之处事方式。

西班牙人几乎每年须召集人马讨伐恩里克，使国王与岛上西班牙居民花费了成千上万卡斯特利亚诺。有一次讨伐集中了150个或更多西班牙人，统领是波那奥镇（Bonao）人，叫作埃尔南多·德·圣米格尔（Hernando de San Miguel），他属于岛上最早一批西班牙人，系远征军第一统帅[1]同代人。他年少时就来到岛上，长大于风浪之中，经历过打击印第安人之残酷不义战争。他能赤脚出没山野，攀登悬崖，如同脚踏双履；他人品端正，出身贵族，祖籍莱德斯马（Ledesma）或萨拉曼卡（Salamanca）。他追踪恩里克多日，却始终未遇上后者大意之机会；据笔者估计，若未曾记错，双方从未交锋。一日，两队人马相距弥近，彼此交谈无妨，却无术伤及对方。原来双方各立于一座被一道深谷或河流隔开之遥遥相对山峰，那道沟壑或河流距地面看来有五百人人体[2]累加之深。

双方感到相距如此之近，便都提出停火，这样做无疑乃为了对话。双方达成停火协议，规定任何人不得射杀对方造成伤害。西班牙人统领请恩里克出面商谈，恩里克应允到场。统领对恩里克说，你等处境与你等给西班牙人造成之处境均非常艰难，此非妥善之事；莫如让双方和平安宁生活。恩里克回答曰他亦持同样想法，并称此系自己多日之愿望，但这不取决于己，而取决于西班牙人。统领说其受命于作为国王代理之圣多明各检审院，来与

---

[1] 即哥伦布。
[2] 原文estado，人体高度。

恩里克及其部下商谈停战，说西班牙将准许恩里克及其部属于岛上任何一块他们选中之地自由生活，西班牙人不再干涉，然彼等亦不许伤害任何西班牙人及做出其他任何不当之事；他们尚要求恩里克归还从大陆地区到来之被杀西班牙人所携带之全部黄金。统领向恩里克私下出示了从检审院带来之公文。恩里克说他很愿与所有西班牙人讲和修好，不伤害任何人，并将其所拥有之所有黄金给予西班牙人，只要西班牙人兑现诺言。就如何及何日面晤，双方约定某日由西班牙人统领与恩里克各带八人，至海边某地见面。商定完毕，双方各自离去。

后来，恩里克兑现了诺言，派人于约定地点以树木及枝条搭起一座大棚屋，于屋内放一柜子，柜里摆放着所有金块，使棚屋像座皇家宫殿。西班牙统领也同样准备欢快热闹庆祝和平，但同时却不慎地命令附近海域船只靠近约定地点，他本人带一长鼓手，与手下人沿海岸喧闹走来。恩里克与手下八人已在棚屋备下盛宴等候，然当他目击海上有船只靠近，统领带来了超量人员，西班牙人在鼓手敲打声中喧闹而至，便觉事情超过了约定，恐怕西班牙人做了埋伏，因而决定撤离。于是他与随身卫队隐藏到山里，吩咐那八个印第安人告诉前来之西班牙人，他因身体不适不能赴约，并让他们用备好之饭菜款待西班牙人，把黄金全数交与西班牙人，尽力无微不至地招待彼等。

西班牙统领及其手下到达现场后便询问恩里克在何处，八个印第安人按吩咐答复。找不到恩里克，统领为自己之不慎甚为懊恼（或他并未意识自己之不慎），因为他确信岛上之纷争、动乱、恐惧结束了，他并未受骗。尽管事情尚未完全了结，至少前述动乱已然中止，直到后来之某一时刻，一切终于结束，对此我将于下部书——若上帝应允完成——继续陈述。如此，八名印第安人殷勤招待西班牙人吃喝——印第安人素来好客——把黄金全数交给西班牙人，不少一个克尔纳多[1]。统领向他们致谢，并让他们转告恩里克，他因未见到恩里克，未能拥抱他，并为其之不适而甚感难过。其实他深知恩里克乃因机智未至，他们曾是朋友，恩里克并未伤害他，但亦再不会见他。西班牙人乘船离去，回到了城市，印第安人亦回到主人恩里克身边。自该日起，岛上再无追捕恩里克之策，双方都未再生事端，和平落定全岛，并将停战局面维持了四五年之久。

---

[1] cornado，西班牙古铜币，含有四分之一银，不很值钱。

评述

小恩里克曾是加勒比地区重要印第安部族泰诺人（taino）的一个酋长，与其妻门西亚均系印第安贵族出身。他领导的以泰诺部族为主的印第安人起义遍及今海地岛全岛，自1519年至1533年，历时约十五年。殖民当局耗费大量人力财力围剿不果，只得议和。拉斯卡萨斯在1534年给西印度事务院的信中汇报了事件始末。

拉斯卡萨斯曾只身带一修士去山里与起事的印第安人同吃同住，为达成和平协议斡旋，好似当今墨西哥恰帕斯地区持解放神学立场的前主教萨穆埃尔·鲁伊斯。[1]

在坚持了许多年之后，小恩里克死于欧洲人传播到"新大陆"的结核病，这批泰诺人如同绝大多数加勒比地区印第安部族的命运，在杀戮、劳役、瘟疫中几近绝迹。

与小恩里克及其人马的命运不同，智利阿劳科地区的马普切人[2]、菲律宾棉兰老岛的摩洛人[3]与西班牙殖民当局抗争良久，直至新生国家独立之际始终未被剿灭，保留着自己的根据地。

---

[1] Samuel Ruiz García, (1924—2011), 关于这位主教, 参阅索飒：《把我的心染棕》, 文汇出版社, 2022年, 第287页。

[2] Araucanía, 或 Arauco, 智利中部一片地区；mapuche, 以抵抗殖民主义著称的智利该地区本土居民。

[3] Mindanao, 菲律宾最南的岛屿；关于该岛"摩洛人"的称呼, 黎巴嫩裔美国历史学家希提（Philip K. Hitti）写了一本资料翔实的《阿拉伯通史》（马坚译, 商务印书馆, 1995年, 北京）, 根据他的解释, 罗马人把西非洲叫作 Mauritania, 把那里的居民叫作 mauri（这大概是一个腓尼基名词, 意思是西方的）, 西班牙语的 moro 由此而来。狭义的摩尔人指柏柏尔人（berebere）, 但是, 人们习惯于把西班牙和西北非洲的穆斯林都叫作摩尔人。1521年麦哲伦到达菲宾群岛时, 按照西班牙的叫法, 把50万当地穆斯林称作摩洛人（moros）, 这种称谓延续至今。

阿根廷裔解放神学家恩里克·杜塞尔在《论对"他人"的遮盖》一书"抵抗"一节[1]里尽述美洲大陆上与殖民主义历史同时延续的印第安人抵抗史，指出"抵抗的激烈程度和漫长历程远远超过我们的了解"。[2]

1781年，美洲殖民史上最后一场也是最大的一场抵抗运动的起义领袖、秘鲁的图帕克·阿马鲁二世（Túpac Amaru II）在库斯科大广场被处以极刑前，他的口袋中装着一张写有以下命令的布告：

以纷纷抵达苍天的呼声之名，以全能的上帝之名，我们命令：任何人都不要向欧洲非法闯入者的代理人缴纳任何东西，也不要对他们有任何屈从。[3]

当时大概还没有"殖民主义者"一词，图帕克·阿马鲁二世称殖民者为"非法闯入者"（intrusos）。拉斯卡萨斯反对"征服"的说法，认为没有需要被征服的对象，他对殖民主义者直呼"侵略者"（invasores）。在1992年抗议纪念"500周年"的浪潮中，拉丁美洲的抗议民众决定使用"非法闯入者"一词。

拉斯卡萨斯在连续三章里记叙了小恩里克的起义，为起义者的反抗权、自卫权辩护。

为了证明印第安人有反抗权，拉斯卡萨斯的叙述从"原因"说起。泰诺人在当时已被"征服"，生活在委托监护制下，被殖民主义者看作是温顺的一支。小恩里克也已接受了洗礼，按基督教

---

[1] Enrique Dussel, El encubrimiento del otro, hacia el origen del mito de la modernidad, pp.162-166.
[2] Enrique Dussel, El encubrimiento del otro, hacia el origen del mito de la modernidad,p.161.
[3] Enrique Dussel, El encubrimiento del otro, hacia el origen del mito de la modernidad, pp.165-166.

的仪式结了婚,并作为"工头"被迫为殖民者每年派遣徭役。

起义系压迫及侮辱所逼迫:作为泰诺人昔日贵族权力象征的一匹骏马被"主人"(拉斯卡萨斯称小恩里克"其实更有理由充当其主子之主人")夺走,高贵的妻子受到侮辱,他本人被当众鞭打以警示。

他上告至本省长官,又上告到最高法律机构检审院,但是,得到的结果是"将状书批回原处,即转至污辱人之原凶、受害者之敌人"。他的命运可想而知。因此,当他再次为招募服徭役印第安人回到昔日领地时,故土唤起了受辱之人的尊严感,祖辈居住的山岭也成为起义人马的庇荫:

他仿佛回到了旧时光阴,对心中升腾之正义,对西班牙人马匹难以攀登的他的那片嶙峋山地,对手下为数不多之印第安人充满信心。

据民间传说,小恩里克脱去了象征改宗者的西班牙式衬衫,领着妻子逃入深山。

拉斯卡萨斯言辞明确地为这种"自卫权"辩护:

印第安人仅为逃避凶残敌人对彼等之杀害与摧残,如同母牛或公牛惶惶逃避屠宰场。

…………

人们常称之为战争者,并非战争,而是天经地义之防卫。恩里克作为印第安人之君主更有充分权利如此行事,因为彼乃岛上仅存之印第安人首领及君主。因此,他理应实施惩罚与清算,对所有发现之西班牙人执行正义惩治。

…………

无论何处何地,但凡正义缺失,蒙受压迫与侵犯之众可以为自己伸张正义。此乃所有法官之座右铭，亦乃天理昭示于人之原则。

....

全海岛印第安人均有理由这样做。

古斯塔沃·古铁雷斯在其《追寻耶稣基督的穷人们：论巴托洛梅·德·拉斯卡萨斯的思想》里以大段文字介绍了"小恩里克起义"，尤其针对拉斯卡萨斯下列一段话做出分析：

根据自然法及人法之所有规定（暂且不涉及吾等之神圣信仰，此乃附加于天然自卫权的、基督徒面临的另一个命题）……印第安人所进行或将进行之战争拥有自然法与人法所赋予之权利。

古斯塔沃·古铁雷斯认为，这段文字说明拉斯卡萨斯的思想超出了"基督教信仰至高无上"的中世纪基督教主导思维，坚持人根据自然法则天生拥有自卫权。我想，拉斯卡萨斯的抉择主要不是思辨的结果，是美洲大陆的残酷现实和他个人天性里的人道主义冲动，使他在"生命"和"信仰"中首先选择了前者。

为了说明"起事"仅仅出于自卫，拉斯卡萨斯还描写了小恩里克如何要求手下人马"只夺武器，人可放走"，如何禁止烧死被围困在山洞里的西班牙"剿匪"人员。

前述萨拉曼卡学派的弗朗西斯科·德·维托里亚在开战理由中提到过一种"报复权"，即在西班牙人受到伤害后可以为报复伤害而实行战争。拉斯卡萨斯反其道而行之，在《西印度史》中讲述了一个印第安人报复有理的例子。所以学者染田秀藤说：

拉斯卡萨斯不是从压迫者而是从被压迫者的立场发展自己的

理论。[1]

这种自觉地从被压迫者的角度看问题的立场在 20 世纪中期被拉丁美洲解放神学运动自觉吸纳。

尽管拉斯卡萨斯经常引述托马斯·阿奎那关于"人们可以背叛非正义的法律,人具有抵抗权"的理论,但他的感情远远超出了神学家的辨析,他下意识中完全站在了反叛者的立场,对其竭尽誉美之词:

小恩里克具备超乎寻常之警觉,敏捷、细心,竭力将自己及部下隐蔽好,仿佛一位终生闯荡的意大利船长。

....

希瓜约退入一峡谷,于彼处继续战斗。一西班牙人用一短矛将其刺中,他带着刺入身体之短矛,像一英勇作战之赫克托耳。

....

印第安人个个如猛狮般拼杀,届时,精神抖擞之恩里克与其五十名武士选择合适方向,扑向西班牙人,刺中他们,杀伤他们,杀死他们。

起义者绝大多数是被"逼上梁山"。他们的被迫性、自卫性、弱小性、以躲避寻求自由的特征,使得他们的战斗带有游击战的全部特征。小恩里克创造的游击战是被压迫者的典型方式。另一个"叛匪"塔马约仅带领不到二十个人,就给伊斯帕尼奥拉岛上三四千西班牙人带来"巨大恐慌"。这大概就是五百年前的"不对称战争"。

恩里克"将妇女、孩童、老人——如有病人亦带上病人——以

---

[1] Hidefuji Someta, *Apología e historia: estudios sobre fray Bartolomé de Las Casas*, p.160.

及所有非战斗人员，尽数带到 10 里或 12 里之外山里，彼等早在一些秘密地点，种下庄稼，备有食物"。这种流动性与美洲殖民史上各种各样的"逃奴寨"，与 20 世纪末墨西哥萨帕塔民族解放军建立起的自治村，都有相似的形式和战略战术。

"恐怖主义"只是压迫者为掩盖自身原罪、为诋毁反抗有理而制造的话语。真正的恐怖主义元凶远在五百年以前早已现身，而抵抗的话语永远在茫茫黑夜中争辩。

——正文完——

说明与致谢

本书译文行文中括号里的外文词语，除专门说明外，皆系译者为方便读者而根据原文抄写；如果须说明的内容较多，则做成脚注加以解释。

本书附有人名、地名翻译对照表；汉语译名基本按照译文中第一次出现的名字（或全名）按汉语拼音顺序排列；括号内标明了人名或地名所出现的节号。

本书出现的主要参考书目，在第一次出现时，于当页脚注写明了出版详情，再次出现时仅标明作者、书名与页码。

在本书完成的过程中，得到了叶健辉、陈浩、张小强、刘盟赟、魏然、韩晗等友人的真诚帮助，在西方古典文明、拉丁文等专业领域，得到了林国华、雷立柏两位专家的指教，在此一并致谢。

附录：良心的谴责[1]

在不公正的历史较量中，失败者的一方不仅失去了对物质的占有，也失去了在这个世界上发言的权利，官方历史从来是由胜利者书写的。但是，在西班牙的殖民史上，出现过一位替失败的弱者——也是正义的一方——说话和写史的人，这个人就是当年的西班牙天主教多明我会修士、墨西哥恰帕斯州主教巴托洛梅·德·拉斯卡萨斯。

拉斯卡萨斯和他的少数同道的确是一种例外，然而正是由于这个例外，貌似公允的历史天平上出现了一个重要的倾斜。

荒野里的呼喊

拉斯卡萨斯的父亲参加过哥伦布对美洲的远征队。15 世纪末、16 世纪初，年轻的拉斯卡萨斯跟随父亲奔赴美洲。

---

[1] 如《荒野的喊声》序所提示，"附录"系本人作品《丰饶的苦难》中涉及拉斯卡萨斯的第一章第二节。该书于 1998 年初版，2003 年再版，"附录"中如有个别点与《荒野的喊声》不尽一致，只要不是原则问题，本书对《丰饶的苦难》这一节的文字一般不做修订。

在浩渺的大西洋上，漂浮着几只核桃壳似的小帆船，船上的海员们都很佩服这位学识渊博、精通拉丁文的瘦削青年，而他则每天快活地看日出，看大海，充满着对彼岸的种种神圣念头。他绝没有想到，在今后的一生中，自己将十四次在这大海上作艰苦的航行，往返于祖国和美洲之间。

拉斯卡萨斯登上了伊斯帕尼奥拉岛（亦译为西班牙岛，即今天的海地岛）后，一天天失去了笑容。

16世纪，西班牙人在被占领的美洲土地上实行分派劳役制和委托监护制。哥伦布下令将被"征服"的土地连同印第安人一起分配给殖民者，即分派劳役制，这种实际上的奴隶制造成了大批印第安人死亡。王室为了限制过于残酷的奴隶制，又采取了委托监护制，名义上规定印第安人是国王的自由臣民，将他们委托给"有功"的殖民者加以监护，监护人的责任是向被监护人传教和收税。后一种制度在执行过程中也基本无异于奴隶制。

最初，拉斯卡萨斯担任了一个低级教职，负责给印第安人讲解基督教教义。他也分得一批印第安人仆人，但他是一个很平和的印第安人"监护人"。

这时，在伊斯帕尼奥拉岛上发生了一件应当在世界史上浓墨重彩书写的大事。

1510年，一批多明我会[1]的修士从西班牙萨拉曼卡城圣埃斯特万修道院来到伊斯帕尼奥拉岛。这些修士早已对本国殖民主义者的暴行强烈不满，1511年，他们终于将酝酿已久的造反付诸行动，决定利用圣诞节前的一个星期日起事。修士们集体准备布道词，人人签名，表示共同负责的决心，然后推举最有口才、最富于感染力的安东尼奥·蒙特西诺斯做这一天的主讲人。

这一天，修士们挨家挨户请来了大小头面人物为听众，其中包括哥伦布之子、殖民地总督迭戈·哥伦布。来者中谁也没预料到,他们所听到的是振聋发聩的反叛之声。蒙特西诺斯的布道词以一句《圣经》名言为首句:

"我是在旷野里呼喊者的声音。"

他用沉稳、坚定的语调接着说:"吾乃此岛屿上荒野基督之呼喊……我将要对你们讲的是你们绝对想象不到的最生硬、最严厉、最可怕、最危险的话……你们全体都犯下了死罪。你们对这些无辜的人施加暴行、实行独裁,因此将永无解脱之日。你们有什么权力和理由这样凶残地奴役印第安人?你们有什么权力对他们进行可憎的战争?他们难道不是人吗?没有正常的心灵吗?你们难道没有义务像爱自己一样去爱他们吗?……你们没有觉出自己在沉沉的迷梦中昏睡吗?"[2]

这就是著名的"蒙特西诺斯的呼声"。如果说人权的范围也包括这些"野蛮的"印第安人,那么应该说,"蒙特西诺斯的呼声"是比美国的《独立宣言》更早的人权宣言。

在场的西班牙人惊慌失措,毛骨悚然,一些人以为末日审判已经来临。蒙特西诺斯高昂着头离开了布道场,清醒过来的殖民者像开水一样炸了锅。但是只有暴怒,没有反省。他们威胁修士们说,如果修士们不在造反的第二个星期日再做一次认错式的布道,就将他们革除教籍,遣返回国。

在草棚搭成的修道院里,蒙特西诺斯和他的教友们默默无言地喝着无油的卷心菜汤,他们深知险恶的命运在等待着自己,然而修士们决心铤而走险。

第二个星期日,蒙特西诺斯的布道词以《圣经旧约》中圣约伯的一句名言开场:"我将再次从头讲述我的认识和真理。"

这一次的布道以更充足的理由、更激烈的言辞鞭挞着殖民者的灵魂。在一个教权、王权神圣不可侵犯、民族主义情绪浓烈的西班牙时代，是什么力量使手无寸铁、生活清贫的教士们产生了这样大的勇气？

只能是信仰。原始基督教精神中的朴素人道主义使这些真诚的人无法接受悲悯与残暴之间的巨大冲突。

没有史料说明拉斯卡萨斯与"蒙特西诺斯的呼声"的直接关系，但他也许是在史书里用了最多的笔墨和最热情的语言记叙这一历史事件的人。

反叛之路

拉斯卡萨斯在很大程度上是一个没有走出中世纪的人，他用神秘论来解释西班牙人与美洲的相遇，他认为天意使哥伦布成为第一个到达美洲的西方人，连哥伦布的名字、姓氏都呼应了神旨，也就是说，向美洲传播基督教是上帝赋予哥伦布的使命。正是出于这种虔诚，拉斯卡萨斯无法容忍在神的旨意中夹杂人的贪婪和罪孽。他毫不留情地批评过哥伦布对待印第安人的不公正做法。

一次，哥伦布抓了 7 个印第安男人，把他们送到西班牙本土给国王看。后来，他又抓了另外 7 个当地妇女、3 个孩子，准备一块送去。一个印第安人来央求把自己也一块带到西班牙去，因为被抓的人中有他的妻子和 3 个孩子。拉斯卡萨斯用明确的语言指出："这件事违反了天然法则和人的权利。"他将心比心地写道，如果印第安人抓了哥伦布派去了解情况的西班牙士兵，那么他一定会出兵攻打印第安人；同样，印第安人也有权这样做，以救回他们的同胞，因为"天然法则和人权对所有的民族都是有效的，不管他们的信仰、法律、状态、肤色、条件有什么区别。"他还写道,将这些有丈夫的妇女强行掠走或偷走是"严重的罪行",因为"婚姻是人的天然权利";"我想,那个印第安男人一定更希望把女人和孩子归还给他,留在自己的土地上,而不愿意被流放到异国,死在他乡。"[3]

拉斯卡萨斯从一开始就毫不犹豫地把印第安人看成和西班牙人一样的人,他没有像同时代一些西方人那样把他们看成无头人或蓝皮肤、方脑袋怪物。他在毕生的历史巨著《西印度史》一书里写道:"谁也不能否认他们是亚当的后代,所不同的只是,由于上帝的恩惠,我们首先被召唤和引向基督教。仅仅因为这一点,适应于我们的神圣和自然法则以及仁慈的原则都应该适用于他们。"[4]

黄金煽动了殖民主义者恶的本性。他们在美洲大陆的所作所为对于拉斯卡萨斯来说像一场难以置信的恶梦。他无法接受自己的同胞在圣的旗帜下犯下的罪行。

在尼加拉瓜,他看见西班牙人"强迫印第安人背负3阿罗巴[5]重的货物,但又生怕印第安人把货物扔在途中,于是暴徒们便把他们用锁链连起来。有一次,和过去屡次发生过的情况一样,4000名印第安人中只有6人活着回来,其余都活活累死在路上。途中,为把那些因负载过重,筋疲力尽而步履跟跄,或因饥饿辛劳和体弱力衰而生病的人逐出队伍而不必解下锁链,西班牙人便砍下他们的头颅,使其身首异地"。拉斯卡萨斯流着泪写道:"印第安人见此惨状该是多么难受啊!"[6]

1513年至1514年,拉斯卡萨斯出任西班牙占领古巴远征军的随军教士,目睹了古巴岛的大屠杀。这是拉斯卡萨斯一生中重要的一页,它终于导致拉斯卡萨斯走上了彻底的反叛之路。

拉斯卡萨斯在《西印度史》里详细描述了美丽的古巴岛：这是一个比从西班牙的巴利亚多利德到意大利的罗马还要长的岛，有优良的天然港湾，富饶的土地，各种奇异美丽的鸟和鱼；居民生活安宁，就像早期罗马人，"没有法律，由国王根据意愿和审慎的态度进行治理"，那种和平气氛是"存在正义的标志"；岛上有一些神职人员，或者说巫师、医生，从事算卦活动，这个阶段是"所有民族在没有认识真正的上帝之前都会经历的"正常阶段；岛上流传着类似洪荒和诺亚方舟的传说，还有一个印第安老人讲述过一则感人的故事，故事里说，印第安人和西班牙人是洪荒时代两个亲兄弟的后代。[7]

拉斯卡萨斯还叙述了一件他亲身经历的事情：一个名叫奥赫达的西班牙军官和他的士兵们在古巴岛一个小村子附近陷入沼泽地，印第安人像对待天使一样把他们一个个背上岸来，并一次次深入沼泽，救出了所有的西班牙士兵。拉斯卡萨斯写道："当时哪怕有一千个、一万个西班牙人，如果印第安人想杀他们的话，肯定一个也留不下。"[8] 然而，印第安人拿出自己所有的美味款待他们，有些西班牙士兵感慨地说，在自己的父母家都没有受过这样好的待遇。奥赫达在村里建了一座圣母小教堂，向印第安人介绍了圣母的故事。几天后，拉斯卡萨斯来到了这个村子，亲耳听人们讲述了当时的场面，亲眼看到了被印第安人打扫得干干净净并放上了供品的小教堂。

但是，这样一座原有30万居民的美丽岛屿竟被1511年后登陆的西班牙士兵糟蹋成荒无人迹的死岛。记得我有一次曾无知地问一个古巴人："你们国家为什么没有印第安人呢？"他说："难道你不知道古巴岛上的印第安人全被杀光了吗？我们都是白人和从非洲贩来的黑奴的后代。"这场在有些人听起来像神话一样的种族灭绝，被500年前的拉斯卡萨斯记录了下来：

"古巴岛的印第安人与伊斯帕尼奥拉岛的百姓一样，沦为奴隶，倍受折磨，为了不白白送命，人们纷纷逃进山里。有的夫妻没能逃走，绝望之极，在扼死自己的孩子后，双双悬梁自尽。仅由于一个西班牙暴徒（我认识他）的残暴行为，就有200多人上吊自杀，此外，还有成千上万的人以同一方式死于其他暴徒之手……一次，印第安人带着食品和礼物来到一个离大村庄10里的地方迎接我们。我们一到，他们就奉上大量鲜鱼、干粮和其他食品以及他们所能拿出的一切。不料，基督徒突然凶相毕露，当着我的面毫无道理地用剑杀死了坐在我面前的3000多名男女老少。这一暴行是我亲眼所见，我相信任何人见此惨状都会毛骨悚然……古巴岛上有一个西班牙国王派来的官员，他分得300名印第安人，3个月后被他在矿上累死了270名，仅剩下30名，即仅剩下十分之一。后来，又给他300名，同样又被他折磨死了……我在古巴岛逗留的三四个月中，7000多名儿童饿死在他们父母服役的矿山和农场"[9]。

拉斯卡萨斯还记录了一个意味深长的哀婉事件：

古巴岛上有一位反抗西班牙人的酋长名叫阿图埃伊，西班牙人抓住了他，要把他烧死，一个方济各会[10]的修士希望他临死前接受基督教的洗礼，酋长说："基督徒都是坏蛋，我为什么要成为基督徒？"修士说："像一个基督徒那样死可以进天堂，天天看见上帝，并享受安逸。"酋长又问："基督徒进天堂吗？"修士说好基督徒进天堂。最后，酋长表示他不愿进天堂，因为天堂也是基督徒所要去住的地方。

通过拉斯卡萨斯的笔，这个真实事件像传说一样流传至今，成了西方殖民史上著名的例证。

1514年8月天主教五旬节前的一天,拉斯卡萨斯正在认真地准备布道词,突然,《圣经·德训篇》里的一段话像一道强光刺痛了他的双眼:"以不义之财作为牺牲(奉献上帝)是不干净的,恶人的贡品将不会被接受……掠夺穷人以奉献牺牲等于杀死儿子奉献给他的父亲……"这段话像神的启示一样震动了拉斯卡萨斯的灵魂,他猛然从扶手椅里站起来,从这一时刻起就再也不能平静。

　　拉斯卡萨斯毅然决定放弃属于他监护的所有印第安奴仆。他向远征队队长说明了自己的决定,并拒绝了让他冷静考虑15天的建议。拉斯卡萨斯得到了好友佩德罗·德拉·伦特里亚的支持,后者与他共同拥有这批印第安人。他们俩人租了一条船到牙买加岛买了一批玉米种和猪,准备今后养猪种地自食其力。8月15日圣母升天节这一天,拉斯卡萨斯在布道词中宣布了自己的决定,并强烈谴责委托监护制和对印第安人的不公正待遇,要求所有殖民者放弃他们从印第安人那里侵占的全部财产。拉斯卡萨斯在描述当时的情景时这样写道:"所有的人都惊恐万分,一些人感到内疚,另一些人觉得在做梦。在他们听来,说谁奴役印第安人谁必然犯罪,好比说人不能使唤田野里的牲口。他们觉得闻所未闻,无法相信。"[11]

　　拉斯卡萨斯从此开始了长达50年义无反顾的斗争。一年后他登上了远洋船只,抱着说服国王和朝廷的决心,驶向西班牙本土。一生中,他14次横穿恶浪滔滔的大西洋,为信仰和理想奔波。

　　由于当时的历史条件和拉斯卡萨斯的认识程度,他只能把改变美洲大陆非人道状况的希望寄予报告教廷和说服王室。1516年,拉斯卡萨斯被王室任命为"印第安人代诉人"。在拉斯卡萨斯和其他一些宗教人士的努力下,罗马教皇和西班牙王室制定了一些法令,在一定程度上限制了西班牙殖民者在美洲大陆的暴行。这些限制性法令可以看作拉斯卡萨斯等人的胜利，但它们从来没有被真正付诸实施，关键在于西班牙本土的许多官员在美洲殖民地都拥有印第安奴隶。

中世纪末期和资本主义初期的欧洲文明已经暴露出现代文明弊病的种种端倪。托马斯·莫尔的《乌托邦》等作品反映出欧洲人对自身文明的批判性反思和对理想化的远古文明的追忆。拉斯卡萨斯在他的著作里经常拿印第安人的品性与古人记载中的人类祖先的优良品质相比较，可见他在无意识中寻找抵消欧洲文明弊端的积极因素。从这个意义上说，拉斯卡萨斯也是西方文明的早期批判者之一。

在拉斯卡萨斯看来，欧洲人在美洲的行为绝不应该是一种破坏，而应该是一种建设。

拉斯卡萨斯想象中的"殖民"是怎样一幅情景呢？

用他的话来形容，"最主要的是派遣一些真正的居民，即会耕作的人来耕耘这些吉祥的土地；这些土地应由它的天然居民和主人即印第安人根据自愿决定是否转让；双方通婚，创造出一个最美好的国家，这个国家也许将是世界上最具有基督教精神的、最和平的国度"[12]。拉斯卡萨斯的思想已经不只局限于传教，他所涉及的已经是文化融合与社会发展问题。

1516年，拉斯卡萨斯等说服国王的代理人制定了关于西印度的新法律：取消委托监护制，代之以西班牙人－印第安人的合作式村社，以农业劳动和通婚为手段通过和平方式逐步取消种族差别。1520年，拉斯卡萨斯受多明我会的委托，经过艰苦的说服和多方斡旋，向国王要到库马纳河流域（今委内瑞拉境内）一块沿河地区作为和平传教试验基地，不允许任何武装人员，只允许方济各会和多明我会的会员穿戴一样的教服进入该地区，以区别于其他曾作恶多端的西班牙人。

拉斯卡萨斯克服了种种阻挠、经历了数次失败，1520年底终于多方筹集资金，招募到120人，其中包括70个农民，横渡大西洋，前往美洲。拉斯卡萨斯向国王许诺在第三、六、十个年头上上缴递增的年金数目，他准备了一批用于与印第安人交换金银的礼品，自备了足够的粮食，准备好危急时脱险用的船只。他还通过有过交往的印第安人向居民做广泛的宣传，并在边界地区建立防止其他地区西班牙暴徒来袭击的堡垒。

但是，拉斯卡萨斯也许没有意识到他面对的是一场包含着世界性巨大经济利益的残酷争夺，这场争夺在他的眼前具体表现为金银的诱惑和人的贪婪。库马纳附近有一个库巴瓜岛，岛上住着一些西班牙珍珠商人，他们经常带着烈酒到库马纳来引诱印第安人，骗取金银，绑架人员当奴隶，制造事端。一次，拉斯卡萨斯远离库马纳出外办事，岛上终于发生了流血事件，死了不少西班牙人，包括支持拉斯卡萨斯的多明我会修道院院长。

拉斯卡萨斯付出了巨大心血的第一次行动就以流血的失败告终。他遭到无数讽刺、漫骂，有人甚至把对他的挖苦写进了历史书。然而，拉斯卡萨斯本人非但没有退却，反而走上了决绝的道路。他坚信，流血是天意对他过于疏忽的惩罚。血的淬火使他成为一块坚硬的铁，他只等待上帝在末日审判之时作出公正的判断。在这第一次试验中，他还没有否定通过和平传教也为王室增加收入的因素；自此之后，他的主张日益激烈，直至完全否定了西班牙人进入美洲的经济目的。1524年，他向王室还清了因推行和平传教试验而欠下的债务，正式加入了多明我会，在美洲的修道院里开始了历时七八年的神学、法学研究和他一生中最重要的写作——《西印度史》。

1520年至1530年期间，西班牙大殖民者埃尔南·科尔特斯和弗朗西斯科·皮萨罗先后占领了墨西哥和秘鲁，这是美洲两个最重要的印第安文明地区。旧日的矛盾又激化起来。拉斯卡萨斯无法容忍自己继续潜居于修道院，又重新站到了斗争的最前沿。1537年，拉斯卡萨斯来到危地马拉宣传他的人道主义观点，于1537年至1539年间进行了他的第二次和平传教试验。在特苏路特兰（印第安语意为"战争之地"）地区，他组织多明我会教士身穿黑白教服，用音乐开道，教会一些已经接受基督教的印第安人用当地人的基切语唱讲述上帝历史的简短诗歌，并带去一些日用百货。严格实行禁欲主义的多明我会教士就这样和平进入了后来改名为韦拉帕斯（西班牙语意为"真正的和平"）的这一地区。这是一次基本成功的和平传教。六七年以后，当拉斯卡萨斯作为墨西哥恰帕斯主教回访韦拉帕斯时，仍然受到了友好的欢迎。15年以后，年迈的拉斯卡萨斯在西班牙本土闻讯韦拉帕斯印第安人再次起义并遭到血腥镇压，心情沉重，悲痛无语。

1540年，西班牙国王卡洛斯一世下令在巴塞罗那召开会议，全面审查印第安人问题。为此会议，拉斯卡萨斯于1542年撰写了他的第一部专题著作《西印度毁灭述略》。这部著作可能在巴塞罗那的某次大会上宣读过。

《述略》以激越的情绪和浓重的笔调大量揭露了西班牙人在美洲杀戮无辜、灭绝种族的罪行。他在《述略》中说：

"我们可以确切无误地说，在上述40年（1492—1541）间，由于西班牙人极其残酷的血腥统治，有1200万无辜的印第安人惨遭杀害，实际上，我个人认为足有1500万人丧生……印第安人对基督徒的战争都是正义的，而基督徒对他们的战争却没有一场是正义的。恰恰相反，这种战争比世界上任何一个暴君所发动的战争更无道理。我还可以断言,他们在西印度所发动的战争其性质全都如此,无一例外。"[13]

《述略》是历史性的,拉斯卡萨斯以"我作证"的庄严态度向全世界宣判了西班牙殖民主义者的罪行。为了强调真诚,拉斯卡萨斯在书中的许多地方留下了这样的语句:"这是我亲眼所见""如不属实,我愿意碎尸万段"。

10年以后,在西班牙的巴利亚多利德进行了关于"征服战争"是否有理的大辩论,为了争取舆论支持,拉斯卡萨斯决定刊印《西印度毁灭述略》。那个时期,拉斯卡萨斯在西班牙南部的塞维利亚招募传教士前往美洲。为了统一传教士的思想,他以私人版本的形式印刷发行了他的"论文集"——《塞维利亚文集》,其中包括了《西印度毁灭述略》。外国,尤其是西班牙的劲敌英、法等国翻译并大量发行此书,对西班牙构成沉重的打击。西班牙宗教法庭下令禁止《述略》的流传。拉斯卡萨斯因此被冠以制造了"黑色神话"的罪名,即夸大黑暗面,丑化西班牙。直至当代,拉斯卡萨斯在西班牙仍然是有争议的人物,有人把他描述成精神分裂病患者,有人提出他可能是犹太人后裔,他的祖先是后来才改信天主教的。他们用种种怀疑的态度来解释拉斯卡萨斯当年的反叛立场。至今在有些人的心目中,拉斯卡萨斯仍然是西班牙的叛徒。

这就是反叛之路的代价。

1542年,拉斯卡萨斯向王室提交了一份《补救措施呈请书》,其中明确要求取消"征服"(conquistar)美洲的提法。他说,在美洲既没有信仰的敌人,也没有西班牙国王的敌人,因此也不需要什么征服。他认为历史事实是殖民主义者"杀戮"了原美洲居民、用武力"打败"了这些民族。从拉斯卡萨斯的时代到今天,近500

年过去了，在我们关于这段历史的叙述语言和各种文本里，仍然处处沿用"征服"这个殖民主义词语——让我们在本书里实现拉斯卡萨斯的愿望，彻底抛弃殖民主义者的说法，用"侵占美洲"取代"征服美洲"来描述这段还远远没有成为历史的历史。

从1544年至1547年，拉斯卡萨斯担任最贫穷的恰帕斯地区（今墨西哥、危地马拉一带）主教。这是一个谁也不愿意去的教区，既危险又没有油水。在此之前，拉斯卡萨斯曾拒绝到年金很高的富裕地区去当主教。

在恰帕斯，拉斯卡萨斯向西班牙人大声宣布：谁希望赎罪，谁就得在公证人面前解放他们的奴隶，向印第安人赔罪，归还非法所得，按奴役时间赔偿损失，澄清贩卖战争性武器的责任，并赔偿由这些武器造成的损失；否则，不接受他们的忏悔，也不接受他们的临终忏悔。拉斯卡萨斯甚至提出，不按此规定听殖民者忏悔的神父也要受惩罚。他还把这些要求编成一本《忏悔手册》，副标题是"通知与准则：供为印第安人服务的、听西班牙人做忏悔的神父之用"，发给每个神职人员。这种做法给予殖民者的打击是毁灭性的。有人咬牙切齿当众烧毁了《手册》，有人编顺口溜辱骂他，有人夜间以噪声和火枪在他的住所外面骚扰，有人埋伏在路边企图谋杀他。西班牙王室风闻《手册》，认为间接受到谴责，命令拉斯卡萨斯立即撤回《手册》。

但是恰帕斯州的印第安人热爱这位早期的穷人主教。他们看见其他白人主教身着华丽的教袍，手拿金色的手杖，盛气凌人，而这位瘦削的西班牙老人穿着一件普通的黑坎肩，每天拄着一根用树枝做成的拐棍，翻山越岭，问询印第安人的疾苦和要求。淳朴的印第安人毫无保留地信任这位主教，以至于有些西班牙人狡猾地利用了这种信任：他们有时为了支使印第安人办事，就胡乱写一张字条，谎说是拉斯卡萨斯的笔迹，印第安人接过字条，二话不说，马上去办。这种情景曾被另一个西班牙历史学家写进了史书。

在巨大的压力下，拉斯卡萨斯终于被迫离开了恰帕斯州，但是500年后的今天，那里的人民仍在深深地怀念他。下文我们还要介绍兴起于20世纪60年代的拉丁美洲解放神学，解放神学是维护穷人利益的神学运动。恰帕斯洲直到今天，仍然存活着解放神学的火种。也许那里有拉斯卡萨斯主教不朽的灵魂。

历史性的辩论

在西班牙的历史上，有过一件值得在世界史上大书特书但至今被忽略，甚至遗忘的事情，那就是1550年、1551年在宗主国西班牙本土的巴利亚多利德召开的两次大型辩论会。这两次古典式的辩论直指殖民主义理论的核心：世界上有没有劣等民族？先进民族有没有理由对落后民族开战并奴役他们？这种性质的论战在西方殖民史上是仅有的一次。

辩论的主要对手是拉斯卡萨斯和宫廷神父兼国王的编年史官胡安·希内斯·德·塞普尔韦达。

这时，西班牙国王卡洛斯一世（他1519年当选为神圣罗马帝国的皇帝，亦被称为查理五世）是世界上唯一的欧美两陆皇帝，他希望自己的事业有道德伦理依据，于是要求拉斯卡萨斯书面阐明自己的理论。拉斯卡萨斯于1547年写出了《关于沦为奴隶的印第安人》，引起了更大的争论。在这样的形势下，卡洛斯一世于1550年4月16日决定暂停一切对美洲的征服行为，并在巴利亚多利德召集西班牙最著名的人文学者、神学家、高级教士进行辩论。拉斯卡萨斯与塞普尔韦达作为大辩论的主持人，首先提出书面观点，然后交给由15位著名学者组成的审理团分头阅读，根据他们的意见，国王再做出裁决。

拉斯卡萨斯和塞普尔韦达是修养、性格、思想完全不同的人。塞普尔韦达俨然是一个宫廷学者，矜持、严谨，讲究修辞、文风，立论有条不紊；而拉斯卡萨斯则更像一个易感易怒、富有魅力的预言家、神秘主义者。塞普尔韦达受过高深的欧洲教育，他在辩论中引经据典，始终穿行于理论的海洋之中。拉斯卡萨斯则掌握大量美洲大陆的历史见证，言辞间闪烁着神启般的思想火花。

用今天的语言说，塞普尔韦达是一个欧洲中心论者，拉斯卡萨斯则是一个第三世界主义者。

塞普尔韦达主要引证西方哲学的鼻祖古希腊哲学家亚里士多德的奴隶制政治理论，他的论点主要有以下四条：

第一，印第安人犯有偶像崇拜和其他违反自然法则的严重罪行；

第二，印第安人智力低下，是天生的野蛮人和奴隶，应该为智力优良的西班牙人服务；

第三，武力征服是使印第安人接受基督教信仰的有效方式；

第四，印第安人互相残杀，用活人祭祀，甚至吃人肉，西班牙人有义务拯救受害者。

拉斯卡萨斯同样引述圣贤，包括亚里士多德本人的言论，逐一反驳塞普尔韦达的观点：

关于第一条，拉斯卡萨斯的主要理由在于"权限"问题：无论是国王还是教皇都没有权力惩罚没有改宗的印第安人。拉斯卡萨斯提出了判断罪行成立的四个因素，即受审判者的居住地点，来源，是否已对国王表示臣服，是否犯有攻击国王的罪行。他提出，印第安人居住在遥远的美洲，有自己的原始信仰，并没有签署向国王称臣的政治条约，他们的暴力行动全是合理的自卫行为，因此国王和教皇无权因为印第安人不信仰从未听说过的上帝就对他们动武。拉斯卡萨斯还认为，即使对居住在西班牙本土境内的穆斯林和犹太人，国王也只有政治权力而没有宗教权力，这表明了拉斯卡萨斯的思想中已经有信仰自由的观念。关于天主教内的宗教异端，拉斯卡萨斯认为他们因背叛了自己随着洗礼而接受的承诺，应该受到惩罚，但不应把他们逐出教门，这样做有害无益。显然，在内部的异端问题上，拉斯卡萨斯的思想受到了时代的限制；但还应该看到另一个因素，在当时的西班牙，宗教裁判所地位至高无上，宗教不宽容的恐怖气氛使每一个稍微持有异议的天主教徒面对着监狱的铁门。

关于塞普尔韦达的第二个论点，拉斯卡萨斯有根有据地分析了亚里士多德本人的著作，表现出比塞普尔韦达更丰富的学识。他说，亚里士多德著作中关于"野蛮人"的概念包括几种不同类型：失去理智、残酷伤害他人的人，在古希腊人、古罗马人，以及侵略美洲的西班牙人中都可以找到这种类型；讲外国话、没有文字、缺少文化的民族；还有第三种人，即生性残暴的人，他们没有住所，没有基本社会组织，没有君主，这些人是准确意义上的野蛮人。塞普尔韦达笼统地提出野蛮人的概念，表现出学识的疏浅。拉斯卡萨斯说，第三种人只是人类中的极少数例外；不可能有全体智力低下的野蛮民族，否则就是造化的错误，就是贬低上帝，因为一切民族都是由神圣的人组成的。这是拉斯卡萨斯一条有力的论据，因为谁也不敢说上帝有错。即使对于真正的野蛮人，拉斯卡萨斯也不同意亚氏关于"应像追捕野兽一样追捕他们"

的观点。拉斯卡萨斯认为应该根据基督教的教义温和地引导他们。

拉斯卡萨斯提出印第安人的首领是美洲的天然主人，西班牙国王只有在传播基督教、推动社会发展的意义上有权提出政治管理的问题；双方应该在自愿的前提下签署政治协议，明确规定各自的职权，然后庄重宣誓遵守协议。这种思想已经包含了现代国际法的基本原则。他还提出，在涉及委托监护制的合法性等重大问题上应该征求印第安居民的意见，实际上这是在18世纪才得到确认的公民表决权主张。拉斯卡萨斯的这些思想在他的时代被当成天方夜谭，今天却已成为国际上公认的准则。

关于塞普尔韦达的第三个论点，拉斯卡萨斯阐述了他的论文《关于将各民族吸引到宗教正途上来的唯一方法》中的思想。面对辩论会场上的全体听众，拉斯卡萨斯坚决地说：战争与暴力的途径对于传播基督教的目的适得其反，这是一个不需要渊博知识就可以理解的常识问题！

不仅反对通过战争的方式传教，拉斯卡萨斯反对用任何强制的手段逼迫人改宗，比如让印第安人集体受洗。

在拉丁美洲，我见过一些用石头垒成的羊圈似的"教堂"和作为露天布道台的简陋平台。据说，这些设施在当时是为了应付让成批印第安人集体改宗的需要而仓促修建的。在这种"羊圈"里，羔羊不再是基督教美丽的形象比喻——印第安人真的成了被轰赶的羊群。

拉斯卡萨斯显然不能接受这种做法。他是懂得尊重心灵的人，他相信任何真正的宗教都必须尊重人的心灵，信仰是精神领域里的事，信仰的建立、改变需要一个宁静、平和的环境。

塞普尔韦达的第四个论点是拉斯卡萨斯真正需要小心对付的难题。

解救受害民族，这个堂而皇之的入侵理由使我们联想到了20世纪的帝国主义理论。作为一个多年在印第安人中间奔走又熟悉他们语言的传教士，拉斯卡萨斯无疑比其他西班牙人更了解印第安人的黑暗面，但他更知道，这是一个有着自己的历史、传统、社会、文化、信仰、艺术的民族，这是一群像世界上其他人一样有着人类感情，有着自己的长处和短处的人；如果殖民主义的战争理论得逞，结果不是挽救少数无辜者的生命，而是灾难性的种族灭绝。

对于活人祭这样一个差异极大的文化现象，拉斯卡萨斯不得不小心翼翼地论证说，惩罚一个陷入迷途的民族是为了教育这个民族，而不是毁灭它，然而战争不会使美洲的印第安人明白自身的谬误，只会增加仇恨；比起每年因祭祀神灵而死去的印第安人来说，战争中的死亡人数将不计其数；因此比起活人祭来，战争是更大的罪恶。

在一场古典式辩论中，文人的唇枪舌剑系绊着一块大陆几千万人的生命，拉斯卡萨斯心急如焚，忧心忡忡。有时他会按捺不住，不顾冒犯时代地暴跳起来："说墨西哥人每年用5万人做祭祀，这是谎言！他们每年只牺牲20个人，还不如西班牙宗教裁判所每年烧死的人多！"

他甚至在16世纪的西班牙宫廷里说出了这样一个骇人听闻的论据：

信仰宗教是人类的天性；一个民族有没有信仰是它的宗教性程度问题，而是否信仰基督教只是道路的正误问题；祭祀是宗教礼仪，比起以牲畜、瓜果奉献神灵来，活人无疑是最珍贵的牺牲品；活人祭是印第安人虔信程度的证明。也许，被祭祀的活人可以与基督教史上的烈士相比。

没有一个同时代的欧洲人敢这样论证美洲土著人的活人祭。是超越时代的科学观点吗？是焦急带来的即时智慧和过激言辞吗？总之，那是一道最耀人眼目的闪电。当代学者安赫尔·洛萨达说，那是拉斯卡萨斯迈出的"巨人的一步"[14]。

虽然由于时代的限制，拉斯卡萨斯还没有提出一切民族都有信仰的自由，但是，他以平等的文化观点来看待不同民族的文化，没有殖民主义的偏见，也没有自我中心论者的高傲。这样的态度离信仰自由的思想只有一步之遥。拉斯卡萨斯还认为历史的成熟在于一神论的产生，基督形象的产生是一神论的重要发展，以这种观点衡量印第安人，他们比西方文化的祖先希腊人和罗马人更具有宗教性，因为后者的偶像崇拜更严重。拉斯卡萨斯的平等态度直接削弱了西方文明优越的理论。

拉斯卡萨斯的处境其实很危险。塞普尔韦达攻击他怀疑教皇的权威，有宗教异端嫌疑，并要求他正面回答是否认为西班牙国王进军美洲的事业是错误的。是西班牙在那个时代特殊的言论自由气氛使拉斯卡萨斯免于没顶之灾。正如一位研究拉斯卡萨斯的西班牙学者所指出的："没有一个国家敢于像西班牙那样怀疑自己的行为，没有一个殖民主义国家曾企图从哲学和法学上论证自己在殖民地领土上的存在是否合理，也没有一个帝国像处于现代社会前夜的西班牙那样直率地提出过正义的问题。"[15]西班牙国王卡洛斯一世曾深深被拉斯卡萨斯的陈述震撼，甚至一度想放弃美洲。关于中世纪西班牙的这一特点，一些其他国家的拉丁美洲学者，如美国的刘易斯·汉克也做过研究。

由于1550年的辩论没有取得结论性意见，王室于翌年4月又召集了一次辩论。塞普尔韦达向拉斯卡萨斯提出了12条异议，拉斯卡萨斯给予了答复，接着引起塞普尔韦达与多明我会员的激烈争论。由于审理团中的多明我会代表始终没有拿出最后意见，王室于1555年12月21日命令继续"征服"美洲，直至多明我会表态后再作终决，同时规定在"征服"中不得随意使用武力。多明我会直至1557年才拿出最后意见。这场辩论的认真程度从中可见一斑。

实际上，朝廷做了貌似不偏不倚的判决。王室既怕拉斯卡萨斯的思想招致对权威的怀疑，又怕塞普尔韦达的理论纵容殖民者更大的越轨行为。直至1680年，西班牙公布了《关于西印度的法典》，才正式从法律上禁止"征服"战争和美洲奴隶制。

巴利亚多利德大辩论之后，拉斯卡萨斯住进了这座城市的圣格雷戈里奥修道院，大规模续写1524年住进美洲修道院时动笔的《西印度史》一书。直至1566年去世，他从未停止为美洲印第安人从事各种各样有益的事业，并因此接受了美洲大陆许多印第安部落给予的代表权力。在历史档案里，我们读到了他在去世的1566年当年向新当选的教皇庇护五世递交的呈文，在这篇浮动着最后一息生命的文字里，拉斯卡萨斯仍在要求教皇支持保护印第安人的事业。

笔的功过

拉斯卡萨斯是那个时代的巨匠，他不仅为信仰、为保护印第安人奔波一生，还留下了大量极其重要的历史、理论著述。我在撰写本章时经常引用他的三大部《西印度史》，但这三部书只是他全部著作中的一部分。50年里，拉斯卡萨斯在险象丛生的美洲大陆纵横跋涉，多次穿越大西洋，来往于欧美之间，他是怎样在那样恶劣的生存环境和落后的技术条件下，携带着厚厚的手稿，完成持续30多年写作的呢？曾有人攻击拉斯卡萨斯雇用许多印第安人替他运送大批书籍，这正从反面使我们看到，当其他人利用职权之便将大量金银财宝走私运回本土的时候，拉斯卡萨斯在艰苦的洋际奔波中携带、运送的只是他极为珍视的手稿和书籍。

1526年，西班牙宫廷史官贡萨洛·费尔南德斯·德·奥维多发表了《西印度通史与自然史》，这部处处充满歪曲与谎言的美洲大陆伪史促使拉斯卡萨斯下定写作《西印度史》的决心。

加勒比海的热带海风吹拂着这位出生于西班牙南部塞维利亚的教士，海地岛上摇曳的大王棕榈阔叶并不能遮蔽西班牙入侵者的暴行，修道院的僻静也无法安抚拉斯卡萨斯的心伤。拉斯卡萨斯伏案疾书，美洲之爱从那支流血的笔下和那颗流泪的心里缓缓淌出，飞速迸溅，一缕缕汇成宽阔的大河。

借着古巴爱国诗人何塞·马蒂想象的笔，我们仿佛远远看到了这位老人的身影："人们说，看拉斯卡萨斯神父写作是一件优美的事。他穿着白色的长袍，坐在钉着小银钉的大扶手椅上，与他手里那支写不快的羽毛笔较量着。有时他像被点燃了一样从扶手椅上站起来，双手捂住太阳穴，在修道院的幽室里大步急走，似乎忍受着剧烈的疼痛……他的眼里闪烁着光芒，他重新坐下，双肘支撑在桌上，泪流满面……他的字迹和他的语言一样，有力而不规整，溅着墨点，就像一匹奔马，载着急欲抵达目的地的骑手，扬起尘埃，在石头上踢出火星。"[16]

《西印度史》的长篇《前言》是拉斯卡萨斯用全部人生经历提炼出的个人史学观。前言伊始，拉斯卡萨斯就引用一位犹太史学家的观点开宗明义地指出，史家撰史大致出于几种目的：表现学识捞取名誉，向权势献媚，恢复被歪曲的真理，披露被遗忘的事实。紧接着，拉斯卡萨斯又引证说明"历史"在古希腊语中的原意为"看见"或"认识"，即历史应该是基于亲历的真知。拉斯卡萨斯在前言里用明确的语言和生动的比喻说明自己写作这部历史的目的就是为了驳斥谎言、说明历史的真相、捍卫真理，并在前言的结尾意味深长地写道："由于神的慈悲，我是新西班牙活得最长、年纪最大、迄今为止经历最多的人；在整个西印度，像我这样的人也许不超过一两个。"[17]

中世纪的史家拉斯卡萨斯以他的言行毫不掩饰地宣布：我所写的历史是有立场、有目的的历史，是"主观"的历史。

以这样的思想方式写下的历史突破了传统史书的格式。拉斯卡萨斯在他的史书中加入了大量的个人议论，可以说，在全书的400多章里，几乎每章都有评论的段落，有时，议论的篇幅超过了对史实的叙述；有时，整章都是议论；有时，议论占了连续数章。《西印度史》的前言作者安德雷·圣-吕说，拉斯卡萨斯的这种写法"很少见"，但与他的写作目的完全一致，为了达到这样的目的，拉斯卡萨斯"在冷峻的叙实语言之间加入了权利和正义的声音以及不可或缺的心的雄辩"。[18]

然而，正是这种"主观"的史书记下了更加准确的客观事实。

三部《西印度史》从介绍哥伦布其人起写到1522年库马纳和平传教试验失败，其中大量记叙了1502年至1515年间拉斯卡萨斯在伊斯帕尼奥拉岛和古巴岛的亲历，涉及与拉斯卡萨斯本人过从甚密的印第安人首领、居民以及各种各样的西班牙人。除了耳闻目睹的事实，拉斯卡萨斯还查阅了大量同时代人写的各种备忘录，包括他的政敌亲笔所写的材料——例如，关于西班牙人砍掉50个特拉斯卡拉人双手、烧毁乔卢拉人藏身的房屋的记载，就来自科尔特斯给西班牙国王的呈请信。在涉及同一个重大事件（如库马纳和平传教试验）时，拉斯卡萨斯除详细记载事实经过细节外，还在书中原文抄录自己政敌的歪曲、污蔑之词，让读者自己做比较、判断。

西班牙宫廷史官奥维多是拉斯卡萨斯在《西印度史》里批判的伪史家代表。奥维多虽然也有美洲大陆生活的经历，但由于立场的差异，他和拉斯卡萨斯对美洲事物往往做出绝然相反的结论。拉斯卡萨斯对于奥维多的批判并不是出于后者对自己的个人攻击，而是鉴于他对印第安人的污蔑给世界造成的不可挽回的危害。

奥维多主要曾在加勒比群岛一带逗留，因此他对于印第安人的污蔑主要涉及这一地区的居民。"加勒比"原是一个印第安人部族的名称，由于奥维多那支邪恶的笔，"加勒比"一词从此有了引申的转意——"食人肉者"，这种带有殖民主义的词义解释至今仍白纸黑字地写在20世纪的现代词典上。例如，在《简明不列颠百科全书》里是这样写的："加勒比人，勇猛好战，是所谓的食人生番。"这个载入史册的文化"创造"归功于奥维多之流的史家。

在20世纪70年代出版的欧洲书籍里，仍然写有加勒比群岛印第安人自杀取乐成癖的内容，这种流传几百年的恶毒污蔑也原原本本出自奥维多的笔端[19]。

对这一恶毒的攻击，拉斯卡萨斯千方百计辟谣。拉斯卡萨斯很了解情况，他举了许多印第安人全家自杀、邻村相邀结伴自杀的例子，并具体说明了自杀的方法，如吊死或喝生木薯汁。他了解到，印第安人以为，死后的日子很幸福，因此他们选择自杀来摆脱非人待遇，这并不是令人惊奇的事，核心在于逃避魔鬼似的西班牙人。他说：

"印第安人自杀是事实，但却不是为了好玩。在他们的心里好像长出了一支射向自己和别人的毒箭,这表明西班牙人暴政的残酷程度多么骇人听闻,多么令人憎恶和无法忍受,印第安人这样温顺、能忍耐,承受着凡人无法忍受的遭遇,为了逃离苦难,他们选择了自杀这种比较小的痛苦。为了证明这一点,我希望奥维多回答,他是否听说过在西班牙人来到这些地区对这些人压迫、施暴之前,有过印第安人出于消遣而自杀的情况。"[20]

拉斯卡萨斯在《西印度史》里记载了这样一个凄凉的故事:

一群印第安人因为忍受不了主人的虐待,决定返回自己的村子集体上吊自杀,狡猾的主人知道后,尾随他们而来,对这些朴实的印第安人说:"给我一根绳子吧,我也跟你们一起去自杀;你们走了,没有人给我弄吃的、挖金子,我该怎么办呢?"听了此话,印第安人以为在另一个世界里也摆脱不了他的压迫,决定放弃自杀的计划。后来,这批人像其他岛屿的印第安人一样,全部被摧残至死。

拉斯卡萨斯对奥维多等人关于印第安人胆小的批驳更令人赞叹:

"胆小根本不是恶习,而是很自然的事情。胆小来自善意和高贵的血液,因为这样的人不愿伤害别人,也不愿被伤害。"拉斯卡萨斯分析说,只有那些因怕死而不敢行义的人才是真胆小。但是,印第安人只要有可能就奋起抗击西班牙人,"哪怕利剑挑破了他们的肚子,奔马绊倒了他们的双腿,骑着马冲过来的骑士刺中了他们的心脏。这些印第安人可以与雄狮和世界历史上最勇敢的男人媲美"。他质问奥维多:难道你亲身经历的战斗没有证明这一点吗?拉斯卡萨斯接着说,勇敢者的标志之一是不怕死,不怕死的自然基础在于血流的汹涌;印第安人是有血性的人,"他们的悲剧仅仅在于缺少武器和马匹;如果他们拥有武器和马匹抵御凶残的敌人，就不会有那么多的人被杀死，毁灭了他们的那些人也就不敢夸口，奥维多也不敢写下那么多诋毁他们的文字"[21]。

拉斯卡萨斯的立场除了基于正义感，也基于对印第安文化的正确认识，比如，人与环境的关系。1512年，西班牙王室公布的布尔戈斯法采纳了殖民主义者的意见，借口说印第安人懒惰、恶习多，决定把印第安人从他们居住的自然村落迁移到西班牙人住地附近，组成"委托监护村"集体管理。拉斯卡萨斯坚决反对大迁徙。他首先描述了这种人为村落的状况：法律规定，每分得50个印第安人，委托监护主就应建四间茅屋，占地30英尺（1西班牙英尺合0.28米）长15英尺宽。西班牙法律还严格规定了种木薯、薯蓣、辣椒和玉米的土地面积，并规定每50个印第安人要养12只母鸡、1只公鸡。

拉斯卡萨斯说："这样，印第安人就变成了不折不扣的牲口。"[22]

拉斯卡萨斯认为迁徙违反了印第安人自然村落的"天时地利"[23]，使他们的身体、情绪发生变化："也许从几千年前起，他们就世世代代出生、成长在自己的自然环境里，如果把他们迁移到西班牙人住地附近，他们连一天、一小时也苟活不了，最后只能随着迁徙而死光。"[24]同时，他们脆弱的体质也经受不了搬迁和陌生的繁重劳动。

殖民主义者攻击印第安人游手好闲，拉斯卡萨斯给予了这样的回击：

"生活在这样良好的地理环境和自然气候中，耕种着这样松软肥沃的土地，再加上其他一些原因，印第安人天生就像王公一样纤弱。他们赤身裸体，吃得很少，食物稀薄，但这些足够他们维持生存并大量繁衍后代，所以我们看见了那样多的人群村落。他们只要花费很少的力气就可以获得丰富的物产，不必为发财致富和（像西班牙人那样）为积累长子继承财产伤脑筋，在满足了基本需要之后，他们用大量的剩余时间从事健康的活动，如玩一种出汗很多的球类游戏，跳舞、唱歌，随着舞蹈，歌唱自己的历史和往事……事实上，这种生活方式表现的不是坏毛病，而是优良品质；在西班牙人到来之前，他们的生活更合乎自然规律。"[25]

对于几百年前的笔墨历史，今人固然难以准确地判断是非；但是，旁证资料、作者的人品、行文风格仍然能为我们留下借以思考、推断的蛛丝马迹。拉斯卡萨斯毅然放弃了分配给自己的土地和印第安人，而奥维多在自己的史书里毫无顾忌地写明"我让我的印第安人和奴隶下井为我挖金子"[26]。在拉斯卡萨斯放弃了自己的所属后，奥维多等人居然瓜分了这份财产。人格的高低并不是仅供参考的次要因素。在这简单明了的利益之后，隐藏着真知与伪论之别的根源。

从下面我们所引用的奥维多笔下的文字里，读者理应能作出一点心的判断。奥维多这样写道：

"印第安人是些走上斜门歪道的人，他们根本不愿意理解天主教信仰。想让他们成为基督徒就像捣碎生铁一样难。他们的外壳也像生铁一样硬。或者不如说，他们的脑袋也那么硬，因为他们没有什么外壳，甚至也没有脑袋，他们今天也不像别的人那样有脑袋，他们只有又厚又硬的头盖骨。因此，如果基督徒与他们交战，我们的第一个忠告就是：'不要砍他们的脑袋，否则会弄断了自己的剑。'就像他们的头盖骨无比厚硬一样，他们理解问题时像畜生一样顽固不化，他们有许多恶习。"[27]

面对这种文人的诽谤罪，拉斯卡萨斯义愤填膺地写道：

"哪怕说的是事实，还有谁能像奥维多这样诋毁一个有无数民族栖居的新大陆,并用自己的史书欺骗整个旧大陆呢?如果只是破坏一个人的名誉(即便奥维多说的是事实,揭露了这个人的罪孽),因此可能给这个人造成很大损失(如果真的造成了则更糟糕),这也是不可饶恕的大罪过,破坏名誉者必须赔偿损失。而奥维多把这样可怕的罪名强加给如此不计其数的居民、民族,强加给这样多的省份、地区,在这些地方住满了成千上万奥维多闻所未闻、从未见过的人群。奥维多的罪行有多严重呢?他要付出多少赔偿呢?"

拉斯卡萨斯进一步指出,奥维多要为他的笔制造出的仇恨和由此带来的战争中的残暴行为负责[28]。

愤怒并没有使拉斯卡萨斯失去分寸,他对奥维多的指责是有理有据的:"奥维多对哲学少有研究,对印第安人更缺乏体验,他也不了解整个西印度群岛的任何一种语言。不懂语言,他怎么能了解印第安人的陋习并草率地进行判断呢?只有通过神的启示,或者通过大量交谈并与这里的所有居民长期相处,才能言及他们的习惯问题;即使这样,也不能像奥维多那样草率地判断,仿佛自己对此有真知灼见。"[29]

在这里,拉斯卡萨斯提出了一个语言的问题。拉斯卡萨斯不仅有正义的感情,而且有严谨的知识支撑,并用这种诚实的科学态度揭穿了伪史家的谎言。

弗朗西斯科·洛佩斯·德·戈马拉从未到过美洲,但根据侵略美洲的殖民主义者的叙述写出了他的《西印度史》。为了替科尔特斯毁灭整个墨西哥文明的罪行开脱罪责,戈马拉在他编写的历史里捏造了许多事实,有一个场面记载科尔特斯如何向墨西哥国王蒙特苏马讲解神圣的三位一体、上帝之子的激情之类的基督教教义,解释西班牙国王是世界之主,说明西班牙人患有心脏病,需要金子治疗，最后蒙特苏马向西班牙国王表示臣服，推倒了自己的偶像，等等。拉斯卡萨斯一针见血地指出，这些叙述本身就证明了全是谎言，在到达墨西哥后短短的七八天里，科尔特斯等只能磕磕巴巴地说"拿来""拿着"等不到10个印第安语汇，依靠印第安女人玛里娜、西班牙被俘士兵阿基拉尔的两次蹩脚转译，也传达不了那么复杂的意思，"依我看，顶多是靠打手势让对方弄明白他们对于金子的渴望"[30]。

拉斯卡萨斯本人在包括语言在内的细节问题上也处处充满了尊重。

拉斯卡萨斯在他的著作里也使用"印第安人"一词，但同时也使用"天然居民"（morador natural）一词；如果不是为了叙述简便，我认为他会更多地使用后者。拉斯卡萨斯经常使用"天然"来强调印第安人的不可侵犯的权利，如"天然主人""天然权利"等。

在用西班牙语注音引用一些印第安名称时，凡有必要，拉斯卡萨斯都要写上"最后的字母重读""倒数第二个字母发长音"等说明。这使我想起一位拉美学者曾说过的话："在拼写英美人名、地名时，我们拉美人很少出错；而英美人在拼写我们的人名、地名时，则错误百出，这只能说明他们的傲慢。"拉斯卡萨斯显然非常尊重作为印第安文化一部分的当地语言。在《述略》中描述委内瑞拉王国被毁灭的章节里，拉斯卡萨斯忧心忡忡地写道："如果不是有人躲进山洞和内地，逃脱了刽子手们的迫害，各部族的语言也会随之消失。"[31]

拉斯卡萨斯的行为不仅部分地挽救了印第安人的生命和文化，也挽救了他自己。正义感使他在许多时候超越了历史的局限，脱离了侵略者的阵营，站到了被侵略者一边，为自己洗刷了耻辱。

在《西印度史》里，拉斯卡萨斯几乎用小说的方式描写了一场印第安人起义[32]。

1519年左右，在伊斯帕尼奥拉岛上爆发了一场印第安人大起义，领导者是印第安酋长小恩里克。在拉斯卡萨斯的笔下，恩里克是一个正义、仁慈、大智大勇的人民英雄："小恩里克的声望和胜利传遍了全岛，许多印第安人逃离了西班牙人的奴役和压迫，奔向小恩里克的麾下寻找庇护。这形势好比《撒母耳记》第一卷第22章所记载的一样：所有悲伤的人、心情沉痛的负债人都投奔逃离扫罗暴政的大卫，奔向那坚不可摧的山崖上的城堡寻求生路。"但是，小恩里克教育他手下的人马，只许自卫，不许进攻和杀戮。有一次，他手下的人想放火烧死被堵在一座山洞里的西班牙人，小恩里克命令他们收缴西班牙人的武器，然后放生。小恩里克所要求的只是给他一片和平生存的土地，免除西班牙人的侵扰。

在描写小恩里克的机警时，拉斯卡萨斯使用了生动的小说语言，说他"在自我保护和保护他人时出奇地警惕、敏捷、热心，好像干了一辈子的意大利船长"，每个港口都有他的保镖和侦探。

拉斯卡萨斯记下了这场大起义的结局：战争持续了十三四年，王室为此花费了大量军费。最后，西班牙人不得不要求讲和。双方隔着一道深谷，在两座高山的顶峰面对面谈判了条件。和平持续了四五年之久。19世纪多米尼加著名作家赫苏斯·加尔万曾就这个历史事件满怀感情地写作了一部题为《小恩里克》的小说。

拉斯卡萨斯亲自去看望过小恩里克，他的政敌曾为此向西班牙往王室告密，说他通敌。

拉斯卡萨斯说过："必须凭着信念坚信，哪里有穷人哪里就有基督本人，哪里有上帝哪里就有正义。"[33]在拉斯卡萨斯的思想深处，原则性的分歧早已不是西班牙人－印第安人，甚至也已不是基督徒－非基督徒，而是压迫者－穷人。

这是他为信仰的拉丁美洲人民留下的一条重要教诲。

拉斯卡萨斯在《西印度史》中还留下了的严厉的自我批评。

由于思想的局限性，拉斯卡萨斯在黑奴的问题上犯过不可挽回的错误，他为此独自忏悔并留下沉痛的忏悔文字。奴役印第安人的罪行开始时，黑奴在西班牙已是一个既成事实。西班牙人在与非洲人作战时，俘虏了许多黑人战俘，不少人心安理得地使用黑奴。拉斯卡萨斯解放印第安奴隶的事业在美洲遇到极为现实的障碍——劳动力短缺，尤其是在榨糖业出现之后。为了解放12名印第安人，拉斯卡萨斯曾向王室要过12个黑奴与殖民主义者交换。当拉斯卡萨斯意识到黑人与印第安人问题同属一个性质并想纠正这一失误时，为时已晚。尽管有人为拉斯卡萨斯辩护，认为远在他提出这条具体建议之前，美洲大陆上的黑奴贸易就已经开始了，但拉斯卡萨斯还是在《西印度史》里对自己的过失留下了详细的记载，毫不含糊地承认自己的无知引发的罪孽，并沉痛地说："我想以我的血来赎我出于对印第安人的爱而犯下的罪。"[34]

这样的自我批判反而使拉斯卡萨斯的文字更加令人信服。

《西印度史》一书止笔于1561年。1559年，拉斯卡萨斯留下遗嘱，将毕生之作《西印度史》留给了西班牙巴利亚多利德的圣格雷戈里奥修道院，并要求40年之后根据是否"对印第安人和西班牙"有利考虑公开发表此书的问题；在此之前，只允许修道院的少数人阅读。这一时期，从美洲大陆频频传来不幸的消息，西班牙殖民主义者的不义行为有增无减。也正是在1559年这一年，拉斯卡萨斯的挚友卡兰萨·德·米兰达大主教被污陷为路德派入狱。

卡兰萨曾乐观地预言西班牙人对美洲的监护将在这些年结束。虔诚的天主教徒拉斯卡萨斯用基督教神秘主义来解释阴云密布的天空,他相信神有奖善惩恶的安排。关于40年的期限似乎也包含着神秘的色彩:拉斯卡萨斯在《西印度史》第二卷第54章提及,西班牙人的罪行要到百年之后才能被世人认识,1559年加上40年正是1492年哥伦布抵达美洲的百年之后。

正义之路显然比拉斯卡萨斯想象的要更长更艰难;五个100年已经过去了,人类仍然没有对那场原罪作出公正的判决。

《西印度史》一书直至三个世纪后的1875年才得以出版,它难见天日的原因主要是作者的批判立场。19世纪,拉丁美洲已经推翻了西班牙的殖民主义统治,取得了独立,西班牙皇家历史学院仍以"行文冗长,题外话太多,思想离奇且缺乏连贯性"为理由阻止《西印度史》的出版。当时,古巴历史学家何塞·安东尼奥·萨科对此提出了抗议,这份抗议后来被作者收入他的著名文集《奴隶制度的历史》。

关于殖民者的罪行在西班牙皇家机构"印度等地事务委员会"的档案中就存有大量记录。在阅读了这些记录后,即使不完全赞同拉斯卡萨斯的学者,如比拉斯卡萨斯稍晚一个世纪的西班牙历史学家安东尼奥·德·埃雷拉,也站出来庄严宣布:拉斯卡萨斯是完全可信的。进入20世纪以来,研究拉斯卡萨斯的著名学者曼努埃尔·希门内斯·费尔南德斯也仔细查阅了"西印度档案",充分肯定了拉斯卡萨斯的著作,尤其是《西印度史》的惊人可信性,高度赞扬了他的人道主义精神。

1999年访问西班牙塞维利亚之际,我带着景仰和好奇的心情,不厌其烦地办理好繁复的查阅手续,走进了"西印度档案馆"的资料室。如今,档案工作正在现代化,拉斯卡萨斯的文件也正在电脑化过程之中。我忐忑不安地调出了他的一份原版纸质手稿，虽然我难以看懂四五百年前的花体古西班牙语，但他工整、秀丽、有力的字迹让我心里一阵阵地激动。这是他的笔迹，这是他不顾死活、来往携带于两大洲间的呈文——也许是笔记——之一。他是千千万万个为正义、为人道奋斗过的善良人中间的一个真实的人。

《西印度史》在300多年之后才得以出版。这部完全不同于一般历史的"正义的声音和心的雄辩"被一些人赞美，被另一些人诋毁；而更可怕的遭遇是，"客观"的史论家将他与他所抨击的伪史家并列，从内容结构到描写事物的文学能力，加以冷漠的评论。

一极的正义被多元的文化吞没，这就是占统治地位的文化的力量。我们可以随便抽出一本关于西班牙文学的普及性读物，比如1987年在马德里第6次再版的《西班牙文学简史》[35]，看看其中对于拉斯卡萨斯等人的评价：

关于拉斯卡萨斯，作者在肯定了"他提前认识到了当今国际法的一些思想"后，又写道："他使用了一种随意的和相当口语化的西班牙语。他写作完全出于争论的狂热和激情，目的在于说服别人相信他的辩护词。出于这种目的，他的作品语调夸张，最高级形容词泛滥……拉斯卡萨斯叙述暴行时的夸张特点是显而易见的，但是那个时期的作品都有这种特点，因为当时缺少物质条件和认识能力，不能客观地评价许多领域的事实真相……人们主要指责他参与制造了反西班牙的'黑色神话'。"[36]

关于那位制造了印第安人爱好自杀、全体鸡奸、脑壳比铁硬等谎言的奥维多，作者写道："印第安人经常在最困难的关头向他求援，相信他有人道主义和正义感……他对人和事物有着深刻的好奇心……他的作品的最大优点在于详尽描述了美洲的大自然，特别是动植物，以及印第安人的习俗。"[37]

关于替科尔特斯捏造史实的戈马拉，作者写道："比起其他史学家和编年史家，他有两个特点，他从未到过美洲，但确是一位文化修养很高、人文精神强烈的作家……他的《西印度史》取得了极大的成功……他的作品没有其他编年史家靠'亲眼所见'所引起的主要兴趣，但是他的叙述轻松活泼、有条有理。"[38]

拯救

拉斯卡萨斯在世界上被越来越多的人认识。

法国布卢瓦的主教在1789年国民大会投票通过取消法国殖民地的奴隶制时，称拉斯卡萨斯是"人类的朋友"。19世纪的一位拉斯卡萨斯传记作者J.A.略伦特曾这样写道："假如后来能出现某位斗士继承拉斯卡萨斯的事业的话，印第安人与西班牙人在法律面前人人基本平等的愿望就会成为现实。"[39]20世纪初，德国文史学家赖因赫尔德·施耐德发表了《拉斯卡萨斯：印第安人的使徒》和他的另一部重要著作《面对查理五世的拉斯卡萨斯》。

然而，真正从感情深处纪念拉斯卡萨斯的，是他为之献身的美洲人民。"拉美独立运动之父"西蒙·玻利瓦尔尊敬拉斯卡萨斯对印第安人民的深厚感情。厄瓜多尔诗人何塞·奥尔梅多称拉斯卡萨斯是"为美洲之爱献身的烈士"[40]。古巴爱国者何塞·马蒂用优美的语言写作了儿童文学《拉斯卡萨斯神父》，教育美洲的下一代。在这篇散文的开头，马蒂这样写道："四个世纪很长，有400年的时间。拉斯卡萨斯神父生活在400年以前，但他好像今天还活着，因为他是个好人。今天我们只要看见百合花，就会想起拉斯卡萨斯神父，因为仁慈给他染上了百合花的颜色。"[41] 危地马拉当代作家米格尔·安赫尔·阿斯图里亚斯创作了以拉斯卡萨斯为题材的历史剧《天际法庭》。20世纪60年代震撼了世界的拉丁美洲解放神学运动把拉斯卡萨斯看作先辈。在1992年前后拉丁美洲围绕哥伦布抵达美洲500周年展开的论战中，拉斯卡萨斯再次被人们视为反对殖民主义的前驱。

一次，我与一位拉美朋友谈起正在写作的这本书，他不以为然地说：你对我们这些国家知道多少呢？但是当我提起对拉斯卡萨斯的了解和认识时，我看见了一道信任的目光。

我常常想，在拉丁美洲人民的心目中，这位西班牙传教士究竟意味着什么呢？

他该是一场噩梦里的一丝温暖，他该是一颗耀眼的流星。人们从他的真实历史中抓住了一线人性本善的依据。流星陨落了，天空依然黯黑如磐，但是，流星的明亮和美丽在人们的心里永远有了一个位置。

西班牙塞维利亚城内有一个玛格达莱娜教堂，过去曾是多明我会的修道院，拉斯卡萨斯正是在这座修道院里接受了恰帕斯主教的圣职。1999年我访问这座城市时，它是我见到的唯一一处标有拉斯卡萨斯印记的遗址。我到达玛格达莱娜教堂时，已近黄昏，朴素的教堂正门前有一排梧桐树，在那个秋意已浓的日子里，教堂门前落叶满地。我匆匆照了一张相。对于长期从事拉丁美洲研究的我来说，此地也许是我的西班牙之旅中最有意味的地点之一。凉意袭来，正当我要离开这座简朴的教堂时，忽然在暮色中看见大门旁的墙壁上镶着一块小小的大理石板，上面刻着："1544年3月30日，在这个古老的圣保罗多明我会修道院里，塞维利亚人巴托洛梅·德·拉斯卡萨斯修士、新大陆印第安人的保护者，接受了恰帕斯主教的圣职。"落款是："1966 年 5 月，于这位美洲的西班牙人逝世四百周年之际。"

…………

注释：

［1］多明我会，一译"多米尼克派"，天主教托钵修会之一，由西班牙贵族多明我（Domingo de Guzmán，又称多米尼克）于 1215 年获罗马教皇准许在法国创立。

［2］巴托洛梅·德·拉斯卡萨斯：《西印度史》；Bartolomé de las Casas:HISTORIA DE LAS INDIAS, Ed. Fundación Biblioteca Ayacucho, Caracas, Venezuela, 1986, III, p. 13。

［3］同上，I，p. 239。

［4］同上，I，p. 693。

［5］西班牙重量单位，1 阿罗巴约等于 11.5 千克，3 阿罗巴约 30 多千克。

［6］巴托洛梅·德·拉斯卡萨斯：《西印度毁灭述略》，孙家堃译，商务印书馆，北京，1988 年，第 35 页。

［7］同［2］，III，p. 85–93。

［8］同［2］，II，p. 220。

［9］同［6］，p. 29。

［10］方济各会，一译"法兰西斯派"，天主教托钵修会之一，1209 年由意大利人方济各获教皇批准成立，提倡安贫、节欲的苦行生活。

［11］同［2］，III，p. 285。

［12］同［2］，III，p. 372。

[13] 同[6]，第19、26页。

[14] 拉蒙-赫苏斯·盖拉尔托·莫雷诺：《巴托洛梅·德·拉斯卡萨斯的哲学-政治思想》，Ramón-Jesús Queralto Moreno: EL PENSAMIENTO FILOSOFICO-POLITICO DE BARTOLOME DE LAS CASAS, Publicación de la Escuela de Estudios Hispano-Americanos de Sevilla, Secretariado de Publicaciones de la Universidad de Sevilla, España, 1976, p.276。

[15] 同上，p.186。

[16] 何塞·马蒂：《拉斯卡萨斯神父》，载于《何塞·马蒂文选（下集）》，José Martí: El Padre Las Casas, de PAGINAS ESCOGIDAS, Ed. De Ciencias Sociales, La Habana, Cuba, 1974, II.p.97, 106。

[17] 同[2]，I, p.19。

[18] 同上，I, p.XVII。

[19][20] 同上，III, p.527, 534。

[21][22][23][24] 同上，III, p.531, 57, 58, 52。

[25][26][27][28] 同上，III, p.530, 524, 528, 528。

[29][30] 同上，III, p.533, 442。

[31] 同[6]，p.68。

[32] 同[2]，III. pp.461-463。

[33] 文集：《我们的美洲在500周年之际：拉丁美洲的解放与认同（1492—1992）》，Varios: NUESTRA AMERICA FRENTE AL V CENTENARIO, EMANCIPACION E IDENTIDAD DE AMERICA LATINA (1492-1992), Ed.Joaquín Mortiz/Planeta, México, D.F. 1989, p.110。

[34] 同[19]。

[35] 佩德罗·奥略恩·德·阿罗等：《西班牙文学简史》，Pedro

Aullón de Haro y otros: HISTORIA DE LA LITERATURA ESPAÑOLA EN SU CONTEXTO, Ed. Playor, Madrid, 1987。

［36］［37］［38］同上，p.192，196，196。

［39］同［6］, p. 133。

［40］洛伦索·加尔梅斯:《巴托洛梅·德·拉斯卡萨斯：人权捍卫者》；Lorenzo Galmes: BAITOLOME DE LAS CASAS, DEFENSOR DE LOS DERECHOS HUMANOS, Biblioteca de Autores, Cristianos, de la Editorial Católicas, Madrid, 1982, p. 235。

［41］同［16］, p. 97。

* 本文引自索飒:《丰饶的苦难》（第一章第二节，良心的谴责），广西师范大学出版社，2003年；初版于1998年，云南人民出版社。

*《荒野的喊声》作者补遗——关于"印第安人保护者"之名的考证：2017年出版的译著《战败者见闻录》（米格尔·雷昂－波尔蒂利亚著，孙家堃、黎妮译，商务印书馆，2017年，北京；Miguel León-Portilla, Visión de los Vencidos）中，作者米格尔·雷昂－波尔蒂利亚在其"新版前言"里提及对原书增加了第17章，该章内容包括墨西哥阿兹特克人(Azteca)贵族于1556年5月11日用纳瓦特尔语（náhuatl）写成的、给即将成为西班牙国王的费利佩二世的信件，信件中写道："所以，我们恳请您能派遣恰帕斯教区主教巴托洛梅·德·拉斯卡萨斯神父来做我们的保护者，请您让他接受这项任命。如果这位主教已经不在人世或是病魔缠身无法接受使命，恳请陛下能指派另一虔诚、善良的宫廷要员。"（该书第209页）这是我第一次读到印第安人方面有关"保护者"的正式文本。"

参考书目

外文书目：

Bartolomé de Las Casas, *Historia de las Indias*, （巴托洛梅·德·拉斯卡萨斯：《西印度史》）Ed. Fundación Biblioteca Ayacucho, Caracas, Venezuela, 1986.

Enrique Domingo Dussel, *El encubrimiento del otro, hacia el origen del mito de la modernidad*（恩里克·多明戈·杜塞尔：《论对"他人"的遮盖——寻找现代性神话的源头》）, 1°Edición: Ed. Nueva Utopía, Madrid, 1993; 2°Edición: Ed. Cambio XXI, México, 1994; 3°Edición: ABYA YALA, Quito, 1994.

Francisco de Vitoria, *Relecciones sobre los indios y el derecho de guerra*（弗朗西斯科·德·维托里亚：《关于印第安人以及战争权利的演讲录》）, Espasa-calpe, Argentina, S.A.Buenos Aires, 1948.

Gustavo Gutiérrez, *En busca de los pobres de Jesuscristo: El pensamiento de Bartolomé de Las Casas*（古斯塔沃·古铁雷斯：《追寻耶稣基督的穷人们：论巴托洛梅·德·拉斯卡萨斯的思想》）, Ed. Istituto Bartolomé de las Casas-CEP, Lima, 1992.

Hidefuji Someta, *Apología e historia: estudios sobre fray Bartolomé de Las Casas*（染田秀藤：《辩护与历史：关于巴托洛梅·德·拉斯卡萨斯修

士的研究》), Pontificia Universidad Católica del Perú, Fondo Editorial, 2005.

Lewis Hanke, *Bartolomé de Las Casas, letrado y propagandista*（刘易斯·汉克：《作为学者与宣传者的巴托洛梅·德·拉斯卡萨斯》), Ed. Tercer Mundo, Bogotá, 1965.

Lewis Hanke, *Estudios sobre fray Bartolomé de Las Casas y sobre la lucha por la justicia en la conquista española de América*（刘易斯·汉克：《关于拉斯卡萨斯以及西班牙征服美洲过程中围绕正义的斗争的研究》), Ed. Universidad Central de Venezuela, Ediciones de la Biblioteca, Caracas, 1968.

Lorenzo Galmes: *Bartolomé de Las Casas , Defensor de los derechos humanos*（洛伦索·加尔梅斯：《巴托洛梅·德·拉斯卡萨斯：人权捍卫者》), Biblioteca de autores cristianos , Ed. Católica Madrid, 1982.

Manuel Giménez Fernández, *Breve biografía de fray Bartolomé de Las Casas*（曼努埃尔·希门内斯·费尔南德斯：《巴托洛梅·德·拉斯卡萨斯小传》), 1966, Facultad de filosofía y letras, Universidad de Sevilla, Svilla.

Miguel León-Portilla (introducción y selección), Angel María Garibay (versión de textos nahuas):*Visión de los vencidos:relaciones indígenas de la conquista*（《战败者的目光：征服时期的印第安人叙事》), Décimo segunda edición, Ed.Universidad Nacional Autónoma de México, México, D.F., 1989.

Ramón Hernández Martín, *Montesinos en la cresta de la ola*（拉蒙·埃尔南德斯·马丁：《在浪峰之顶的蒙特西诺斯》), Cedulario Cubano (Los orígenes de la Colonización).I por D. José Mª Chacón y Calvo… en *Colección de Documentos Inéditos para la Historia de Ibero-América*…, vol. VI, Compañía Ibero-Americana de Publicaciones, S.A., Madrid, s.a., pág. 429-430.（网络资料原注）

Ramón-Jesús Queralto Moreno, *El pensamiento filosófico -político de Bartolomé de Las Casas*（拉蒙 – 赫苏斯·盖拉尔托·莫雷诺：《巴托洛梅·德·拉斯卡萨斯的哲学 – 政治思想》）, Publicaciones de la Escuela de Estudios hispano-americanos de Sevilla, Secretaría de Publicaciones de la Universidad de Sevilla, España, 1976.

Coordinación de Humanidades de la Unión de Universidades de América Latina, *Ideas en torno de Latinoamérica*（拉丁美洲大学联盟人文学科协调委员会：《关于拉丁美洲的思想》）UNAM, México, 1986.

中文书目：

安东尼·帕戈登：《帝国的重负：公元1539年至今》（帝国与国际法译丛），杨春景译，当代世界出版社，2022年，北京。

巴托洛梅·德·拉斯卡萨斯：《西印度毁灭述略》，孙加堃译，商务印书馆，1988年，北京。

董进泉：《黑暗与愚昧的守护神——宗教裁判所》，浙江人民出版社，1988年。

埃里克·沃格林：《宗教与现代性的兴起》，霍伟岸译，华东师范大学出版社，2009年，上海。

费尔南·布罗代尔：《菲利普二世时代的地中海和地中海世界》，唐家龙、曹培耿等译，商务印书馆，1996年。

何塞·马蒂：《何塞·马蒂诗文选》，毛金里、徐世澄编译，作家出版社，2015年，北京。

亨利·卡门：《西班牙帝国：走向全球霸权之路1492—1763》，罗慧玲译,中信出版社,2023年,北京。

刘禾:《帝国的话语政治:从近代中西冲突看现代世界秩序的形成》,生活·读书·新知三联书店,2009年,北京。

张宏明:《近代非洲思想经纬》,社会科学文献出版社,2008年,北京。

其他提及的书目:

Antonio de Herrera y Tordesillas, *Historia general de los hechos de los castellanos en las Indias y Tierra Firme del Mar Océano*(安东尼奥·德·埃雷拉:《卡斯蒂利亚人在大洋海各岛屿及大陆地区的活动通史》).

Baptista Victor N., *Bartolome De Las Casas and Thomas More's Utopia:Connections and Similarities*(巴普蒂斯塔·维克托·N.:《巴托洛梅·德·拉斯卡萨斯与托马斯·莫尔之〈乌托邦〉间的联系和相似处》), Labyrinthos, 1996.

Bartolomé de Las Casas, *De único vocationis modo*(拉丁文版), *Del único modo de atraer a todos los pueblos a la verdadera religión*(西班牙语版)(《论使万国之人趋向真正宗教之唯一方法》); *Treinta proposiciones muy jurídicas*(《三十条法律建议》); *Confesionario*(《忏悔手册》); *De regia potestate*(《关于王权》); *De thesauris*(《秘鲁珍宝》); *Tratado de doce dudas*(《论十二条疑问》).

Bernardino de Sahagún, *Historia general de las cosas de Nueva España*(贝尔纳迪诺·德·萨阿贡:《新西班牙事物通史》).

Felipe Guamán Poma de Ayala, *El primer nueva crónica y buen gobierno*(费利佩·瓜曼·波马·德·阿亚拉:《第一部新编年史及良政》).

Francisco López de Gómar, *Historia general de las Indias y conquista de México*(弗朗西斯科·洛佩斯·德·戈马拉:《西印度通史与对墨西哥

的征服》）.

Gonzalo Fernández de Oviedo, *Historia general y natural de las Indias*（贡萨洛·费尔南德斯·德·奥维多：《西印度通史与自然史》）.

John Bagnell Bury, *The Idea of Progress*（约翰·巴格内尔·伯里：《关于进步的思想》）.

Labat, R.P., *Viaje a las Islas de la América*（拉巴特：《美洲岛屿之行》），Casa de las Américas, La Habana, 1979.

Miguel de Cervantes Saavedra, *El Ingenioso Hidalgo Don Quijote de la Mancha*（米格尔·德·塞万提斯：《拉曼恰的智绅堂吉诃德》）.

Pedro Mártir（Pedro Mártir de Anglería）, *Décadas de orbe novo*（佩德罗·马蒂尔：《新世界年代》）.

韩琦：《天主教修会传教中心在西属美洲殖民地开拓中的作用》，《四川大学学报（哲学社会科学版）》2023年第1期。

何塞·卡洛斯·马里亚特吉：《关于秘鲁国情的七篇论文》，白凤森译，商务印书馆，1987年，北京。

希提（Philip K. Hitti）：《阿拉伯通史》，马坚译，商务印书馆，1995年，北京。

中国拉丁美洲史研究会编印：《拉美史研究通讯》，1989年第19、20期合刊，第30页，资料来源：（美）刘易斯·汉克编：《拉丁美洲：历史读本》，美国波士顿1974年第1版，第46-47页，李和译。

索飒：《丰饶的困难：拉丁美洲笔记》（第2版），广西师范大学出版社，2003年。

索飒：《把我的心染棕》，文汇出版社，上海，2022年。

人名翻译对照表

（按书稿中出现的汉译人名拼音字母顺序排列，
小节号代表出现过此人名的小节）

阿德里亚诺（Adriano de Utrechet）（9）

阿里斯托布洛（Aristóbulo）（10）

阿隆索·德·奥赫达（Alonso de Hojeda）（6）

阿隆索·德·洛阿依萨（Alonso de Loaísa）（3）

阿马迪·阿里·迪昂（Amady Aly Dieng）（8）

阿纳卡奥娜（Anacaona）（11）

阿图埃伊（Hatuey）（7）

阿希隆（Agilón）（9）

爱德华·威尔莫特·布莱登（Edward Wilmot Blyden）（8）

爱德华多·加莱亚诺（Eduardo Germán María Hughes Galeano）（9、10）

埃尔南·科尔特斯（Hernán Cortés）（序、8、10）

埃尔南多·德·圣米格尔（Hernando de San Miguel）（11）

埃尔南多·哥伦布（Hernando Colón）（2）

安德烈·圣-卢（André Saint-Lu）（序）

安东·蒙特西诺斯（Antón Montesinos）（3）

安东尼·帕戈登（Anthony Pagden）（3、4）

安东尼奥·德·埃雷拉（Antonio de Herrera y Tordesillas）（序、6）

安西索（Anciso, Martín Fernández de Enciso）（4、6）

奥斯蒂恩西斯（Hostiensis）（4）

261

巴勃罗·奥罗修（Paulo Orosio）(10)

巴普蒂斯塔·维克托·N.（Baptista Victor N.）(5)

巴斯克·努涅斯（Vasco Núñez de Balboa）(6、8)

巴托洛梅·德·拉斯卡萨斯（Bartolomé de las Casas）(序、11)

贝尔纳迪诺·德·萨阿贡（Bernardino de Sahagún）(6)

贝尔纳多·德·梅萨（Bernardo de Mesa）(5)

贝尔纳多·德·圣多明各（Bernardo de Santo Domingo）(3)

贝略萨（Vellosa）(9)

贝埃乔（Behechio）(11)

柏柏尔人（berebere）(11)

大卫（David）(11)

丹尼尔 J. 布尔斯廷（Daniel J.Boorstin）(10)

迭戈·贝拉斯克斯（Diego Velázquez）(3、6、7)

迭戈·哥伦布（Diego Colón）(3)

多明戈·德·桑托·托马斯（Domingo de Santo Tomás）(5)

多明戈·德·索托（Domingo de Soto）(3)

多明戈·福斯蒂诺·萨米恩托（Domingo Faustino Sarmiento）(10)

埃里克·沃格林（Eric Voegelin）(4)

恩里克·杜塞尔（Enrique Domingo Dussel）(序、4、7、9、11)

费尔南·布罗代尔（Fernand Braudel）(5、9)

费尔南多二世（Fernando II）(2)

费尔南多·奥尔蒂斯（Fernando Ortiz）(9)

腓力（Philipo）(10)

费利佩·瓜曼·波马·德·阿亚拉（Felipe Guamán Poma de Ayala）(5)

费利佩国王二世（Felipe II）(4)

菲利普·奥德莱尔 Philippe Haudrère (8)

腓尼基人(fenicio)(6)

佛兰德斯人(flamenco)(9)

富恩桑塔·德尔·巴列(Fuensanta del Valle)(序)

富格尔家族(Fuggerei)(9)

弗拉维奥·约瑟夫(Flavio Josefo)(1、10)

弗拉维乌斯·约瑟夫斯(Flavius Josephus)(1、10)

弗朗西斯科·贝塞拉(Francisco Becerra)(8)

弗朗西斯科·德·维托里亚(Francisco de Vitoria)(3、4、10、11)

弗朗西斯科·洛佩斯·德·戈马拉(Francisco López de Gómara)(8、10)

弗朗西斯科·沙勿略(Francisco Javier)(4)

盖伦(Galeno)(6)

冈萨雷斯·普拉达(González Prada (6)

贡德·弗兰克(Andre Gunder Frank)(9)

贡萨洛·费尔南德斯·德·奥维多(Gonzalo Fernández de Oviedo)(序、6、8)

古斯塔沃·古铁雷斯(Gustavo Gutiérrez)(序、2、3、4、5、6、8、9、11)

赫克托耳(Héctor)(11)

何塞·巴斯孔塞洛斯(José Vasconcelos)(10)

何塞·卡洛斯·马里亚特吉(José Carlos Mariátegui)(8)

何塞·马蒂(José Julián Martí Pérez)(序、9)

何塞·桑乔·拉永(José Sancho Rayón)(序)

黑格尔(G.W.F.Hegel)(4、8)

亨利·卡门(Henry Kamen)(9)

胡安·德·塔维拉(Juan de Tavira)(8)

胡安·路易斯·比韦斯(Juan Luis Vives)(3)

胡安·希内斯·德·塞普尔韦达(Juan Ginés de Sepúlveda)(序)

加夫列尔·德·卡夫雷拉(Gabriel de Cabrera)(6)

加夫列尔·米斯特拉尔（Gabriel Mistral）(1)

卡兰萨·德·米兰达（Bartolomé Carranza de Miranda）(序)

凯塞多（Caicedo）(6)

科尔梅纳雷斯（Colmenares）(6)

克里斯托弗·哥伦布（Cristoforo Colombo）(序、2、3)

克里斯托瓦尔·佩雷斯·帕斯托尔（Cristóbal Pérez Pastor）(序)

克瓦米·恩克鲁玛（Francis Nwia Kwame Nkrumah）(8)

拉蒙·梅嫩德斯·皮达尔（Ramón Menéndez Pidal）(3)

雷蒙多·卢利奥（Raimundo Lulio）(序)

刘易斯·汉克（Lewis Hanke）(序、1、4、5、6、9)

卢卡约人（lucayo）(6、7)

路易斯·德·桑坦赫洛（Luis de Santángel）(9)

罗伯特·邦廷·坎宁安·格雷厄姆（Robert Bontine Cunningham Graham）(5)

马基雅维利（Niccolò Machiavelli）(10)

玛加伯（马加比王朝，Machabeos）(11)

玛里娜（Marina）(10)

玛林切（Malinche）(10)

马西安·托瓦（Marcien Towa）(8)

曼科·卡帕克二世（Manco Capac II）(7)

曼努埃尔·希门内斯·费尔南德斯（Manuel Giménez Fernández）(3、4、6)

梅塞德斯·索萨（Mercedes Sosa）(3)

门西亚（Mencía）(11)

米格尔·德·塞万提斯（Miguel de Cervantes Saavedra）(1)

蒙特苏马（Moctezuma）(10)

蒙田（Montaigne）(4)

摩尔人（moro）(3、4、5、6)

尼古拉斯·德·奥万多（Nicolás de Ovando）（序）

尼奎萨（Diego de Nicuesa）（6）

帕拉西奥斯·鲁维奥斯（Juan López de Palacios Rubios）（4）

潘菲洛·德·纳瓦埃斯（Pánfilo de Narváez）（3）

庞培（Pompeyo）（10）

佩德拉里亚斯·德·阿维拉（Pedrarias de Avila）（4）

佩德罗·德·巴尔迪维亚（Pedro de Valdivia）（5、6）

佩德罗·德·科尔多瓦（Pedro de Córdoba）（3）

佩德罗·德·巴迪略（Pedro de Vadillo）（11）

佩德罗·德拉·伦特里亚（Pedro de la Rentería）（3）

佩德罗·科梅斯托尔（Pedro Comestor）（10）

佩德罗·马蒂尔（Pedro Mártir）（6）

佩拉约（Pelayo）（11）

普鲁塔克（Plutarco）（10）

染田秀藤（Hidefuji Someta）（序、2、4、9、11）

让·博丹（Jean Bodin）（6）

热那亚人（genovés）（9）

萨穆迪奥（Zamudio）（6）

萨穆埃尔·鲁伊斯（Samuel Ruiz García）（序）（11）

塞尔希奥·门德斯·阿塞奥（Sergio Méndez Arceo）（3）

塞瓦斯蒂安·德·奥坎波（Sebastián de Ocampo）（6）

扫罗（Saúl）（11）

圣依西多禄（San Isidoro）（1）

斯卡罗（Scauro）（10）

塞塔尔人（tzeltal）（10）

索西尔人（tzoltzil）（10）

索飒（序、1、3、4、7、8）

塔马约（Tamayo）（11）

泰诺人（taino）（3）

特拉斯卡拉人（tlaxcala）（10）

提格兰（Tigrano）（10）

提图斯·昆克修斯（Tito Quincio）（10）

图帕克·阿马鲁（Túpac Amaru）（7）

图帕克·阿马鲁二世（Túpac Amaru II）（11）

托托纳卡人（totonaca）（10）

瓦伦苏埃拉（Valenzuela）（11）

希波克拉底（Hipócrates）（6）

希尔卡诺（Hircano）（10）

希瓜约（Ciguayo）（11）

希内斯·塞普尔韦达（Ginés Sepúlveda）（序、4）

希提（Philip K. Hitti）（6）

西波涅人（ciboney）（6、7）

西提奥人（cithio）（6）

小恩里克（Enriquillo）（11）

约翰·巴格内尔·伯里（John Bagnell Bury）（6）

詹姆斯·亨特（James Hunt）（8）

张宏明（8、9、10）

智者阿方索十世（Alfonso X el Sabio）（3）

地名翻译对照表

（按书稿中出现的汉译地名拼音字母顺序排列，后面的小节号代表出现过此地名的小节）

阿尔卡塞尔王宫（Alcázar）（9）

阿尔坎塔拉（Alcántara）（6）

阿劳科地区（Araucanía, Arauco）（11）

阿托查（Atocha）（序）

阿维拉（Avila）（3）

巴奥鲁科省（Baoruco）（11）

巴拉科阿（Baracoa）（6、7）

巴利亚多利德（Valladolid）（序、6）

贝尔兰加镇（villa de Berlanga）（9）

贝拉加（Veragua）（6）

波那奥镇（Bonao）（11）

布尔戈斯（Burgos）（4）

布雷萨（Bressa）（9）

达连（Darién）（6、8）

多米尼克岛（Dominica）（6）

格拉玛省（Granma）（7）

格拉纳达（Granada）（9）

瓜阿瓦地区（Guahaba）（7）

瓜达尔卡纳尔（Guadalcanal）（4）

瓜达卢佩岛（Guadalupe）（6）

瓜纳哈尼岛（Guanahaní）（2）

黄金卡斯蒂利亚州（Castilla del Oro）（8）

加那利群岛（las islas de Canaria）（2、9）

卡奥纳奥（Caonao）（3）

卡雷纳斯港（Carenas，即哈瓦那港）（6）

卡斯蒂利亚（Castilla）（6）

卡塔赫纳（Cartagena）（4）

卡乌托河（Cauto）（6）

科林斯（Corinto）（10）

库埃依瓦省或村（Cueíba）（6）

库玛纳河（Cumaná）（序、6）

库斯科（Cusco）（7）

奎纳瓦卡（cuernavaca）（3）

拉坎敦（Lacandón）（序）

拉雷斯－德－瓜阿瓦（Lares de Guahaba）（11）

莱德斯马（Ledesma）（11）

雷亚尔城（Ciudad Real）（1）

雷亚尔港（Puerto Real）（11）

马德里（Madrid）（9）

玛卡卡村（Macaca）（6）

马雷斯河（Mares）（2）

马略卡（Mallorca）（序）

马坦萨斯（Matanzas）（6）

玛依西（Maicí）（6、7）

梅迪奥迪亚（Mediodía）（11）

帕尔马斯港（Palmas）(7)

帕伦西亚（Palencia）(9)

恰帕斯（Chiapas）(序)

查普尔特佩克（Chapultepec）(序)

萨尔瓦铁拉-德拉萨瓦纳村（Salvatierra de la Sabana）(6)

萨卡特兰（Zacatlán）(1)

萨拉戈萨（Zaragoza）(8)

萨拉曼卡（Salamanca）(11)

萨瓦那（Sabana）(7)

塞努省（Cenú）(4)

塞维利亚（Sevilla）(序)

森波阿尔（Cempoal）(10)

沙瓜港（Xagua）(6)

沙拉瓜（Xaraguá）(11)

圣诞节港（puerto de la Navidad）(6)

圣多明各城（Santo Domingo）(2、3、9)

圣菲（Santa Fe）(9)

圣格雷戈里奥（San Gregorio）(序)

圣胡安岛（San Juan）(6)

圣胡安-德拉-马瓜纳镇（San Juan de la Maguana）(11)

圣克里斯托瓦尔-德-拉斯卡萨斯（San Cristóbal de Las Casas）(序)

圣斯皮里图斯（Santi-Spiritus）(3)

塔巴斯科（Tabasco）(10)

太子港（Príncipe）(6)

特拉斯卡拉（Tlaxcala）(10)

托尔托萨（Tortosa）(9)

269

托莱多（Toledo）（3、9）

瓦伦西亚（Valencia）（9）

韦拉克鲁斯（Veracruz）（10）

维拉帕斯（Vera Paz）（11）

亚拉（Yara）（7）

牙买加岛（Jamaica）（6）

亚美尼亚（Armenia）（10）

伊斯帕尼奥拉岛（La Española）（2、3、5、6、7、8、9、11）

犹地亚城（Judea）（10）

尤穆里河（Yumurí）（7）

作者 | 索飒

1950年生于南京，20世纪60年代作为"知识青年"曾于北疆蒙古草原"插队"放牧，70年代就学并毕业于北京第二外国语学院西班牙语专业，80年代末起就职于中国社会科学院拉丁美洲研究所，研究员。曾于墨西哥学院（El Colegio de México）、墨西哥国立自治大学（UNAM）、西班牙康普顿斯大学（Universidad Complutense de Madrid）留学、进修。曾担任墨西哥国立自治大学《美洲纪要》（Cuadernos Americanos）杂志国际委员会委员，古巴"何塞·马蒂文化协会"荣誉会员，中国社会科学院拉丁美洲研究所学术委员会委员。著有《丰饶的苦难》《把我的心染棕》《彼岸潮涌》《思想的旅游》《拉丁美洲思想史述略》《箭离弦》等。

图书在版编目（CIP）数据

荒野的喊声 / 索飒著 . -- 北京 : 北京联合出版公司, 2025. 1. -- ISBN 978-7-5596-8023-5

Ⅰ . K730.3

中国国家版本馆 CIP 数据核字第 20243WK143 号

荒野的喊声

作　　者：索　飒
出 品 人：赵红仕
责任编辑：夏应鹏
选题策划：万有清澄
特约策划：刘盟赟
产品监制：于　桐
装帧设计：所以设计馆
内文排版：书情文化

北京联合出版公司出版
（北京市西城区德外大街 83 号楼 9 层　100088）
北京美图印务有限公司印刷　新华书店经销
字数 210 千字　880 毫米 ×1230 毫米　1/32　9.125 印张
2025 年 1 月第 1 版　2025 年 1 月第 1 次印刷
ISBN 978-7-5596-8023-5
定价：68.00 元

版权所有，侵权必究
未经书面许可，不得以任何方式转载、复制、翻印本书部分或全部内容。
本书若有质量问题，请与本公司图书销售中心联系调换。电话：（010）64258472